아동문학의 숨은 의미와 가치

民族文化研究叢書 140

아동문학의 숨은 의미와 가치

노제운 지음

高麗大學校
民族文化研究院

이 책은 高麗大學校 民族文化研究院이 새로운 民族文化의 暢達과 國學振興을 위하여 제정한
『芝薰國學研究造成費』와 『民族文化研究叢書刊行計劃』에 의하여 출판되었습니다.

별이 바람에 스치, 운다.

머리말

한 때, 고3 과외를 한 적이 있다. 하루는 윤동주의 '서시'를 공부하는데, '별이 바람에 스치운다.'라는 마지막 구절에서 나는 학생에게 "별이 바람에 스쳐서 '운다'라고 한 시인의 감성이 대단하지 않느냐"하고 물었다. 학생의 당연한 동의를 염두에 둔 대수롭지 않은 물음이었다. 그러자 그 학생은 고개를 갸우뚱하더니 "선생님, '스치운다'라는 표현은 별이 운다는 것이 아니라 '스친다'를 늘여 쓴 거 아닌가요?"하고 되물었다. 잠시, 나는 대답을 하지 못하였다. 짧은 순간에 '그렇구나!'하는 생각과 동시에 '그렇게 단순한 표현을 나는 왜 다르게 받아들였을까?'하고 자문하였다. '서시'는 중학교 시절부터 내가 제일 좋아하는 시였다. 일기장 맨 앞장 속지에 써두고 매일 보다시피 한 시였다. 그 시를 나는 독자(讀者/獨自)적으로 이해한 것이다. 학생의 반문에 당황한 나는 문학이란 본래 해석이 다양한 것이며, 그러니 이런 풀이가 독창적이지 않겠느냐며 말을 얼버무렸다. 지금은 내 해석이 틀린 것이 아니라는 것을 알지만 당시 몹시 당황해했던 기억이 난다.

박사과정에서 아동문학을 공부하면서 나는 의도된 오독(吾讀/誤讀)을 하기 시작했다. 당시 아동문학의 연구풍토는 불모지와 다름없었다. 동화에 대한 해석이 고정되어 있는 것에 문제를 느끼고 있던 그즈음, 많은 인문학 연구자들의 관심을 끌었던 정신분석에 대한 짧은 지식이 새로운 시도를 할 수 있도록 나를 부추긴 것 같다.

1998년에 아동문학 관련 첫 논문(「동화 속의 숨은그림찾기 - 정채봉의

〈오세암〉과 권정생의 〈강아지똥〉 분석」)을 학술지에 투고하면서, 만약 내 논문이 심사에서 탈락한다면 아동문학 공부를 포기하리라고 단단히 마음을 먹었다. '오세암'을 '오세앎'으로, '강아지똥'을 '카오스 상태의 황금알'로 해석한 엉뚱한 시각이 인정을 받을 수 있을지 기대반 두려움반으로 심사결과를 기다렸다. 그리고 세 분의 심사위원들의 심사평은 내게 아동문학을 계속 공부할 수 있는 발판이 되어주었다.

이 책에 실린 글들은 그동안 발표한 아동문학 관련 논문들을 모아 수정, 보완한 것이다. 흩어져 있는 글들을 한 데 모으게 된 계기는 2011년에 있었던 고려대학교 민족문화연구원의 '芝薰인문저술지원' 공모 덕분이었다. 공모 안내문에는 선정된 원고가 '민족문화연구총서'로 간행될 예정이라고 씌어있었다. 민족문화연구총서는 대학 1학년부터 내게 특별한 의미가 있었다. 존경하는 스승님들의 책들이 민족문화연구원에서 발간된 사실을 알고 '나도 이런 책을 쓸 수 있을까?' 곰곰 생각하곤 하였다. 대학원 때에도 마음 한 구석에는 늘 막연한 부러움이 '꿈'처럼 자리 잡고 있었다. 지원 대상자로 선정되었다는 사실을 알았을 때의 기쁨을 지금도 잊을 수가 없다. 그러나 기쁨만큼 부담감이 따랐다. 혹시나 내 원고가 고려대와 민족문화연구원에 누가 되지 않을까 원고를 손질하고, 또 손질하였다.

이 책은 3부로 구성되어있다. 제1부 '동화 속의 숨은그림찾기', 제2부 '옛이야기의 심연(深淵)', 제3부 '원작(原作)과 변용(變容)'이 그것이다. 제1부의 제목은 본래 「오세암」과 「강아지똥」을 분석했던 한 편의 논문의 제목이었던 것을 「어린왕자」와 「산골아이」를 분석한 논문에까지 확장하여 붙인 것이다. 이때, 황순원의 「산골아이」의 경우, 아이를 주인공으로 한 '소설'이지만 그동안 몇몇 출판사를 통해 초등학생용 동화책으로 발간되어 온 사실을 고려할 때, 아동을 대상으로 하는

'동화'로 보는 것에 크게 무리가 없다고 판단하여 여기에 포함하였다. 제2부의 '옛이야기'라는 표현 역시 마찬가지인데, '설화'라는 장르 자체는 아동을 염두에 둔 것이 아니지만, 설화가 아동문학의 효시이며 오늘날 설화의 향유층이 '옛이야기' 혹은 '전래동화'라는 이름으로 아동에게 집중되어 있는 것을 고려할 때 '아동문학'의 범주에 포함하는 것이 당연하다고 판단하여 관련 논문들을 이 책에 싣게 되었다. 시중에 아동용으로 손질된 수많은 옛이야기들이 '옛' 것이라고 하기에는 지나친 손질과 무분별한 수정으로 본래의 의미가 심하게 왜곡된 것에 문제를 느끼고, 원형(原形)을 추적하여 소개하고 그것의 숨은 의미와 가치를 함께 확인하고자 하였다. 한편, 제1부의 1장과 2장, 그리고 제2부의 3장과 제3부의 1장은 각각 본래 한 편의 논문이던 것을 이 책에서는 두 편의 글로 나누어 실은 것이다.

이 책에 실은 논문들을 처음 발표하였을 때, 내 실수로 혹은 학술지의 편집과정의 실수로 각주가 누락되었거나 출처가 잘못 표기된 것들이 있었다. 마음 한구석이 편치 않았는데 이번 기회에 바로잡게 되어 천만다행이라고 생각한다. 특히 제2부 1장 '진짜 '나'와 가짜 '나' –「쥐의 둔갑」 설화에 나타난 주체의 분열과 재현'이 그러하다. 또한, 발표시기가 오래된 제1부에 실린 네 편의 글들이 비교적 많은 수정을 거친 것이다. 앞으로 제1부의 네 편의 논문과 제2부 1장의 논문을 참고할 연구자들은 이 책에 실린 글로 대신해주기를 바란다. 이밖에 기존의 논문들에서 '선행연구검토' 부분은 이 책에서는 생략하였다. 최초 발표시점에서의 '선행'(先行)의 의미와 다르기 때문이며, 현재 시점에서 선행연구를 다시 살펴보게 되면 논문의 내용도 달라질 수 있기 때문이다.

이 책의 제목인 '아동문학의 숨은 의미와 가치'는 브루노 베텔하임(Bruno Bettelheim)의 명저 *The Uses of Enchantment*의 부제(副題)인 '*The*

Meaning and Importance of Fairy Tales'에서 영향을 받은 것이다. 베텔하임의 책은 『옛이야기의 매력』이라는 제목으로 1998년에 번역서가 나왔는데, 이전에 고려대학교의 이남호 선생님께서 원서로 대학원 수업을 하신 후 『전래동화의 의미와 가치』라는 제목으로 번역하여 제본 형태의 인쇄물을 만드신 적이 있다. 그동안 내 연구는 대부분 정신분석적 시각을 근간으로 하였기 때문에, 책을 내게 되면 나도 그림(Grimm)동화를 정신분석적인 시각으로 분석한 베텔하임의 책의 부제를 응용하리라고 염두에 두게 되었다.

1996년 어린 나이에 첫 책을 출간한 후, 동화책을 포함하여 지금까지 여러 권의 책을 출간하였지만 이번처럼 원고를 수정하느라 초고를 오랫동안 붙들고 있었던 적이 없었던 것 같다. 그 사이 진주교육대학교의 교수로 부임하게 되면서 여러 가지 일들이 있었지만 결국 내 게으름 탓이다. 그 과정을 묵묵히 기다려준 고려대 민족문화연구원의 여러 선생님들께 감사드린다. 문학을 보는 눈을 키워준 모교의 스승님들과 동문수학한 동기들은 시간이 지날수록 그리움으로 남아 있다. 낯선 곳에 정착할 수 있도록 시골된장이며 직접 재배한 온갖 채소과 과일들로 따뜻한 관심을 보여주신 진주교대의 여러 선생님들과 출판을 도와준 보고사 편집부 직원분들에게 감사드린다. 끝으로 '아동문학'이라는 제목의 성격에 맞는 적당한 표지 이미지를 정하지 못해 애를 먹고 있었는데, 원고를 읽어본 후 표지 그림을 그려 슬며시 건네준 대학 새내기 딸아이에게도 고마운 마음을 전한다.

2015년 10월
진주 남강에서
노 제 운

일러두기

1. 이 책에 실린 모든 인용문의 강조글자(진한글자, 밑줄, 방점 등)는 모두 필자가 한 것이다. 단, 제3부 제3장에서 그림책 「강아지똥」 인용문의 진한글자는 그림책 원문을 따른 것이다.

2. 각 장(章)에서 별도의 단락으로 소개한 인용문의 출처표시에는 괄호에 'p'자를 밝혀 적었으나, 본문의 내용 중의 인용문에는 'p'자를 빼고 숫자만 적었다.

3. 한 문장 안에서 연속하여 원문의 같은 면의 글을 인용한 경우, 맨 마지막 인용 글(인용문, 인용구, 인용어)에만 면수를 밝혀 적었다.

> 예) "게으름뱅이"(22)가 되었다가는 바오밥나무가 별 전체를 잠식할 수도 있고, "규칙적으로 신경을 써"(22)준다면 온 별이 꽃의 "향기로 뒤덮"(33)일 수도 있다.
>
> → "게으름뱅이"가 되었다가는 바오밥나무가 별 전체를 잠식할 수도 있고, "규칙적으로 신경을 써"(22)준다면 온 별이 꽃의 "향기로 뒤덮"(33)일 수도 있다.

4. 모든 인용문의 맞춤법과 문장부호는 원문을 따른 것이다.

예) — 문은 멀 할라구 벌꺽하믄 여니?

하고 어머니가 꾸짖듯 말하고 다림질감에 떨어진 재를 훅훅 불어낸다.

아이는 문을 닫으면서 혼잣말로,

— 아직 눈은 안 오눈,

한다. (「산골아이」, p.179)

5. 이 책의 각 장(章)별 논문의 출처는 다음과 같다.

제1부 제1장 5세 아이의 '오세앎' – 정채봉의 「오세암」 / 제1부 제2장 강아지똥의 '소망' 읽기 – 권정생의 「강아지똥」

「동화 속의 숨은그림 찾기 – 정채봉의 〈오세암〉과 권정생의 〈강아지똥〉 분석」, 《어문논집》 38, 안암어문학회, 1998. 8.

제1부 제3장 '뱀'과 '머플러'의 비밀 – 생텍쥐페리의 「어린왕자」

「'뱀'과 '머플러'의 비밀 : 정신분석으로 본 「어린왕자」」, 《정신분석과 인문사회학》 제2권1호, 정신분석과 인문사회학회, 2007. 여름.

제1부 제4장 '산골아이' 엿보기 – 황순원의 「산골아이」

「'산골아이' 엿보기」, 《아침햇살》 25, 도서출판 아침햇살, 2001. 봄.

제2부 제1장 진짜 '나'와 가짜 '나' – 「쥐의 둔갑」 설화에 나타난 주체의 분열과 재현

「'쥐 둔갑 설화'에 나타난 주체의 분열과 재현」, 《어문논집》 41, 안암어문학회, 2000. 2.

제2부 제2장 영원한 연인, '선녀'와 '우렁각시' – 「나무꾼과 선녀」, 「우렁각시」 설화의 정신분석적 의미 비교

「「나무꾼과 선녀」, 「우렁각시」 설화의 정신분석적 의미 비교연구」, 《어문논집》 57, 2008. 4.

제2부 제3장 '스님과 아이', 혹은 '페르조나(persona)와 자기원형' - 「오세암」 설화의 심층의미

제3부 제1장 설화에서 창작동화로, 창작동화에서 애니메이션으로 - 「오세암」과 「엄마를 만나는 곳 오세암」

「오세암」 설화의 심층의미와 아동문화콘텐츠로의 변용에 관한 연구, 《어문논집》 61, 민족어문학회, 2010. 4.

제3부 제2장 고전소설에서 애니메이션으로 - 「심청전」과 「왕후 심청」

「고전소설 「심청전」의 애니메이션 「왕후 심청」으로의 변용에 관한 고찰」, 《한국학연구》 35, 고려대 한국학연구소, 2010. 12.

제3부 제3장 창작동화에서 그림책으로 - 「강아지똥」과 「강아지똥」

「동화 「강아지똥」의 그림책으로의 변용에 따른 의미 변화 고찰」, 《동화와 번역》 23, 건국대 동화와번역연구소, 2012. 6.

차 례

제3장 '스님과 아이', 혹은 '페르조나(persona)와 자기원형'
-「오세암」 설화의 심층의미

제3부 원작(原作)과 변용(變容)

제1장 설화에서 창작동화로, 창작동화에서 애니메이션으로
-「오세암」과 「엄마를 만나는 곳 오세암」

제2장 고전소설에서 애니메이션으로 -「심청전」과 「왕후 심청」

제1부

동화 속의 숨은그림찾기

제1장

5세 아이의 '오세암'

– 정채봉의 「오세암」

정채봉의 중편 동화 「오세암」[1)]은 불교의 전승설화 「오세암」(五歲庵)을 기본 모티프로 한 것이다. 그동안 동화 「오세암」에 대한 논의가 종교적인 성격에서 크게 벗어나지 못한 이유는 작품의 공간적 배경이나 주제의 불교적인 색채 때문일 것이다. 이 글에서는 그동안 시도되지 않았던 새로운 접근방법으로 동화 「오세암」의 숨은 의미를 추적해 보고자 한다. 그것은 작품의 표면에 강조되어 있는 의미 분석이나 작가의 의도를 파악하는 것이 아니라 작품 속에 은폐되어 있는 심층(深層)의 의미를 탐색하는 것을 말한다.

---

1) 정채봉의 「오세암」은 작품 본문의 편집 형태가 다른 두 종류의 출간본이 있는데, 예컨대 동화집 『오세암』(창작과비평사에서 1985에 발행되었다가 1990년에 새맞춤법 통일안에 맞추어 맞춤법만 개정됨)에 실린 것과, 동화집 『숨쉬는 돌』(제삼기획, 1988)에 실린 것이 그 것이다. 두 출간본에 내용상의 차이점은 없으나 창비본에는 장면이나 내용 전환에 따라 소제목이 붙어 있다.(이 작업은 작가가 직접 한 것임을 작가에게 확인하였다) 이 글에서는 창비본의 「오세암」을 텍스트로 삼기로 하겠다.

1) '노출과 은폐', 혹은 '발현몽과 잠재몽'

작가가 설화, 즉 신화나 전설, 민담을 작품의 원형(原型)으로 삼는 행위는 양면성을 갖는다. 우선, 보편적인 이야기를 특수한 창작물로 만드는 일련의 과정 속에 작가 개인의 제반 문제들을 드러내고 있다는 것이고(노출), 또한 이미 알려진 이야기를 내세움으로써 그 배후에 작가 자신의 내면의 세계 즉, 심리적 갈등이나 욕망 등을 쉽게 숨길 수 있다는 점이다(은폐). 이 글의 목적은 작품의 표층(表層)이 아닌 심층(深層), 표면(表面)이 아닌, 이면(裏面)의 의미를 탐색하는 것에 있다.[2] 따라서 이 글에서는 무의식을 분석대상으로 하는 정신분석의 시각을 빌려 언어를 천착하는 심리적인 방법[3]으로 작품의 이면(裏面)에

---

2) 이는 일찍이 '꿈의 해석'의 시각으로 「오이디푸스」, 「햄릿」 등과 같은 문학작품을 분석한 바 있는 프로이트의 꿈의 독법을 따른 것이다. 그는 '꿈'을 겉으로 드러난 외현적인 꿈(발현몽)과, 그 배후에 숨어있는 잠재적인 꿈(잠재몽)으로 나누어 설명한다. 그는 발현몽은 우리의 기억에 남아있는 '꿈-내용'(dreamcontent)으로, 잠재몽은 발현된 내용에 선행하는 '꿈-사고(思考)'(dream-thoughts)로 구분한다. 꿈에 대한 그의 모든 해석은 발현몽이 아니라 잠재몽에 대한 것이다. 그는 『꿈의 해석』 제6장에서 어떤 과정을 통해 잠재몽에서 발현몽이 생겨났는지를 '압축'(condensation)과 '전치'(displacement)를 통해 설명하고 있다. - 프로이트(Sigmund Freud), 『꿈의 해석 上』, 김인순 옮김, 열린책들, 1997, pp.365-366 참조.

3) 이것은 언어의 상징적 의미는 물론, 언어의 음성적 효과 또한 포함 한다. 즉, 일종의 동음이의어로서의 언어의 청각적 측면을 고려하고자 하는 것이다. 이는 프로이트가 꿈 분석을 위해 언어의 음성적 작용과 효과에 주목했다는 점에서 영향을 받은 것임을 밝혀둔다. 예컨대, 「오세암」에 나타난 '눈'(目)의 무의식적인 의미를 동음이의어인 '눈'(雪)의 자유 연상을 통해 파악해보고자 하는 것이다. 이 밖에도 짚(짚다의 '짚'과 지푸라기의 '짚'), 암('庵'과 암컷의 '암', 알다의 '앎'), 발('足'과 눈발의 '발')등이 이에 해당된다.

참고로, 프로이트가 동음이의어로써 꿈을 분석한 예는 적지 않은데, 일례로 프로이트는 '풍뎅이 꿈'의 해석에서 풍뎅이가 독일어로 'Maikäfer'라는 것을 통해

접근하고자 한다.

이 글에서는 우선, 기존 설화와의 내용상의 차이점을 간략하게 살펴보는 것으로 논의를 풀어나가고자 한다. 이 글의 목적은 동화 「오세암」의 깊이 읽기에 있으므로, 설화와의 비교는 동화 분석을 위한 것이다. 강원도 인제군의 오세암 암자의 전설로 전해지는 「오세암」 설화의 유화(類話)는 전승 지역이 편중되어 있고, 그 내용이 대동소이하다. 다음은 그 가운데 불교설화집에 실린 「5세 동자의 오도(悟道)」의 줄거리이다.

> 설정 스님은 속히 고향으로 가보라는 소리에 잠에서 깨어난다. 스님은 꿈을 꾸었다는 것을 깨닫는다. 관세음보살이 아름다운 오색구름을 타고 왕자를 흔들어 깨우는 꿈이었다. 스님은 꼬박 사흘을 밤낮 없이 걸어서 30여년 만에 고향에 도착하지만 고향은 괴병이 번져 모두 죽고 오직 한 사람, 세 살 난 아이만 남아있었다. 스님은 그 아이가 자기의 조카뻘이 된다는 것을 알게 된다. 설정 스님은 잘 키워 가문의 대를 잇게 할 목적으로 그 아이를 업고 설악산으로 돌아온다.
>
> 아이는 야무지고 영리했으며 산짐승 소리도 무서워하지 않았다. 세월이 흘러 아이의 나이가 5살이 되었다. 늦은 가을, 스님은 겨우내 먹을 것을 구하러 아이를 남겨놓은 채 설악산을 넘어 양양으로 향한다. 워낙 험한 길이라서 조카를 업고 갈 수 없었기 때문이다. 스님은 길을 떠나면서 아이에게 절대로 문 밖에 나오지 말 것과 무서울 때엔 '관세음보살'을 외울

꿈의 내용과는 아무 관계가 없는 '5월(독일어로 Mai)'을 유추해서 꿈을 꾼 여자의 결혼기념일이 5월이라는 점을 알아내고, 남편에 대한 혐오감과 부부 사이의 불화의 이유를 추적하였다.(프로이트, 『꿈의 해석 上』, pp.378-382) 이렇듯 꿈의 내용상으로는 아무 관련도 없어 보이는, 터무니없는 단어, 혹은 글자들이 발음의 유사성으로 인해 공통된 이미지나 의미로 꿈의 사고(思考)에 작용하는 경우는 여러 사례를 통해 증명된 바 있다.

것을 당부한다. 그날 밤, 식량을 구한 스님은 발길을 재촉하려 했으나 험한 산과 세찬 바람을 이유로 마을 사람들이 만류한다. 스님은 할 수 없이 하룻밤을 양양에서 보내지만 이튿날 지붕까지 쌓인 눈 때문에 옴짝달싹 못하게 된다. 스님은 사람들의 만류에도 아랑곳 하지 않고 혼자 남아있을 조카를 생각하여 길을 떠나지만 눈 속에서 쓰러져 병석에 눕고 만다. 식음을 전폐하고 앓아눕기를 한 달, 병세가 호전되면서 스님은 버릇처럼 관세음보살을 염하였다.

설악산의 산색이 변하는 봄, 마을 사람들의 부축을 받아 대청봉에 오른 스님은 관음암에서 이상한 서광 한 줄기가 하늘로 길게 뻗어있는 것을 보게 된다. 관음암으로 달려간 스님은 관세음보살을 염하는 조카의 소리를 들으며 웬 여자가 오색 치맛자락을 끌며 밖으로 나와 하늘로 사라지는 것을 본다. 스님은 무사히 살아 있는 조카를 발견하게 되고, 조카로부터 관세음보살을 외웠더니 관음보살님이 돌봐주었다는 말을 듣는다. 스님은 그 날로 암자의 이름을 '관음암'에서 '오세암'으로 바꾸었다. 다섯 살짜리 아이가 이미 불법을 깨우쳤음을 시사하기 위해서였다. 이는 고려말의 일인데 그후 오세암은 6·25 때 불타 없어지고 지금은 조그만 방 한 칸만 전설과 함께 남아있다.[4)]

설화와 비교해 볼 때, 내용상의 차이점이 몇 가지 있다. 우선, 등장인물에 장님 소녀 '감이'가 있다. 둘째, 동화에서는 길손이가 죽는 것으로 처리 된다. 셋째, 설화에서는 아이가 스님의 조카뻘로 되어있지만 동화에서는 스님과 길손이는 아무 인척 관계가 없다. 넷째, 설화는

---

4) 한정섭 편저, 『佛教說話大辭典(下)』, 어화문화출판사, 1992, pp.49-51. 참고로, 설화 「오세암」의 유화(類話)의 기본 줄거리는 대동소이한데, 이 글에 소개한 내용 중 설정스님이 꿈을 꾸고 고향에 괴병이 번져 조카를 데려온다는 도입부의 상황은 다른 유화에는 없는 것이다. 「오세암」 설화의 유화(類話)에 대한 자세한 내용은 이 책의 제2부 '제3장 '스님과 아이', 혹은 '페르조나(persona)와 자기원형' - 「오세암」 설화의 심층의미'의 '1) 유화(類話)검토와 서사구조' 참조.

스님이 조카를 데려와 함께 기거하는 것으로 시작하지만 동화에서는 스님이 길손이와 감이를 우연히 만나는 것으로 시작한다. 다섯 째, 설화에서는 스님과 아이가 처음부터 '암자'에서 생활하지만 동화에서는 '절'의 생활을 경험한 후 암자로 간다. 끝으로 가장 두드러진 차이점은 설화에서는 성불하기 이전까지는 잘 드러나지 않던 아이의 존재감이 동화에서는 작품 전반(全般)에 걸쳐 전면에 드러나 있다는 점이다.

설화에는 없으나 동화에만 등장하는 '감이'는 주인공 길손이가 자신의 속내를 드러내는 유일한 등장인물이기도 하다. 주인공의 분신과 같은 존재("누난 내 곁에도 지금 있는 거야. 감이 누나가 그랬어. 내가 있는 곳엔 어디고 감이 누나 마음도 따라와 있겠다고.", 168)인 "장님 소녀"(157) 감이는, 주인공의 억압되고 거세된 또 다른 자아이기도 하다. 감이는 '눈'(雪)이 오는 내내 '눈'(目)을 감고 있다. 감이가 눈을 떴을 때 눈은 더 이상 내리지 않는다. 감이의 개안(開眼)은 그것 자체로 의미심장하지만 개안을 기점으로 작품의 시각적 이미지가 다르게 표현된다는 점에서 기능적으로도 중요한 장치이다. 감이의 개안 전에는 "눈", "하얀 나비"(157), "흰 구름", "안개구름"(165), "솜다리꽃"(169), "목화송이"(176) 등의 '흰색'과 "눈발로 가득한 바다"(157), "하늘", "스님이 입은 옷"(158) 등의 '재색', 그리고 "밤"(165)과 "골방"(170) 등의 '검은 색' 등 흑백 필름과 같은 정경이 계속 되다가(노란 색이 한 번, 빨간 색이 두 번 언급된다) 감이의 개안 이후에는 "햇빛"이 보이고 "꽃비"가 내리고 "꽃구름"(184)이 "뭉게뭉게 솟아오르는"(184-185) 등 선명한 색깔이 드러난다. 아울러 '눈 오는 바다'나 '눈 덮인 산'과 같이 사물의 실체가 불분명한 정적인 겨울의 이미지가 "솜다리, 금낭화, 금강초롱, 철쭉꽃" 등의 온갖 꽃들이 "온통 산을 덮"(184)고, "다람쥐, 오소리, 토씨, 사슴"(184) 등의 산짐승들이 "달려"(185)오는 오색창연하고 역동적인 봄으로 바뀐다. 이러한 전환은 감이의 개안 전과 후의 두 상황을 '꿈과 현실', '무의식과 의식'의 관계로 볼 수 있을 여지를 준다. 여기에 "막상 눈을 뜨고 보니" "이 세상 풍경"이 "실망"스러워 길손이를 "그리워"(186)하며 "눈"(157)이나 "안개", "흰구름"(165)과 같은 "연기"를 "붙들어줘요."(186)라고 말하는 감이의 행동은 꿈꾼 직후의 감정과 유사한 점이 있다.

또한, 설화에서 주인공인 '5세 아이'가 이름이 없었던 것에 비해 상대적으로 부각된 '설정'이라는 스님의 이름이, 동화에서는 감이가 눈을 뜨기 전까지는 한 번도 언급되지 않다가 감이의 개안 후에, 그것도 결말 부분에서 내용상으로도 어색할 정도로 난데없이 드러나는 것도 특이한 점이다. 감이의 개안이 후반부에 이뤄지는 점을 고려할 때, 이전까지 불렸던 '수도자'를 의미하는 '스님'이라는 호칭은, '떠돌이'를 나타내는 '길손이'나 '눈을 감았다'고 하여 붙여진 '감이'와 마찬가지로 존재감을 드러내기에는 부족하다. 이렇듯 주요 인물들의 '무명성'에 가까운 호칭은 작품 전반(全般)에 걸친 흑백의 모호한 이미지와도 연결된다. 이러한 특징을 염두에 두고 이제 본격적으로 작품에 접근해 보기로 하겠다.

2) '스님'의 정체, 혹은 '눈/눈:'의 실체

(1) 포구

「오세암」은 "스님은 그 거지 남매와 포구에서 만났다."(157)라는 문장으로 시작한다. 이는 "스님은 그 거지 남매를 포구에서 만났다."와 다르게 읽힌다. 언뜻 보기에 비슷한 내용이지만, 의미상으로는 후자처럼 읽히지만, 만남의 성격이 후자는 '우연'적인 반면에, 전자는 예정된 만남, 즉 '필연'적이다. 이 문장은 "그 거지 남매와 스님은 포구에서 만났다."로 자리를 바꿔 읽었을 경우 그 차이가 확연히 드러난다. 만나는 주체와 만남을 당하는 객체가 따로 있는 것이 아니라 주체와 주체가 만나는 것이기 때문이다. 이러한 차이는 접속 조사 '와'와 목적격 조사 '를'에서 온 것이다. 스님이 길을 가다 우연히 거지 남매를 만난 것이 아니라 거지 남매와 스님이 (함께) 만난 것이다. 애초에 주체와 주체로 만나는, 거지 남매와 스님과의 관계는 팽팽한 갈등 관계로 진행된다. 외현상으로는 구도의 길을 걷고 있는 스님은 두 화자, 즉, 길손이와 감이를 통해 정체가 드러나기 시작한다.

이 작품의 첫 번째 대사는 길손이의 "누나, 눈이 바다보다 넓게 내린다."(157)이다. 이 문장에서 쉼표 ', '만 빼버리면 "누나 눈이 바다 보다 넓게 내린다."로 읽히고, 실제로 발음상으로는 쉼표의 유무가 느껴지지 않기도 한다. 잘못 읽을 경우, '누나 눈이 바다보다 넓다'는 의미가 돌출된다. 눈이 오는 바다의 이미지는 뒤에 나오는 다음의 대화 속에서 찾을 수 있다.

> "누나, 오늘 **하늘**이 저 스님이 입은 옷 색깔하고 같아. 저런 색을 뭐라고 하더라?"
> "**재색**이라고 하지."
> 스님이 대답하였다.
> "우리 누나는 그런 말 못 알아들어. 맞아. 생각났다. **맛 없는 국 색깔**이야."
> 장님 소녀가 고개를 끄덕이었다.
> "알겠다. 그러니까 **때지난 나물국 빛**이다, 이거지?"(p.158)

"수만 마리의 하얀 나비들이 나는 듯 눈발로 가득한 바다"(157)는 하늘과 경계가 없다. 바다는 "하늘"색과 같은 "재색"이며 이것은 곧

"때지난 나물국 빛"으로 묘사되는 스님의 옷, 즉 '스님'과 자연스럽게 연결된다. 한편, '누나 눈'은 "가을 아침 물빛처럼 시린 눈총"(157)을 한, 길손이가 투영된 눈이다. 그런데 그 눈은 '닫힌 눈'이다. 감이가 길손이의 분신과 같은 존재임을 고려할 때, 그것은 길손이의 '거세된 눈'이다. 정신분석적인 시각에서 '눈'이 '욕망'과 관련이 있다는 사실을 생각하면, '누나 눈이 바다보다 넓다'는, 거세된 길손이의 욕망이 스님의 그것보다 넓다는 의미로 읽힐 수 있다. 이 부분의 소제목이, 그것도 「오세암」이라는 작품 제목 바로 다음에 붙은, 첫 소제목이 '바다보다 넓게 내리는 눈'(157)이라는 점은 암시하는 바가 크다.

(2) 첫눈

스님이 거지 남매를 처음 만난 것은 "첫눈" 오는 날, "포구"에서이다. 스님이 길손이로부터 차단 된 것도 "처음 보는 폭설"(176) 때문이다. '첫'이 주는 의미는 각별하다. '첫눈'의 '첫'은 '첫 만남', '첫 사랑', '첫날 밤'으로 의미의 연상망을 넓혀갈 수 있다. 이는 이 작품의 첫머리에 나오는 '포구'와 연결되어 더욱 강한 이미지를 던져준다. 다음을 보자.

> 스님은 웃음을 거두고, 사내아이의 나무 그릇에 돈을 놓았다.
>
> 스님이 한참 가다가 돌아보니 그들 남매는 **눈발**에 가려 보이지 않았다.
>
> **바다로부터 물새 우는 소리가 쫓아와서 스님을 한참 동안 꺼억꺼억 하고 따라다녔다.**
>
> **첫눈**이어서 그런지 눈발은 쌓이지 않고 금방금방 녹았다. 그러나 **사람들은 좀체 밖을 내다보려고 하지 않았다.**
>
> 스님은 **탁발 그릇 속의 눈을 비우고** 산 쪽으로 돌아섰다.

주막이 있는 **삼거리**를 지나 설악 **자락으로 접어들었**을 때였다.
길가의 **짚**가리 속에서 **아이**의 키득거리는 소리가 새어나왔다.
"누나 **식은 나물국 스님**이 가고 있다."
스님은 **짚**이는 데가 있었다. 가만히 다가가서 **짚**더미를 헤쳐 보았다.
짐작했던 대로였다. 장님 소녀와 그 아이가 **노랑 지빠귀처럼 웅크리고 있었다.**(pp.158-160)

이 작품에서 가장 많이 나오는 단어는 '눈'(雪, 目 모두 포함)이다. '눈'은 "눈발", "눈총"(157), "눈송이"(158), "첫눈", "눈보라"(160), "눈바람"(161), "진눈깨비"(170), "큰 눈"(176) 등으로도 나타난다. 앞의 인용문의 "눈발"은 스님과 남매를 갈라놓는다. 그러자 물새 우는 소리가 스님을 따라다닌다. 이는 뒤에 나오는 "그런데 어린것들이 눈바람 속에서 얼어 죽을 지도 모른다는 생각이 물새 울음소리로 나타나서 걸음을 더디게 했다."(161)로 연결된다. "눈발"은 "첫눈"으로, "눈보라"(160)로 그 의미가 구체화되고 심화되더니 마침내 "눈바람"(161)으로 그 실체를 드러낸다. '눈바람'의 '바람'은 '바람기'를 연상시킨다. 이 때문에 "도란도란 얘기하며 걸어가는 세 사람의 등에서 눈발은 서서히 성글어"(162)질 수밖에 없다. 바람기는 "사람들은 좀체 밖을 내다보려고 하지 않"는 으슥함 속에서 "물새"나, "주막", "삼거리"와 어우러져 급기야 "자락으로 접어들"게 된다. '자락'은 '옷자락'의 준말이기도 하다. '들어서다'라는 의미의 "접어들었"다와 연결해볼 때 '옷자락으로 들어서다'로 읽힐 수 있다. 앞의 인용문에는 "짚"이 세 번 나온다. 뒤이은 장면에서 "짚"은 "짚더미", "지푸라기"(161), "짚신(177)"으로 반복된다. 스님은 "탁발그릇 속의 눈(내용상의 의미는 당연히 눈(雪)이지만 눈(目)으로 읽힐 수도 있다)을 비"워 보지만, "주막"을 지나 다시 옷자락으로 접어든 스님은 포근한 "짚" 속에 "노랑지빠귀처럼 웅크리고" 있는 아이들을 외면할 수가 없다. 이때, 아이들에게 "다가"간 것은 스님이지만 정작 스님의 발걸음을 멈추게 한 것은 아이이다. 정확하게는 길손이의 "키득거리는 소리"이다. 본래 아이들에게 스님은 "웃음을 거두고" 고작 "사내아이의 나무 그릇에 돈을 놓아"두고는 "한참 가다가" "눈발에 가려 보이지 않았"을 때에야 비로소 돌아보는 존재이며, "산 쪽으로 돌아서" "삼거리를 지나" 아이들을 지나치던 존재이다. 길손이는 감이에게 "식은 나물국 스님이 **가고 있다.**"라고 말함으로써 스님이 자신들을 그냥 지나치는 상황을 분명하게 확인시켜준다. 이 순간 길손이에게, 스님은 자신을 "키득거리"게 하는 대상이며 "식은 나물국"이며 "가고"있는 존재일 뿐이다.

수행자를 의미하는 '승려'의 존칭인 '스님'이라는 호칭에는 '초자아'로서의 의미가 함축되어 있다. 여기에 스님이 길손이를 돌보며 함께 살게 되는 점을 고려할 때 길손이에게 스님은 '아버지'와 같은 인물이다. "떠돌이"(161)라는 의미의 길손이라는 이름 역시 한 곳에 정착하지 않는 스님이라는 신분과 닮은 점이 있다. 아버지와 같은 스님이 아들과 같은 길손이에게 "때지난" "맛없는" "식은" "나물국"(158) 이며 "키득거리는" 웃음거리일 뿐이다. 그리하여 그런 "어린 것들"(161) 때문에, 스님은 "바다로부터" "쫓아와서" 자신을 "한참 동안" "따라다니"(158)며 "걸음을 더디게 하"(161)는 "물새"가 되어 "꺼억꺼억"(158) 울 수밖에 없는 것이다.

(3) 바람

길손이는 감이에게 스님을 "머리에 머리카락 씨만 뿌려져 있는 사람"(158)이라고 소개한다. 이것 또한 '씨만 뿌리는 사람'으로 유추할 수 있는데 이는 '바람'의 이미지와도 연결된다. 다음은 스님과 아이들이 두 번째 만나는 장면이다.

> "너희들 왜 집에 가지 않고 여기에 있니?"
> "우리는 집이 없어."
> "그럼 여기서 자겠단 말이냐?
> "응."
> "눈이 그치면 눈보라가 칠 텐데……"
> "괜찮아. 우리가 싸우지만 않으면 돼. 우리가 사이 좋게 있으면 **매운 바람도 우릴 비켜 가는걸.**"
> "허허, 녀석들 참……"
> **스님은 돌아서서 걸었다.**(p.160)

앞의 인용문에서 집이 없는 아이들을 염려하던 스님은 결국 아이들을 두고 "돌아서" 버린다. 그것은 이미 "산 쪽으로 돌아섰"(160)던 것에 이은 두 번째 외면이다. 스님은 "매운 바람"이 아이들을 "비켜가"듯 "돌아서" 버린 것이다. 이로써 아이들에게 '스님'은 '바람'과 유사한 존재가 된다. 더욱이 그 바람은 "매운 바람"이다.

이 작품의 두 번째 소제목은 '바람의 손자국, 발자국'(162)이다. 여기에서 '바람'은 "누나의 댕기를 잡아당긴"(162)다. 바람은 "우리 눈에 안 보"(162)이지만 부처님의 눈에는 보인다.

> "부처님 **눈**에는 바람이 보여?"
> "바람이라니?"
> **"저기 저 전나무 가지를 흔드는 손님** 말이야"
> "부처님 눈에는…… 그래. 바람이 보이지."(p.163)

길손이는 자신의 눈에는 보이지 않는 바람이 "부처님은 바람을 볼지도 모"(163)른다며 스님에게 그 사실을 확인한다. 길손이의 질문은 결과적으로 스님 스스로 본인의 입을 통해 "부처님 눈에는" "바람이 보"인다는 사실을 인정하도록 한다. 이때 길손이는 '부처님에게 바람이 보이냐'고 묻지 않는다. "부처님의 눈"에 보이냐고 묻는다. '눈'이라는 사실을 정확히 밝혀 '눈'의 존재를 드러낸다. 한편, 길손이에게 "바람의 손자국, 발자국만 보"(162)이는 그 '바람'은 기껏해야 "전나무 가지를 흔드는 손님"(163)일 뿐이다. 전나무 가지는 "저기 저"쪽 길손이의 눈에 보이는 곳에 있다. '전나무'는 이 장면에 앞서서 이미 소개된 적이 있다. 다음을 보자.

> "누나, **이 산**의 나무들은 말이야. **갈대로 만든 자리**를 세운 것 같아. **죽죽** 하늘에 닿을 듯이 **치솟았거든**. 저기 저 **언덕바지**에 있는 **전나무**는 **꼭대기가 보이지 않는다**."(p.162)

이 인용문은 길손이의 대사이다. "이 산"은 스님이 거처하는 산이다. 아이에게는 처음 와 보는 '스님의 산'인 셈이다. 그 곳의 나무들이 속이 빈 "갈대로 만든 자리를 세운 것 같"다는 것은, "사내아이가 장님 소녀의 손목을 잡고 소나무와 나란히 서 있었다."(157)와 대조적이다. '길손이－소나무'인 반면에 '스님－갈대'인 것이다. 그럼에도 불구하고 세워져있다. "하늘에 닿을 듯" "죽죽" "치솟아"서 "꼭대기가 보이지 않"을 정도이다. 겉으로는 "전나무"이지만 "이 산"의 나무인 이상 실상 이미 나무라고 할 수 없을 정도로 죽죽 쪼개어 연결해 만든 "자리" 신세를 면치 못한다. 그런데도 여성의 은밀한 신체 부위를 상징하는 "언덕바지"에서는 "저 전나무 가지를 흔드는 손님"인 "바람"(163)에 의해 흔들리는 것이다.

동음이의어로서의 '눈'과 '눈:'은 '욕망'이라는 심상의 고리로 엮어진다. 스님과 아이, 혹은 아버지와 아들의 갈등은 바로 이 '눈/눈:'에 기인한 것이다. 이후에 "목화송이만큼씩 해서 금방 산과 들을 하얗게 덮"은 "눈송이"(176)는 결국 스님과 길손이를 완전히 차단하는 역할을 한다.

정신분석적인 시각에서, 거침없이 계속되는 스님을 향한 아이의 비아냥거림은 공격적이며 성적(性的)이다. 이때, 아이의 나이가 다섯 살(5세, 오세)라는 점에 주목할 필요가 있다. 설화에서나 동화에서나 제목으로 드러난 '5세'는 정신분석에서도 특별한 나이이다. 이제 이 문제에 접근해보기로 하겠다.

3) 오=세+암/오세+암/오세암/悟歲암

(1) '솜다리'와 '빨간 맨발'

정신분석에서 '5세'는 '남근기(男根期)'에 해당한다.[5] 이 시기의 아동들은 현저하게 침입적이고 원기왕성하다.[6] 아이는 자신의 성기를 자세히 관찰하고, 출생과 성(性)에 대한 관심을 나타낸다.[7] 이 시기의

---

5) 프로이트는 리비도가 집중되는 신체 부위를 중심으로 발달단계를 '구순기, 항문기, 남근기, 잠복기, 생식기'로 나누는데 5세는 남근기에 해당한다.

6) 에릭슨(Erikson), 「아이덴티티」, 『현대의 신화/아이덴티티』(합본), 이부영 · 조대경 역, 삼성출판사, 1990, p.289. 에릭슨에 의하면, 이 시기의 아이들의 행동의 대부분을 지배하는 침입적 양식에는 '활발한 동작에 의한 공간으로의 침입, 타는 듯한 호기심에 의한 미지로의 침입, 여성의 신체에 침입하는 남근에 관한 생각' 등이 포함된다.(p.289)

7) 강봉규, 『발달 심리학』, 정훈출판사, 1992, p.65 참조.

아이의 두드러진 갈등은 오이디푸스 콤플렉스이다. 즉, 아이는 이성의 부모를 소유하고 싶은 욕망과 동시에 동성의 부모를 적대시 하려는 무의식을 표현한다.[8] 다섯 살배기 길손이 역시 남근기의 특징을 은유적으로 드러낸다. 그것은 '관음암'에서 구체화 된다.

- 겨울잠에 빠져있던 **암자**는 길손이의 소리로 깨어나기 시작하였다. 벌집을 찾아다니는가 하면 **다람쥐굴**을 파헤쳤다. 어떤 날은 벌한테 쏘여서 머리에 혹이 났고, 어떤 날은 **뱀굴**을 다람쥐굴로 잘못 알고 건드렸다가 혼이 난 적도 있었다.(pp.167-168)

- "스님, 나하고 좀 놀아."
  그래도 눈썹 하나 움직이지 않았다.
  "앉아 있기만 하면 뭘 해! 벽에 뭐가 있어? **솜다리꽃 하나도 피우지 못하구서!**"(p.169)

- "옳지. 저 **마루 밑 어둠 속**을 뒤져 보자. **밤이고 낮이고 캄캄**하기만 한 저곳에는 무엇이 있을까?"
  길손이는 마루 밑으로 기어들어갔다.

---

8) 남자아이의 경우, 아버지는 아들의 중요한 경쟁자나 적이 된다. 아들은 성기의 크기로 아버지에게 열등감을 느끼기도 하고, 어머니를 향한 자신의 감정을 아버지가 보고만 있지는 않을 것이라는, 즉, 자신의 성기를 잘라버릴 것이라는 공포심을 갖게 된다. 이것을 '거세공포'라고 하는데 이 때문에 아들은 어머니와 성적 관계를 맺고 싶어 하는 욕망을 포기하게 된다. 5세에서 7세 사이에 아이는 어머니에 대한 성적 욕망을 억압하고 아버지와 동일시하기 시작함으로써 이러한 오이디푸스적 갈등은 해결된다. 아이는 동일시를 통해 가치관, 도덕, 성에 관련된 행동, 남성다움에 대한 것 등을 배운다.—강봉규, 앞의 책, p.67 참조 ; 캘빈 S. 홀(Calvin S. Hall), 『프로이트 심리학 입문』, 지경자 역, 홍신출판사, 1993, pp.145-147 참조.

> 얼마 후 마루 밑에서 나온 길손이의 손에는 **깨어진 바릿대**와 **풀어진 염주알**이 **세 개** 들려 있었다.
>
> 길손이가 **암자의 구석진 곳을 뒤지는 것으로 재미를 삼은 것**은 이날부터였다.(pp.169-170)

길손이가 "벌집을 찾아다니"고, "다람쥐굴을 파헤치"고, "뱀굴을" "건드"리고, "암자의 구석진 곳을 뒤지는" 행동은 다분히 공격적이며 성적(性的)이다. 길손이의 관심은 온통 "마루 밑 어둠 속"이나 "밤이고 낮이고 캄캄하기만 한" 곳에 있다. 결국 그가 찾아낸 것은 스님이 이미 거쳐 간 흔적물인, "깨어지"고 "풀어진" "바릿대"와 "염주알 세 개"이다. 이에 앞서 길손이는 "솜다리꽃 하나도 피우지 못 하"는 스님을 빈정거린다. 솜다리 꽃(솜다리 포함)은 이 작품에서 세 번 언급된다. '솜다리 꽃'에서 일반적으로 없어도 되는 '꽃'자를 떼어 놓을 경우, '솜다리'는 '**솜**'과 '**다리**'의 결합이다.("솜다리"(168, 184)로 표기된 경우도 있다) "솜다리"의 "꽃"도 피우지 못한다는, 스님을 향한 길손이의 비아냥거림은 "**때 지난**", 그래서 "**맛없는** 나물국"(158), "**식은** 나물국"(160), 혹은 "**갈대로 만든** 자리를 세운 것 같"(162)은 나무의 연장이다. 이것은 뒤이어 "**묵은 목침**"(171)으로 이어진다. "병아리 가슴털"처럼 "아주아주 보송보송"한 느낌이 강조된 "솜다리꽃"은 실은 "저기 저 **돌부처**님이 입김으로 키우"(168)신 것이다. 돌부처의 입김으로도 키울 수 있는 것을 스님이 하지 못한다고 혹은 하지 못할 것이라고 길손이는 빈정거리고 있는 것이다.

'눈'에 이어 이 작품에서 두 번째로 많이 나오는 단어가 '발'("눈발", "발소리", "발꿈치", "발목", "신발", "맨발" 등)이다. '눈발'로 시작한 '발'은 이미 '눈'과 떼어질 수 없는 사이이다. "바위틈 얼음 속에 **발**을 묻고 피어"(168) 있는 '발'은 스님과 관련이 있는 '솜다리'의 다리의 끝으로서의 '발'이다. "스님의 **발목**"은 "**눈** 속에" "빠져"(176) 마침내 스님은 "정신이 반 나간 채 허우적거리"(177)게 되고 "눈이 녹은 물이 그대로 얼어 붙"(178)은 "빙판"에서는 "줄줄 미끄러지"(178)게 된다. '눈'과 '솜다리'와 연관되어 본래의 의미가 암시적으로만 표현되었던, **다리의 끝으로서의 '발'**의 의미는 "빨간 맨발"(182)에서 구체화된다. "입안이 바짝 마르"(176)고, "살갗이 활시위처럼 팽팽해지는 것을 느낀"(180) 스님이 관음암에 도착해서 제일 먼저 본 것은 길손이의 발이었다.

> **스님은** 암자로 들어서기가 바쁘게 **무릎을 꿇었다.**
> 막 길손이를 부르려는데 소리 없이 법당문이 열리었다.
> 살며시 걸어나오는 발, 그것은 **길손이의 빨간 맨발**이었다.(pp.181-182)

암자를 다시 찾은 스님이 최초로 본 것은 "살며시 걸어나오는 발", 바로 "길손이의 빨간 맨발"이다. 이때 스님은 "무릎을 꿇"고 있었다. '빨간색'은 이어 "이 순간 우물 속 흰구름이 빨갛게 변하였다."(182)와 함께 이 작품에서 두 번 언급된다. 여기서 '이 순간'은 "관음봉에서" 내려온 "하얀 옷을 입은 여인이" "길손이를" "품에 안으며" "이 아이는 이제 부처님이 되었다."(182)라고 말을 하고 난 직후의 순간이다. 한편, 반복적으로 등장하는 '흰구름'은 스님이나 길손이를 의미하는 '떠돌이' 정도로 읽히지만, 실상 그 저변에는 '눈' 혹은 '발'의 이미지의 연장으로서 의미가 깔려 있다. 다음은 스님과 길손이가 암자로 가기 위해 절을 나서는 장면이다.

길손이는 한사코 **작은 물초롱**을 들고 나섰다.
"거기에도 좋은 샘이 있다니까 그러는구나."
"스님 바보야. 내가 물 가져가는 것 같아?"
"그럼 물이 아니고 무엇이냐?"
"**흰구름**을 넣어 가지고 가는 거야. 요 앞날 개울에서 건져 왔거든."
"고 녀석 참……"
"스님, 저기 저 **안개구름 속에서 우뚝 솟은 산봉우리** 이름은 무어야?"
(pp.165-167)

스님에게는 길손이의 "작은 물초롱"에 담긴 것이 "물"로 보이지만, 사실 그 안에 담긴 것은 "흰구름"이다. 길손이의 "물초롱"과 "흰구름"은 저기 저 "우뚝 솟은 산봉우리"와 "안개구름"과 대비된다. 이때의 "저기 저"는 이미 "저기 저 언덕바지에 있는 전나무"(162), "저기 저 전나무"(163)에 이은 반복된 표현이다. 여기서 '저기 저'가 수식하는 '전나무'는 앞에서 살펴보았듯 '스님'의 비유이다. 길손이에게는 "저기 저 안개구름 속"에 있는 "우뚝 솟은 산봉우리"가 보이지만, 스님은 바로 앞에 있는 "물초롱" 속의 "흰구름"을 알아차리지 못한다. 그리하여 길손이는 스님에게 "바보"라고 하는 것이다. '물초롱 속의 흰구름'은 관음암에 이르러 "우물 속의 흰구름"(182)으로 확대된다. 이어 우물 속 흰구름은 길손이가 혼자 있을 때에는 "산너머로 늘러 갔는지 브이지 않"(169)거나 "우물 속에서 꼼짝을 않고 낮잠을 자"(174)더니 길손이가 부처가 되었다는 사실이 관세음보살에 의해 밝혀졌을 때에는 "빨갛게"(182) 변하여 그 존재가 부각된다. 이때의 '**빨간 구름**'은 스님이 다시 찾은 관음암에서 처음 발견했던 길손이의 "**빨간 맨발**"(182)과 중첩된다. 다리의 맨 끝인 맨발의 빨간색이나 '원통형'의 물초롱의 연장인

우물 속 구름의 자극적인 '빨간색'은, 흑백의 정경 뒤에 가려져 있던 무의식적인 '무엇'이 그 의미를 수면 위로 드러내려는 표지(標識)인 듯하다.

(2) 문고리+손가락

길손이가 끝내 찾아내고야 만, "오직 길손이의 손이 못 미친 곳"인 "골방"을 발견한 것은 "**진눈깨비**가 부슬부슬 내리는 아침이었다."(170)

- "그 방은 문둥병에 걸린 스님이 묵고 있다가 죽은 곳이란다." (p.170)

- 길손이는 살며시 **문고리에 손가락을 걸었다**.(pp.170-171)

- 떨어진 문 사이로 **골방** 안이 내다보였다. **묵은 목침과 질화로가 나뒹굴어져 있었다.**
  길손이는 살금살금 골방 안으로 기어들어갔다.
  방은 밖에서 생각했던 것보다도 **훨씬 넓었다**. 그러나 **신기한 것은 하나도 없었다**.
  벽에 걸려있는 **도롱이를 들어냈다**. 그러자 갑자기 **방안이 밝아졌다. 도롱이가 걸려 있던 자리가 들창**이었다.
  "누나, 저 **창 너머**로 보이는 봉우리가 **관음봉**이야. 스님이 말해 주었어. 여기서 보니까 **아주 바로 보이지?**"(p.171)

"골방"에 관심을 보이는 길손이를 향해 스님은 "문둥병"이니, "죽은 곳"이니 하면서 엄포를 놓는다. 이는 '너도 그 방에 들어갔다가는 큰일 난다.'는 말이다. 그러나 스님의 이런 반응은 오히려 길손이의 호기심을 자극할 뿐이다. "골방"을 향한 길손이의 관심과 행동은 모태 회귀 본능을 연상시킨다. 길손이는 끝내 "골방"의 '문고리에 손가락을 걸"고 만다. "묵은 **목침**과 **질화로**가 나뒹굴어져 있"는, 막상 들어간 "방안"은 생전에 이미 들어와 본, 그래서 이미 다 알고 있는 곳인 듯 "생각했던 것보다도 훨씬 넓었"으며 "신기한 것은 하나도 없었다." 길손이는 스님이 입는 옷, '눈 오는 바다'나 "때지난 나물국 빛" 같은 "재색"(158)의 옷인 "도롱이"를 들어낸다. 그것은 "관음봉"이 "아주 바로 보이"는 "들창"을 막고 있던 것이다. 자신이 들어갈 자리를 마련하기 위해 스님(도롱이)을 들어내고 보니 드러난 것이 바로 **관음봉**(**觀音峰** 혹은 **觀淫峰**)이다. 그 사실을 길손이는 자신의 분신, '또 다른 나'인 감이 누나에게 말하고 있는 것이다.

이후 길손이의 행동은 더욱 노골적이 된다. 그것은 '누나'가 배제된 상태에서 이뤄진다. 다음을 보자.

> · **목침을 치우고 질화로를 들어냈다. 도롱이는 아예 마루 밑에다 쑤셔박아 버렸다.** 비로 쓸고 걸레질도 하였다.
>
> 길손이는 그림 앞에 앉아서 이 얘기 저 얘기를 하였다.
>
> "계곡의 **고드름**이 **하늘에서 늘어뜨린 동아줄** 같아요. 스님은 김치를 꺼내다가 **얼음 조각에 손가락을 베었어요**. 보살님도 춥지요? 가만있어요. 내가 솔가리 긁어와서 **군불 넣어 드릴게요**."
>
> 길손이는 그림 속에 계시는 분을 소리내어 웃게 하고 싶었다. 그래서 **여러 흉내**를 내었다. 토끼가 **귀를 세우고** 뛰어가는 **깡충**거리는 걸음을, **목탁을 치면서** 염불하는 **스님의 흉내**를, 그리고 슬겨시 소리 안 나게 **방귀**를 뀌어 놓고서 살피기도 하였다.(pp.172-174)

- "**엄마**, 삶은 **밤**이어요. 스님이 다섯 개를 주셨어요. 내가 네 개를 먹었지만 **가장 큰 것은 남겨 왔어요. 어서 잡수셔요. 참, 맛있어요**."(p.174)

길손이는 "목침을 치우고 질화로를 들어내"고, "도롱이는 아예 마루 밑에다 쑤셔박아 버리"는 행동으로 스님의 흔적들을 지워나간다. 그리고 "엄마" 앞에 독대하고 앉아, "하늘에서 늘어뜨린 동아줄"과 같은, 긴 "고드름"으로 "얘기"를 풀어나가기 시작한다. 바로 전날, 관음보살 그림을 처음 대면했을 때, 길손이는 "안녕하셔요. 전 길손이예요."(171)라고 이미 자신을 소개한 바 있다. 길손이의 "얘기" 속에서 스님은 고드름과 비슷한 "얼음"에 "손가락을 베"일 정도이지만, "소나무"(157)인 자신은 "솔가리"를 긁어보아 "군불"을 "넣어"(작가는 '때다'라는 표현 대신에 이 낱말을 선택했다) 주겠다고 한다. 여기서 "얼음"은 앞에서 "바위틈 얼음 속에 발을 묻고 피어"(168)있는 "솜다리"를 설명할 때 언급된 적이 있는데, 이것은 뒤에 "눈 녹은 물이 그대로 얼어붙어서 빙판을 이루고 있"(178)는 것에서 반복된다. 한편, 스님이 한낱 얼음에 베이기나 하는 스님의 '손가락'은 길손이가 "문고리"에 "살며시" 걸었을 뿐인데도 골방의 "문이 와당탕탕, 소리를 내면서 떨어"(171)지게 한, 그리하여 "골방 안이 내다 보이"(171)도록 한 길손이의 '손가락'과 비교된다. '손가락'의 경우처럼, 신체의 일부에 대한 길손이의 관심은 이미 "콧등에도야."(158)에서나 "귀떼기청봉? 그럼 코떼기청봉도 있겠네."(167)에서도 드러난 바 있다. "토끼가 귀를 세우고 뛰어가는 깡충거리는 걸음"(172)을 흉내 내는 길손이의 행동도 이와 무관하지 않다. 앞에서 살펴보았듯 길손이를 연상시키는 "소나무"는 "솔가리"에 이어 "솔바람", "잔솔밭"으로 연장되는데 이것은 각각 "**암자가 있는 산허리로**부터 한 줄기 흘러내려"오는 "솔바람"(180)이며, "**관음암**의 지붕이 보이는 언덕"인 "잔솔밭"(181)이다. 이는 이미 길손이가 관음암의 "골방"(170)을 경험한 후에 나오는 표현들이다.

길손이의 "여러 흙내"는 "스님의 흙내"였음이 밝혀진다. 길손이의 "목탁을 치"는 소리는, 스님에게 "딱다구리라는 새가 고목을 쪼는 소리"(180)로 들린다. 길손이는 엄마(0－모든 것의 시작이며 근원으로서의 0, 문고리 모양으로서의 0)를 위해 "가장 큰" "밤"(혹은 밤:) 한(다섯 개에서 네 개를 먹고 난 후의 1, 손가락 모양으로서의 1) 개를 "어서 잡수시"라고 말하고 있는 것이다. '0'과 '1', 혹은 '1'과 '0'의 결합은 길손이를 나타내는 '오세'와 여성을 나타내는 '암'의 결합(오세+암)이다. '항문 성감대'[9]를 자극하여 나오는 "방귀"를 뀌는 행동은 "방귀를 뽕 소리 나게 뀌지를 않나"(165)의 되풀이이다. 방귀의 후각적인 이미지는 뒤에 나오는 감이와 스님의 대화로 연결된다.

- "봄이 어우러지는지 **흙내음**이 나요."
  감이가 코를 킁킁거리며 말하였다.

---

9) 프로이트는 성적 흥분(자극)을 일으키는 특정 신체 부위의 하나로 '항문'을 들었다. 또한, '똥'은 '항문성애의 부산물'로서 사랑하는 사람을 위해서만 주는 첫 번째 선물로 보았다. 그에 의하면 똥을 누는 행위는 아이들이 똥이 자신의 몸의 일부인데도 불구하고 헤어지려고 하는 것으로 '똥'은 또한 '반항'의 의미로도 쓰이는데 이것은 '선물'의 의미가 반대로 변한 것일 뿐이라고 분석했다.—프로이트, 「늑대인간」, 『늑대 인간』, 김명희 옮김, 열린 책들, 1996, p.230 참조 ; 프로이트, 「성격과 항문 에로티시즘」, 『성욕에 관한 세 편의 에세이』, 김정일 옮김, 열린책들, 1996, p.105 참조.

'방귀'는 이런 점에서 '똥'과 비슷한 것으로 볼 수 있다. 실제로 「오세암」에 나오는 두 번의 방귀 중 첫 번째는 스님에 대한 '반항'으로, 다음 것은 관세음에게 주는 '선물'로 파악할 수 있다.

"저 곰골 **허리**도 한없이 부드러워 보이는구나. 저것도 **봄기운**이지."(pp.178-179)

- "스님, 냄새가 나요."
  "**사향노루 내음** 말이냐?"
  "아냐요. 우리 **길손이 내음**이어요."(p.179)

앞의 인용문은 "스님이 길손이를 관음암에 혼자 남겨 두고 떠나온 날로부터 한 달하고 스무 날째가 되던 날"(178), 스님과 감이가 길손이가 있는 관음암으로 향하며 나누는 대화이다. 이전에 스님은 홀로 있는 길손이를 염려하며 "먹을 것도 없는 암자에 어린아이만 혼자 있다고!"라고 외치고, 노인에게 "어린아이가 먹을 것 하나 있지 않은 암자에 혼자 있습니다."(177)라고 하여 어린 아이가 혼자 있다는 사실을 반복하여 강조한 바 있다. 이는 자신이 가야하는 이유를 거듭 확인하고 밝히고 있는 것이지만, 한편으로는 스님이 '암자'와 '아이'가 단 둘이 있다는 사실을 의식하고 있다는 것을 드러내는 것이기도 하다. 그리하여 스님이 "봄"을 알리는 "흙내음"을 "한없이 부드러워보이는" "허리"의 "봄기운"으로, "길손이 내음"을 수컷의 하복부에 사향낭이 달려서 암컷을 유인할 때 강한 냄새를 풍기는 "사향노루 내음"으로, 길손이가 "두들기는" "목탁" "소리"를 "딱딱구리가 나무를 쪼는 소리"(180)로 착각하는 것인지도 모른다.

(3) '5'의 의미 / 부처(佛, 혹은 夫妻)

이 작품에는 제목을 포함하여 '5' 혹은 '다섯'을 나타내는 표현이 다섯 번 나온다. '오세암'(157, 186), '대여섯 살쯤'(157), '다섯 개'(174), '다섯 살짜리'(186)가 그것이다. 이밖에 '보름'(178), '한 달 하고 스무 날째'(178)에서 각각 '15'와 '50'을 생각할 수 있지만 모두 숫자 '5'는 은폐되어 있다. 5(오, 다섯)가 다섯(5, 오) 번 나온다는 것은 우연치고는 필연으로 다가온다.

'5'의 상징적인 의미는 '소우주로서의 인간을 나타낸다. 사지(四肢)를 뻗어 오각형의 별☆ 모양을 한, 사람을 나타내는 숫자이다.'[10] 또한 '5'는 '여성(암컷)을 나타내는 짝수 '2'와 남성(수컷)을 나타내는 홀수 '3'의 결합으로서 성혼(聖婚)의 숫자이다.'[11] 즉, '5=2+3'이라는 등식을 생각해 볼 수 있는데, 이것은 다시 '5=3+2'로 나타낼 수 있다. '오세암'이라는 단어를 글자 단위로 해체하였을 경우, '오', '세', '암'이 되며 각각의 글자를 음가만 고려하여 숫자로 바꾸어보면 '5', '3', '2'가 나온다. '오'는 발음그대로 '5'로, '세'는 '세 개, 세 사람' 등에서 '3'으로, '암'은 암컷, 혹은 여성을 상징하는 '2'로 연상할 수 있다. 따라서 '5'의 의미를 '5=3+2'로 파악할 경우, '오세암'은 '오=세+암'으로 풀어 볼 수 있는 것이다. '5', '3', '2'는 각각 1과 자신이외에는 나누어질 수 없는 소수(素數)라는 공통점을 갖는다.

스님이 관세음보살에게 들은 말은 '길손이가 부처가 되었다'("이 아이는 이제 부처님이 되었다.", 182)는 것이다. '부처'는 작품의 첫 부분부터 소개되고 있는 인물이다. 부처는 "전나무 가지를 흔드는 손님"인 "바람"을 볼 수 있으며, "육신"과 "마음"의 "맨 안 쪽 마지막 창까지 연분"(163)이다. 비록 돌부처라도 솜다리를 "입김으로 키우"(168)실 수 있

10) 진 쿠퍼(J. C. Cooper), 『그림으로 보는 세계 문화 상징 사전』, 이윤기 옮김, 까치, 1996, p.240.

11) 진 쿠퍼, 앞의 책, p.240 참조 ; 뤽 브느와(Luc Benoist), 『징표, 상징, 신화』, 윤정선 역, 탐구당, 1984, p.101 참조.

는 분이다. 암자에 관세음보살님과 함께 계시는 분(175)이며, 끝내 길손이가 된 분(182)이다. 앞에 소개한 부처의 행적들은 길손이가 행한 것들과 유사하다. 길손이는 "바람의 손자국, 발자국"(163)을 볼 수 있고, "골방" 문을 열고 도롱이(스님)에 감춰진 "들창"을 발견하였고, 그 "창 너머"를 "바로"(171) 볼 수 있었으며, 관세음보살을 발견하고 "소리 내어 웃게 하고 싶어"(172) "함께 놀아 주었"(182)다. 결국 이러한 행동들은 길손이가 '부처(佛, 혹은 夫妻)'가 되는 과정을 암시한다. '부처'는 성인(聖人 혹은 成人)으로서의 길손이를 의미하는 것으로 볼 수 있다. 이렇게 볼 때, 그 동안의 일련의 과정은 오세(五歲 혹은 悟歲)에 이미 알 것을 다 알고 있었던 길손이가 가장 신성(神聖 혹은 神性)한 장소(암자, 자궁)에서의 원초적인 결합을 통해 '**오세암(悟歲암)**'의 부처로서 거듭나는, 부처가 되어가는 과정을 보여준 것이라고 할 수 있겠다.

문학작품의 심층을 추적하는 작업은 마치 무의식의 파편들의 아귀를 맞춰 하나의 그림을 완성하는 퍼즐 게임의 조각 맞추기와 같다. 그림이 완성되는 순간, 분석가는 아이들의 놀이 가운데 하나인 매직 아이(magic eye : 수많은 점으로 이루어진 평면 그림이 그림의 어느 한 점에 시선을 고정하여 일정한 거리까지 점차 거리를 두고 보았을 경우, 평면의 그림으로는 보이지 않던 숨겨진 그림이 입체 영상으로 드러나는 것)에서와 같이 무수한 글자에 가려진 숨은 밑그림을 찾은 듯한 발견의 희열을 경험하게 된다. 그러나 그 밑그림이 심층의 전부는 아닐 것이다. 우리가 알지 못하는 수많은 그림들이 작품의 이면에 숨어있을 수 있기 때문이다.

그동안 문학 작품, 특히 동화를 보는 시각이 거대 담론에 밀려 미시적인 접근 방법이 도외시 되어왔다는 점에 문제점을 느끼고 언어를 천착하여 자유 연상의 방법으로 「오세암」을 읽어보았다. 「오세암」에 대한 일련의 평가들이 내용상으로 드러나는 종교적이고 교훈적인 주제에 편중되었다는 사실은 동화를 보는 우리의 시각이 아직까지 도식적이고 고정적이라는 것을 의미하는 것이기도 할 것이다. 부족하나마 이 글이 동화 「오세암」의 의미를 확장하고 심화하는 데에 도움이 되길 바란다.

제2장

강아지똥의 '소망' 읽기

– 권정생의 「강아지똥」

동화 작가 권정생의 등단 작품인 단편 「강아지똥」[1])은 1969년 발표 이후 1976년 같은 이름으로 동화집이 발간된 이래 지금까지도 꾸준히 읽히고 있는 작품이다. 이 동화는 세상에서 가장 하찮은 존재인 강아지똥이 여러 인물들을 만나 갈등을 겪다가 마침내 민들레의 거름이 되어 아름다운 꽃을 피운다는 내용으로 이루어져 있다. 「강아지똥」에 대해서는 대체로 자기희생을 통한 삶의 승화라는 주제가 부각되어 왔으며 종종 작가의 불우하고 버림받은 삶과 연관되어 언급되기도 하였다.

이 글에서는 그간의 관심이었던 작품의 외현적인 내용에서 눈을 돌려 작가가 가장 비천한 것의 전형으로 내세운 '강아지똥'의 이면에

---

1) 1969년 《기독교 교육》지에서 실시한 제1회 기독교 아동문학상에 당선 되었던 「강아지똥」은 1974년 동화집 『강아지똥』(세종문화사)에 수록 되었으며 1977년 창작과비평사에서 나온 『똘배가 보고온 달나라』(권정생 외)에 재수록 되었다. 이것은 1990년 새맞춤법 통일안에 맞추어 새로 개정되었는데(작품 내용은 전혀 변하지 않았다는 것을 작가에게 확인하였다) 여기에서는 1990년 창비본을 텍스트로 삼기로 하겠다. 이 밖에 그림책으로 개작된 다이제스트판 『강아지똥』(길벗어린이, 1994)이 있다.

어떤 의미가 숨겨져 있는지 살펴보고자 한다.

1) 등장인물의 상징성

강아지똥과 함께 이 작품의 주요 등장인물로는 '참새, 흙덩이, 엄마 닭, 민들레'가 있다. 그 밖에 소달구지를 모는 아저씨와, 엄마 닭이 이끄는 병아리 열세 마리가 주변 인물로 등장한다. 또, 강아지똥을 누었다는 돌이네 흰둥이는 작품 외적인 인물로 처리된다. '강아지똥'은 버림받은 인물이다. 내용상으로는 다른 인물들의 공격과 조롱에도 적극적으로 대응하지 못하는 수동적인 성격으로 그려진다. 강아지똥과 대립되는 부정적인 인물로는 '참새'와 '엄마 닭'이 있다. 이 두 인물은 '새'라는 공통점을 갖는다. '흙덩이' 또한 처음에는 강아지똥을 천대하지만 자기 잘못을 깨닫고 강아지똥에게 우호적으로 대한다. 그러나 곧 강아지똥과 헤어진다. 민들레는 강아지똥이 꿈꾸는 '별'과 같은 꽃을 피운 인물이다. 강아지똥을 거름으로 삼는 것으로 강아지똥의 소망을 실현해 주는 인물이기도 하다.

부정적인 인물인 '참새'와 '엄마 닭'이 '새'라는 공통점을 갖는다는 점에 주목해보자. '새'의 여러 가지 상징적인 의미 가운데에는 '보금자리'나 '포근함'이 있다.[2] '보금자리'나 '포근함'은 새의 깃털이나 둥지에서 유래한 것으로 추측할 수 있는데 이것은 곧 '어머니'의 이미지를 연상시킨다. 「강아지똥」에 나오는 '참새'나 '엄마 닭'은 '어머니', 혹은 '모성'의 한 단면을 보여준다. '모성'의 원형(原型)으로서의 의미나 보

2) 아지자 · 올리비에라 · 스크트릭, 『문학의 상징 · 주제 사전』, 청하, 1989, p.274 참조.

편적인 이미지는 긍정적이지만, 동화에서 '모성'은 결코 긍정적으로만 표현되지 않는다. 전래동화부터 창작동화까지 모성이 부정적으로 그려진 경우는 어렵지 않게 찾을 수 있다. 이 작품의 '참새'와 '엄마 닭' 역시 모성의 부정적인 면을 대변한다. '참새'의 경우, 강아지똥이 태어나서 처음으로 만난 인물이며, 강아지똥에게 강아지똥이 "더러"운 "똥"(31)이라는 실체를 처음 알려준 인물이고, 또한 최초로 강아지똥의 심리적 갈등을 유발하는 인물이기도 하다. 여기에 강아지똥을 "주둥이로 콕! 쪼아보고", "쫑알거리"(31)는 참새의 행동에서 수다스럽고 잔소리 많은 '어머니'의 이미지를 연상할 수 있다. 참새를 통해 표현된 부정적인 모성성은 강아지똥이 세 번 째로 만나는 '닭', 그것도 '엄마 닭'이라는 호칭에서 그 본성을 드러낸다. 열세 마리 아기 병아리의 엄마이기도 한 '엄마 닭'은 참새보다 더 심하게 강아지똥에게 "소름이 쫙 끼칠 만큼 무서운 말"을 하며, 아주 구체적으로 강아지똥이 "아무 필요도 없"는 "찌꺼기"(40)임을 알려준다. "지나치게 위엄을 보이는"(40) 엄마 닭은 강아지똥을 무시함으로써 절망감에 빠져들게 한 인물이기도 하다.

반면에 '흙덩이'는 이 작품에서 유일하게 강아지똥을 동정하고 위로하는 인물이다.(민들레는 강아지똥의 소망을 실현할 수 있는 대상이기는 하지만 강아지똥을 필요로 할 뿐, 흙덩이처럼 적극적으로 강아지똥의 처지를 헤아리지는 못한다) '흙'은 만물을 품고 소생시키는 '대지'라는 점에서 모성을 의미하는 대표적인 상징물이다. 더군다나 이 작품에서는 강아지똥과 형체가 비슷한 '덩이'이다. 강아지똥의 첫 모습을 보고 "능글맞게 히죽 웃"(32)던 흙덩이는 곧 "무척 부드럽고 정다"운 목소리로 강아지똥을 향해 자신도 "너처럼 못생기고, 더럽고, 버림받은 몸"이라고 하며, "오히려 마음속은 너보다 더 흉측할지도 모를 거"(33)라고 자신을 설명한다. 모성의 긍정적인 성격으로 그려지는 '흙덩이'는 자기에게 잠재해 있을 지도 모르는, 참새나 엄마 닭(엄마 닭은 흙덩이보다 뒤에 등장하지만 이미 참새를 통해 구현된 부정적인 모성으로서의 엄마 닭)과 같은 '흉측'함이 있을지도 모른다고 고백하고 있는 것이다. 흙덩이의 이러한 모성성은 자기가 길렀던 "**아기** 감자"(33)나 "**아기** 고추나무"(35)와, "내 몸뚱이에다 온통 뿌리를 박고 나만 의지하고 있었단다."(35)라는 표현에서 잘 드러난다. 모성성을 상징했던 참새에 뒤이어 역시 모성성을 의미하는 흙덩이를 길바닥에 버려진 존재로 그린 것은 의미심장하다. 여기서 다시 흙의 입을 통해 표현되었던 "버림 받은 몸"(33)에 주목해 보자. 강아지똥은 애초에 흰둥이라는 개가 누고 간 똥이다. 이처럼 똥은 '누다' 혹은 '싸다'라고 표현하지 '버린다'고는 하지 않는다. 그렇다면 똥이 버림을 받았다는 것은 버리는 주체가 흰둥이, 즉 개가 아니라는 말이 된다. 즉, 버리는 주체는 따로 있다는 것이다. 그것은 강아지똥에게 "퉤퉤 침을 뱉고는" "멀리 날아가 버리"(31)거나 "고개를 저"으며 "저쪽으로 가버"(40)린 '참새'나 '엄마 닭', 즉 '새'로 유추해 볼 수 있다. 이에 대해서는 이후 다시 논의하기로 하겠다.

다음은 흙덩이의 적나라한 자기 고백에 대한 설명이다.

> 흙덩이는 어디까지나 제 잘못으로 믿고 있었습니다. 그래서 이처럼 길바닥에 버려지게 된 것을 그 죄값이라 생각했습니다.
>
> **정말 아기 고추나무가 제 몸뚱이의 물기를 빨아 버리는 것이 얼마나 미웠는지 모릅니다. 마음으로는 그만 죽어버려라 하고 저주까지 했습니다.** 그게 아직까지 잊혀지지 않아 흙덩이는 괴로운 것입니다.(pp.35-37)

참새나 엄마 닭이 강아지똥을 홀대하듯 "아기 고추나무"가 "미워"

"저주까지"한 흙덩이의 행동은 참새나 엄마 닭과 다르지 않다. 그러나 흙덩이의 "제 잘못으로 믿고" "괴로"워하고, "죄"책감을 느끼며 자책하는 태도는 강아지똥을 "주둥이로 콕! 쪼아 보고"(31) "소름이 쫙 끼칠 만큼 무서운 말"(40)을 하는 참새와 엄마닭의 부정적인 모성에 대한 작가의 보상심리의 반영으로 볼 수 있을 듯하다.

강아지똥이 자신과 같은 처지의 흙덩이와 아쉬운 이별 후 다시 엄마닭으로부터 홀대를 받고 마지막으로 만나는 인물이 '민들레'이다. 민들레는 강아지똥에게 "가슴속에 심은 별의 씨앗이 싹터 나온 것"(42)으로 보이며, 강아지똥을 꼭 필요로하는 인물이다. 민들레와의 결합은, 강아지똥에게는 성장을 하기 위해 거쳐야 하는 일종의 **통과의례**와 같다.

> "**너의 몸뚱이를 고스란히 녹여 내 몸속으로 들어와야 해. 그래서 예쁜 꽃을 피게 하는 것은 바로 네가 하는 거야.**"
> 강아지똥은 **가슴이 울렁거려** 끝까지 들을 수가 없었습니다.
> '아, 과연 나는 별이 될 수 있구나!'
> 그러고는 벅차오르는 기쁨에 그만 **민들레 싹을 꼬옥 껴안아 버렸습니다**.
> "내가 거름이 되어 별처럼 고운 꽃이 피어난다면, 온 몸을 녹여 네 살이 될게."(p.43)

"가슴이 울렁거려" 민들레의 말을 "끝까지 들을 수가 없었"던 강아지똥은 "민들레 싹을 꼬옥 껴안"고 "온몸이 비에 맞아 자디잘게 부서"(43)짐으로써 민들레와 결합을 한다. 그리고는 마침내 그토록 바라던 "샛노랗게 햇빛을 받고 별처럼 반짝이는 꽃봉오리를 맺"(43)게 된다. "봄을 치장하는 단비가 촉촉히"(42)내리는 날, "벅차오르는 기쁨"으로 "몸속으로 들어"가 "온몸을 녹여 네 살이 되"는 행위는 성적인 결합의 암시로 볼 수 있다. 민들레는 버림받고 무시당하던 아이로서의 **강아지**똥이 별이 되는 꿈을 실현하도록 도와주는 조력자일 뿐만 아니라 "가슴이 울렁거리"는 "눈물겨운 사랑"(43)의 경험을 통해 강아지똥의 성장을 돕는 상대역을 담당하고 있는 것이다.

2) 강아지똥의 의미

강아지똥의 출생지는 "골목길 담 밑 구석자리"(31)이다. "바로 앞"으로는 "소달구지 바퀴 자국이 나있"(31)는 곳이다. 이후, 흙덩이가 등장하는 부분에서 '소달구지 바퀴'(혹은 '바퀴', '달구지 바퀴')는 세 번 언급되고, '소달구지'(혹은 '달구지')는 아홉 번 언급된다. 이 때 '소달구지'는 밭의 임자가 끌고(몰고) 오고 나가는 것으로 묘사되므로 오고간다는 점에서 '바퀴'의 움직임을 쉽게 연상할 수 있다. 이렇게 보았을 때, 그저 소도구적인 장치로 쓰인 '소달구지 바퀴'(혹은 그것과 관련된 것)라는 표현이 짧은 동화 속에서 열세 번이나 언급되었으며, 흙덩이가 등장하는 장면에서만 열두 번이 언급되고 있는 것이다. 소달구지 바퀴, 즉 수레바퀴는 일반적으로 '순환', '운명' 등을 의미한다. 돌고 도는 순환으로서의 삶을 상징한다고 생각할 수 있다. 더욱이 '흙덩이'가 등장하는 장면에서 '열두 번' 언급되었다는 점에서 '12'라는 숫자는 순환과 관련된 12주기를 연상시킨다. 이상의 내용을 고려할 때, 강아지똥의 어둡고 구석진 출생지 앞에 나있는 '소달구지 바퀴 자국'은 의미심장하다. 그것은 "소달구지 바퀴 자국 한가운데 뒹굴고 있던 흙덩이"(32)가 버림을 받았다가 다시 구원을 받는 내용에서 그 의미를 찾을 수 있다. 즉, 이 세상의 가장 구석진 곳에서 출생한 하찮은 강아지똥이 하늘의 별로 승화한다는 삶의 궤적이 '소달구지 바퀴 자국'으로 표상되어 작품 첫 머리부터 예견되고 있는 것으로 볼 수 있는 것이다. 이렇듯 작품의 첫 장면에서 강아지똥의 바로 앞에 나 있는 것으로 소개된 '소달구지 바퀴 자국'은 강아지똥과 가장 닮은 흙덩이가 그러하였듯 강아지똥의 구원의 가능성을 암시하는 '복선'의 기능을 한다. 이러한 사실을 염두에 두고 강아지똥의 의미에 좀 더 접근해보기로 하겠다.

앞에서 '참새'나 '엄마 닭'의 모성성에 대하여 살펴보았다. 참새나 엄마 닭을 강아지똥을 버린 모성, 어머니로 보았을 경우, 강아지똥은 새의 부산물인 '알'이 된다. 강아지똥이 끝내 실현하고야 마는 '별'과, '새'는 각각 '하늘에 떠 있다'와 '하늘을 날다'에서 '하늘'이라는 공통된 이미지를 갖는다. 여기서, 이 작품의 주조를 이루는 '노란색'에 주목해보기로 하자. 노란 색은 "골목길 담벽의 노랗게 비치는 햇빛"(32), "봄노래가 어디에나 홍겹게 들리"는 골목길의 "따뜻한 햇빛"(39), "샛노란 열세 마리의 병아리"(40), "샛노랗게 빛나는 민들레"(42), "샛노랗게 햇빛을 받고 별처럼 반짝"이는 "아름다운 꽃"(43)으로 반복된다. 노란 색은 샛노란 색으로, 빛나는, 그리고 반짝이는 샛노란 색으로 점차 강하게 부각되고 있다.

알과 노란색을 연결했을 경우, '황금알'을 연상할 수 있다. 강아지똥에서 '알', 그것도 '황금알'을 유추할 수 있는 것이다. '알'은 '부활'을 상징하기도 하고 우주 창조 이전의 상태로서의 '우주의 기원'[3]과도 관련이 있다. 동서양의 다양한 건국신화에서 '알'은 국가의 '기원'에 신령스러움을 부여한다. 이렇게 보았을 때, 결국 강아지똥의 실체는 하늘을 나는 '새'에게서 나온 '황금알'이며 그런 의미에서 강아지똥은 우

3) 아지자 · 올리비에라 · 스크트릭, 『문학의 상징 · 주제 사전』, 청하, 1989, p.275.

주 발생이전의 혼돈의 상태, 즉, **카오스(khaos)**로 추론해볼 수 있겠다.[4] 이러한 신화성은 강아지똥이 **버림 받아서 환난을 겪고, 자립하고, 짝을 만나 뜻을 이루는** 신화 속의 주인공들의 삶의 궤적을 그대로 밟아간다는 점에서도 찾을 수 있다. 그렇다면, 강아지똥이 "그리운 별의 씨앗"을 "가슴 한 곳에" "심"(41)고 민들레와 결합함으로써 비로소 별로 승화되는 과정은 강아지똥의 성장과 부활을 뜻함과 동시에 새우주의 탄생을 의미하는 것으로도 볼 수 있을 것이다.

작가는 "똥 중에서도 가장 더러운 개똥"(32)을 표면에 내세웠지만 실상, 그 이면에는 대우주의 탄생 이전의 황금알로서의 소망이 깊숙이 숨겨있는 것인지도 모른다. 세상에서 미천한 존재로 천대를 받지만 본래는 하늘의 존재로서 마침내 다시 하늘로 돌아가는 강아지똥의 삶을 통해 작가는 실제로 "영원히 꺼지지 않는 아름다운 불빛"(41)이 되는 자신의 소망을 실현한 것인지도 모르겠다.

3) '소망충족'으로서의 「강아지똥」

프로이트는 '꿈'을 '소망충족의 장(場)'으로, 작가를 '대낮의 몽상가'

---

4) 아지자 · 올리비에라 · 스크트릭의 앞의 책에 따르면, 모든 다신교 문화에서는 세계가 하나의 알에서 생겨났다는 개념이 일반화되어 있는데, '원초적인 알'이 두 개의 반구로 분리되어 하나는 하늘을 구성하는 '황금알'로, 다른 하나는 지상이 되는 '은(銀)알'을 이루는 것으로 보았다고 한다. 이때 '알'은 세계의 기원으로서 '카오스'와 연관된다.(p.275 참조) 이러한 점을 염두에 둘 때, '강아지똥'을 '새'(참새, 엄마 닭)의 부산물로서의 '알'의 의미로 파악하고 그것을 이 작품의 주조를 이루는 색깔인 '노란색'과 연관지어 '황금알'로서의 의미를 유추한 해석이 천지창조를 이루는 '원초적인 알'의 의미와도 관련이 있다고 할 수 있겠다. 한편, '강아지똥'의 '똥'의 성격은 '알'보다 '카오스'의 의미를 더욱 강하게 드러낸다.

로 정의한다. 이런 점에서 문학 작품은 꿈과 유사한 기능을 한다고 볼 수 있을 듯하다. 특히 '판타지'를 주요 특징으로 하는 동화의 경우는 더욱 그러하다. 수많은 은유와 환유로 이루어진 '판타지'의 세계는 꿈과 닮은 점이 많다. 꿈의 발현몽이 검열과 삭제 과정을 거쳐 진실을 가린 것이듯, 동화의 상징적 장치 역시 은폐와 왜곡의 과정을 거쳐 본래의 의미가 가려져 있다. '어린 아이'를 주요 등장인물로 하는 동화는 유년 시절에 충족 되지 못했던 작가 개인의 소망이 작품을 통해 구현되고 있는 것인지도 모른다. 참고로 권정생의 경우, 자신의 병구완으로 일찍 어머니를 여읜 후, 병든 몸으로 '오물덩이처럼 뒹굴면서' 유랑걸식 생활을 했다고 한다.[5)]

대부분의 작가들은 꿈을 꾸는 것과 마찬가지로 이중 장치를 통해 자신의 잠재된 내면세계를 은폐한다. 따라서 글자 뜻에 가려진 숨은 의미를 발견하기 위해서는 다양한 접근 방법이 필요하다. 이 글은 동화의 본질적 특성은 간과한 채 작품의 우열을 가리는 감정가로서의 역할에 치중한 일련의 분석 방법에 문제를 느끼고 실험적으로, 혹은 독자(讀者, 獨自)적으로 쓰였다. 「강아지똥」은 발표된 지 45년이 지난 지금까지도 꾸준히 읽히는 스테디셀러이다. 주제의 교훈성에 상관없이 '재미있다'고 느껴지는 동화는 독자의 무의식의 사고체계가 작가의 그것과 유사하기 때문인지도 모르겠다. 앞으로 더욱 다양한 시각의 분석 방법을 통해 동화를 읽는 재미 또한 배가될 수 있으면 좋겠다.

---

5) 권정생, 『우리들의 하느님』, 녹색평론사, 1996, p.11. '오물덩이처럼 뒹굴면서'라는 표현은 권정생의 자전적 수필 「오물덩이처럼 딩굴면서」(1986)의 제목을 따른 것이다.

제3장

'뱀'과 '머플러'의 비밀*

– 생텍쥐페리의 「어린왕자」

생텍쥐페리(Antoine de Saint-Exupéry)의 「어린왕자」(*Le Petit Prince*)는 세계에서 성서 다음으로 가장 많이 출판되었다는 속설이 따라다닐 정도로 다양한 연령층으로부터 사랑을 받은 범세계적인 문학작품이다.

겉으로는 '아이 대(對) 어른'의 대결구도, 등장인물들의 교훈적인 대사, 노골적으로 어른을 비판하는 우화(寓話)와 같은 이야기가 시공을 초월하여 독자의 심금을 울리는 데에는 특별한 이유가 있을 듯하다. 이러한 궁금증을 해소하기 위해서는 시각을 작품의 이면(裏面), 심층(深層)에 두지 않을 수 없을 것 같다.

표면이 아닌 이면, 표층이 아닌 심층에 집중을 하여도 우리는 기껏해야 '의식' 너머의 모습을 '추측'할 수 있을 뿐이지만, 무의식은 언제나 전도되고 변형된 형태로 의식에 흔적을 남긴다는 사실을 염두에 두고 작품 이면의 숨은 의미를 탐색해보는 것으로 궁금증의 근원지를 추적해보고자 한다.[1)]

---

* 이 글의 제목은 오이겐 드레버만(Eugen Drewermann)의 『장미와 이카루스의 비밀』(고원 옮김. 지식산업사, 1998)이라는 책의 제목에서 영향을 받은 것임을

1) '별'과 '장미'

(1) 별

「어린왕자」는 '구조'적인 면에서 '옛이야기'와 많이 닮았다. 오랜 세월 동안 생명력을 유지해온 옛이야기의 기본적인 전개방식은 '집-방랑(여행)-귀환'이다. 이는 '동화'의 기본적인 서사구조이기도 한데, 「어린왕자」 역시 이를 따르고 있다. 그동안 「어린왕자」에 대한 세간의 관심은 주로 '내용'적인 면에 치중되어 왔으나, 「어린왕자」가 다양한 계층으로부터 꾸준히 사랑을 받아온 이유 가운데 한 가지를 옛이야기와 유사한 '구조'에서 찾을 수 있지 않을까 한다.

블라디미르 프로프(V.Y.Propp)는 민담에 나타난 모든 사건의 '발단'을 주인공이 '집을 떠나는 것'에서 비롯된다고 보았다. 그는 주인공이 '집을 떠난다'는 것을 주인공 행동 과정의 중요한 기점으로 분석하고 집을 떠나기까지의 과정을 '전개'로, 이후를 '발전'으로 파악하였다. 그

밝혀둔다. 이 책의 원제는 '본질적인 것은 보이지 않는다'(Das Eigentliche ist unsichtbar)로 '장미와 이카루스의 비밀'이라는 제목은 번역자가 새로 지은 것이다.('역자후기' 참조) 이 책의 저자는 성서와 신화에 대한 해박한 지식과 심리학적인 접근 방법으로 「어린왕자」에 대한 다양한 해석을 시도하였는데, 부족하나마 이 글과 드레버만의 책을 비교해서 보면 좋을 듯하다.

1) 이 글에서 텍스트로 삼을 『어린왕자』는 문예출판사에서 발간된 불역본(佛譯本)이다.(전성자 옮김, 1999) 시중에 나와 있는 다양한 번역본을 비교하여 일단 영문 중역본(重譯本)은 제외하고, 이 책이 불역본 가운데 비교적 의역이 없고 직역에 충실하다고 판단되어 이 책을 기본 텍스트로 선택하게 되었다. 필자가 살펴본 바로는 영역본 역시 의역된 문장이 적지 않았지만 분석에 도움을 얻고자 인문출판사에서 발행한 『어린왕자』(안응렬 역, 1973)에 부록으로 실린 영역본(*The Little Prince*, Penguin Books)을 참고 자료로 삼았다. 이밖에 경우에 따라서는 한양대학교 출판부에서 발행한 『어린왕자와 그 작품세계』(김정숙 · 박동준 공저, 2000)에 실린 불어 원문을 참고하기로 한다.

에 의하면 '집을 떠남'은 곧 '출발'을 의미하는데 이때 '출발'은 '도주'라는 특성으로 강화되기도 한다.[2)]

옛이야기 속에서 '집'은 상징적인 의미를 가진다. '집'에는 늘 '어머니'가 있다. '집'은 모성과 관련이 크다. 태아와 관련하여 여성의 몸은 '집'의 기능을 한다. '자궁'(子宮)은 글자 그대로 '아기집'이다. 집을 떠나 모험을 하고 귀환하는 주인공의 이야기에는 엄마 품에서 벗어나 어려움을 이겨내고 심리적으로 성숙한다는 상징적인 의미가 깔려있다.

정신분석적인 시각으로 볼 때 '집을 떠난다'는 것은 인간이 최초로 느끼는 불안, 삶의 최대의 불안이라는 '분리불안'과 관련이 있다. '분리'는 '어머니로부터의 분리'이다. 그것은 '구순기'로부터의 탈피이며, 오이디푸스기를 극복하기 위한 첫 걸음이고, 상징계 진입을 위해 반드시 거쳐야 할 최초의 관문이기도 하다. 우리가 아는 많은 동화 속의 주인공들은 분리불안을 극복하고 심리적으로 성숙하여 독립적인 주체로 거듭난다.

어린왕자가 사는 곳은 '별'이다. 별이래야 "곧장 가도 멀리 갈 수가 없는", "아주 작은"(16) 별이다. "집 한 채보다 클까말까"(17)한 그곳은 어린왕자가 사는 '집'이다. 어린왕자의 '집'인 '별'의 주인은 바로 어린왕자 자신이다. 그런데 '별'의 책임자인 그의 호칭은 '왕'이 아니라 '왕자'이다. '왕자'란 왕의 '아들'이다. 그런데 어린왕자에게는 '아버지'가 없다. 따라서 어린왕자는 '왕자'보다는 '왕'이라고 해야 타당하다. 그런데도 어린왕자는 '왕자'로 불린다. 언뜻 보기에는 '왕'이든 '왕자'이든 별다른 차이가 없는 것처럼 보이지만 '왕자'라는 호칭은 '아들'의 의미를 드러낸다. 어린왕자에게는 '이름'이 없으므로 그는 시종일관

2) 블라디미르 프로프, 『민담형태론』, 유영대 옮김, 새문사, 1996, p.43 참조.

'어린왕자'로 불린다. 이때, '어린왕자'라는 기표에는 '어리다', '왕', '아들' 이라는 최소한 세 가지의 의미가 따라다닌다.

아버지가 없는 집에서 '아들'은 '어머니'의 아들이다. 어린왕자는 '장미'와 살고 있다. '별'에 대해서는, "씨앗"이 "땅속 은밀한 곳에 잠들어 있다가 그중 하나가 갑작스레 잠에서 깨어나" "풀"(22)로 자라는 곳으로 처음 소개된다. 씨앗을 품고 싹을 틔우는 '땅'으로서의 '별'은 '어머니의 몸'과 유사하다. 실제로 어린왕자는 "아침에 몸단장을 하고 나면 정성들여 별의 몸단장을 해주어야"(22)한다고 말한다. 다음의 삽화를 보자.[3)]

그림 1 소혹성 B612호에서의 어린왕자(p.15)

그림 2 그는 불을 뿜는 화산들을 정성스레 쑤셔서 청소했다.(p.35)

3) 이하 삽화에 덧붙여진 삽화에 대한 설명글은 텍스트의 것을 그대로 옮긴 것이다.

그림1은 어린왕자가 자신의 별에 서있는 그림이고, 그림2는 어린왕자가 자기 별의 화산을 청소하는 그림이다. 어린왕자의 별에는 '세 개의 화산'이 있다. 두 그림에서 별의 모양은 유사하게 표현되어 있는데 구형(球形)에 돌출된 화산이 있는 점이 그러하다. 별의 모양은 작품 속에서 일부로라도 그림으로 반복되어 소개됨으로써 의식적으로든 무의식적으로든 우리에게 각인되었을 가능성이 크다. '별'을 '어머니의 몸'으로 볼 때, 앞의 두 개의 삽화 속 별의 모양은 어머니의 몸 가운데에서도 젖가슴을 연상시킨다.[4] '분리불안'의 '분리'가 어머니의 몸과의 분리를 말하며 그것은 결국 아이의 '엄마의 젖꼭지'와의 분리를 의미한다는 점을 고려하면, 두 개의 삽화는 어린왕자가 별을 떠난다는 것의 의미가 이와 무관하지 않다는 것을 말해주는 듯하다.

한편, '세 개'의 화산은 불을 뿜고 있는 여부에 따라 자연스럽게 '두 개'("그의 별에는 불을 뿜는 화산이 둘 있었다.", 34)와 '한 개'("불이 꺼져 있는 화산도 하나 있었다.", 34)로 나뉜다. '별'을 '어머니의 몸'으로 보았을 때, 두 개의 화산과 한 개의 화산은 각각 여성적 특징을 가장 잘 나타내는 여성의 은밀한 신체부위와 무관하지 않을 듯하다. 어린왕자가 "화산들을 정성스레 쑤셔서 청소"한 이유는 "화산들은 잘 청소되어 있을 때는 부드럽게, 규칙적으로 폭발하지 않고 타오르"(34)기 때문이다. 그런데 어린왕자의 이러한 행동은 별이 "자기보다 좀 클까말까"(19)하기 때문에 가능한 것이었다. "아저씨 별"(84)인 지구에서는 "화산을 쑤

---

4) 정신분석적인 시각에서, 아이에게 '집'은 어머니의 '몸'이다. 따라서 화산이 솟아 있는 구형(球形)의 별이 어머니의 몸의 가장 상징적인 이미지인 젖가슴을 연상시키는 것은 당연한 것이라고 하겠다. 오이겐 드레버만 역시 "둥근 행성은 심리학적으로 여성의 유방으로 해석할 수 있다."(오이겐 드레브만, 앞의 책, p.201)라고 보았다.

시기에는 우리가 너무 작"(34)기 때문이다. 지구에서는 "그래서 화산이 우리에게 숱한 곤란을 가져다주는 것이다."(34) 그러나 마침내 어린왕자는 "모든 일들이" "친숙한"(34) '집'과 같은 자신의 '별'을 떠난다.

어린왕자의 '집'인 '별'은 '꽃'과 뗄 수 없는 관계에 있다. 다음을 보자.

- "수백만 개의 **별**들 속에 단 하나밖에 존재하지 않는 **꽃**을 사랑하고 있는 사람은 그 **별**들을 바라보고 있는 것만으로도 행복할 수 있어. 속으로 '**내 꽃**이 저기 어딘가에 있겠지……'하고 생각할 수 있거든." (p.29)

- "**별**들은 아름다워. 보이지 않는 **꽃 한 송이** 때문에……" (p.81)

- "**꽃**도 마찬가지야. 어느 **별**에 사는 꽃 한 송이를 사랑한다면 밤에 하늘을 바라보는 게 감미로울 거야. **별**들마다 모두 **꽃**이 필테니까." (p.92)

어린왕자에게 별이 의미가 있는 이유는 거기에 '꽃'이 있기 때문이다. "내 꽃"이 "내 별을 향기로 뒤덮었"(33)기 때문이다. 어린왕자에게 '별'은 곧 '꽃'이다. '집'이 '어머니의 몸'의 은유임을 고려할 때 '왕자'가 '아들'이라면, '꽃'은 '어머니'이다.[5] '왕자'가 '어리다'는 사실에 주목해 본다면 그것은 더욱 명확해진다. 어린 남자 아이에게 이성(異性)으로

---

5) 꽃과 왕자의 '모자관계'는 일찍이 오이겐 드레버만이 파악하고, 주목한 부분이다.(오이겐 드레버만, 앞의 책, pp.105-141 참조) 그는 "장미의 비밀은 정신분석학적인 시각으로만 발견될 수 있으며, 그것은 명백하고 확실하게 어머니의 비밀로서 그 모습을 드러내게 될 것"(p.105)이라고 보고, 생택쥐페리가 어머니에게 보낸 편지를 근거로 어린왕자와 장미의 "공생적인 모자관계"(p.118)에 얽혀있는 갈등과 사랑의 의미에 대해 분석하였다.

서의 최초의 대상은 '어머니'이다. 라캉(Jacques Lacan)의 관점으로 본다면, 아이에게 '어머니'는 원초적이고 근원적인 대상인 '대상 (*a*)'(오브제 쁘띠 아, objet (petit) *a*)이다. 그런데 법과 언어, 도덕, 질서가 지배하는 지구와 같은 '상징계'에서 그것은 근본적으로 획득될 수 없는 결핍의 대상이다. 주체가 상징계에 종속될 때 잃어버린 그것은 오직 "그가 떠나온 별"(18), 그가 "그의 양과 함께 떠나가 버린"(19) "다른 별"(14)에나 있는 것이기 때문이다.

(2) 장미

어린왕자는 '지구'에서 자신의 꽃을 "쏙 빼닮은"(68) "오천 송이"(69)나 되는 장미들을 만나게 된다. "이 세상에 오직 하나 뿐인 꽃"(69)이라고 믿었던 '나만의 장미'가 '지구'에 수없이 많다는 사실을 알고 어린왕자는 몹시 실망한다. 그러나 이후 그는 그 꽃들이 자신의 꽃과 생김새(이미지)는 같으나 '바로 그 꽃'이 아니라는 사실을 깨닫게 된다.

> "아저씨 별의 사람들은 한 정원 안에 **장미꽃을 오천 송이나 가꾸지만……**"
> 어린왕자가 말했다.
> "**자기들이 찾는 걸 거기서 발견하지 못해……**" (p.84)

지구상에 존재하는 '수많은 장미'와 지구의 사람들이 "자기들이 찾는 걸 거기서 발견하지 못"한다는 어린왕자의 말은 '욕망은 환유'[6]라는 라캉의 공식을 떠오르게 한다. 라캉에 따르면, 주체는 욕망 충족을

6) Lacan. Jacques, *Écrits : A Selection*, Trans. Alan Sheridan, New York · London: W. W. Norton & Company, 1977, p.175.

위해 끊임없이 대상을 바꿔나가지만 그의 욕망은 결코 충족될 수 없다. 주체를 충족시켜줄 그 대상은 상징계에서 '결핍'으로서만 존재하기 때문이다. 이와 마찬가지로 "아저씨 별"의 "정원에 만발한" 수많은 장미들은 어린왕자의 장미와 "똑같은"(69) 모습을 하고 있지만, 어린왕자에게 그것은 장미를 닮은 상상계적인 대체물일 뿐이다. 그것은 어린왕자의 '그' 장미가 아니기 때문이다. 이로써 어린왕자의 '장미'가 어린왕자에게 어떤 존재인지 더욱 분명해진다.

어린왕자에게 장미는 어느새 "향기를 선사하고 내 마음을 환하게 해준"(33) 존재, "램프의 불꽃처럼 그의 마음속에서 빛나고 있는 한 송이 장미꽃"(82-83)으로 자리 잡는다. 그런데 어린왕자의 "오직 하나밖에 없는 존재"(70)는 가까이 있는 것 같으나 사실은 아득히 먼 곳에 있다.("바로 우리들 위에 있어…… 그런데 어쩌면 저렇게 멀리 있지!", 62) '잃어버린 낙원'에만 존재하는 그것은 "아저씨 별"(84)에서는 결코 만날 수 없는, 그래서 상상만 할 수 있는 '환상속의 그대'이기 때문이다.

어린왕자가 '별'을 떠난 이유는 '장미' 때문이었다. "꽃하고의 사이에 골치 아픈 일이 있"(62)어서 어린왕자는 별을 도망쳐 나왔다.("결코 도망치지 말았어야 하는 건데!", 33) 이때 어린왕자의 '도망치는' 행동은 둘 사이의 관계의 성격을 드러낸다.7) 어린왕자에게 장미는 "뻔한 거짓말을 하려다 들킨 게 부끄러워지자 어린왕자를 탓"(32)하며 어린왕자를 "몹시 불행하"(33)게 만든 "아주 까다로운"(32) 꽃이었다. 꽃은 스스로를 "해와 같은 시간에 태어났다"고 하며 "까다로운 허영심으로 그를 괴롭"(31)히고, 어린왕자에게 "바람막이"(32)를 요구하는가 하면, "호랑

7) 이는 또한 '출발'을 의미하는 '가출(家出)'이 '도주'의 형태로 강화되기도 한다는 프로프(V.Y.Propp)의 지적의 한 예로 볼 수 있겠다.(블라디미르 프로프, 앞의 책, p.43)

이들이 발톱을 세우고 와도 좋"다며 "네 개의 가시"(31)의 위력을 자랑한다. 이러한 꽃, '장미'는 정신분석적인 용어를 빌리자면 '남근을 가진 어머니', '팔루스적 어머니'(phallic mother)이다.

팔루스적 어머니는 옛이야기부터 창작동화에 이르기까지 어린이를 대상으로 하는 이야기에 자주 등장하는 인물이다. 대개의 경우 팔루스적 어머니는 자식을 내쫓거나, 버리거나, 혹은 핍박하여 스스로 나가도록 하는 등의 행위로 부정적 이미지로 그려진다. 그러나 결과적으로 이런 '부정적 어머니'는 주인공이 집을 떠나도록 함으로써 주인공의 성공의 발판을 마련해주는 존재이기도 하다.

장미를 감당해낼 수 없게 된 왕자가 별을 떠난다고 했을 때 어린왕자는 장미의 달라진 태도에 당황해 한다. 이전과 달리 꽃에게서 "비난조의 말을 들을 수 없게 되"(36)었기 때문이다. 어린왕자는 "꽃의 그 조용한 다정함을 이해할 수 없어" "어쩔 줄 몰라"(36)한다. 스스로에게 "나비를 알고 싶으면 두세 마리의 쐐기벌레는 견뎌야지."라고 하며 어린왕자에게 "그렇게 우물쭈물하고 있지" 말고 "떠나기로 결심했으니, 어서 가."라고 말하는 "자존심 강한"(36) 장미의 태도는 세상 경험을 하고 오라고 집 밖으로 아이를 내보내는 단호한 어머니 모습을 닮았다.

멜라니클라인(Melanie Klein)에 의하면 어린이에게 어머니는 만족감의 근원일 뿐만 아니라, 좌절과 고통의 원천으로도 느껴진다.[8] 장미를 향한 어린왕자의 양가적 감정 역시 이와 다르지 않은 듯하다. 한편, 많은 이야기 속에서 어머니가 힘을 발휘할 수 있었던 데에는 아버지의 부재(不在)도 한 몫을 한다. 아버지가 아예 없거나 있어도 대부

8) 한나 시결(Hanna Segal), 『멜라니 클라인』, 이재훈 옮김, 한국심리치료연구소, 1999, p.87.

분 유명무실하다. 「백설공주」, 「헨젤과 그레텔」, 「신데렐라」, 「잭과 콩나무」 등 '강한 어머니' 혹은 '부정적인 어머니'와 '무능'하거나 '부재'한 아버지라는 설정은 여러 이야기 속에서 흔히 찾아볼 수 있는 인물 구도이다. 「어린왕자」 역시 이와 다르지 않다.

어린왕자와 장미와의 관계를 고려할 때 어린왕자는 '오이디푸스기'에 있다. 이 시기의 남자아이는 어머니를 사이에 두고 무의식적으로 아버지에게 경쟁심을 느낀다. 무의식적으로 아이는 아버지에 의해 자신의 페니스가 잘릴지도 모른다는 '거세공포'로부터 벗어나기 위해 결국 아버지와 자신을 동일시함으로써 이 시기를 극복하게 된다. 아버지를 닮은 진정한 '남성'으로 거듭나게 되는 것이다. 그런데 어린왕자에게는 '아버지'가 없다. 이 때문에 어린왕자가 장미를 상대하기에는, 어린왕자는 장미에 대해 "아무 것도 이해할 줄 몰랐"(33)다. 그리하여 어린왕자는 "몹시 불행해졌다."(33) 그러나 훗날, 어린왕자는 장미를 "가엽게 여겼어야 옳았"고, "너무 어려서 그를 사랑할 줄을 몰랐"(33)다고 깨닫게 된다. 어린왕자는 별을 떠남으로써 마침내 '장미'를 감당할 수 있는 어른, 더 이상 어리지 않은 '남성'으로서 거듭날 수 있게 된 것이다. "일거리도 구하고 견문도 넓힐 생각으로"(37) 시작한 여행을 통해 어린왕자는 '어머니'인 장미를 상대할 수 있는 '아버지'가 되기 위한 긴 여정의 첫 발을 내딛는다.

2) '양'과 '바오밥나무'

(1) 양

"잠"든 '나'를 "깨운"건 "양 한 마리를 그려 줘!"라는 어린왕자의 "야

릇한 목소리"(9)였다. 그것은 어린왕자가 지구에 와서 처음 한 말이었으며, 그 계기는 '양' 때문이었다. '양'은 어린왕자가 긴 여행을 마치고 지구를 떠날 때 가지고 간 유일한 것이기도 하다.("내 친구가 그의 양과 함께 떠나가 버린 지도 벌써 여섯 해가 된다.", 19) 화자(話者)인 '나'는 어린왕자를 처음 만났을 때 사막에 고립되어 첫날밤을 보낸 직후였다. 이후 '나'는 어린왕자의 "한 마리 양"(99) 덕분에 어린왕자의 "별이니 출발이니 여행이니 하는 것들에 대해 날마다 조금씩 알게 되었다."(20) '양'은 화자와 어린왕자를 연결해주고 어린왕자에 대해 알게 해준 매개자이다. 화자는 "이번에도 역시 양의 도움을 받았다." 20)라거나 "역시 양의 덕분으로 어린왕자의 생활의 비밀을 한 가지 알게 되었다."(26)라고 하며 양의 존재감을 애써 드러내기도 한다. 한편, 어린왕자가 "바로" "원하던"(13) 그 양은 어린왕자의 여덟 번의 요구 끝에야 비로소 탄생된 것이다. 그런데 그 양은 어린왕자 외에는 아무도 보지 못한다. 심지어 양을 그려준 화자 자신도 양의 모습을 모른다. 사실 그가 그려준 것은 '양'이 아니라 "되는 대로 끄적거려 놓은" "상자"(12)일 뿐이었기 때문이다. 독자로서는 어린왕자의 양이 다만 '병들지 않고, 뿔이 없으며, 늙지 않았을 것'(12)이라는 사실만 추측할 수 있을 뿐이다. '양'은 지구 사람인 화자가 그렸으되 지구 사람들(어른들)에게는 보이지 않는, '있으나 부재'하는 존재이다.

양 한 마리를 그려달라는 어린왕자의 "부탁"(10)은 '반복'에 의해 '요구'가 된다. 그런데 어린왕자가 여덟 번[9]에 걸쳐 그토록 집요하게

9) 화자가 양 한 마리를 그려달라는 어린왕자의 요구에 처음으로 그림을 그리기 시작한 것은 어린왕자의 네 번째 요구에서이다. 이때도 화자는 '양 그림'이 아닌 '속이 보이지 않는 보아뱀' 그림을 그려준다. 양을 그리기 시작한 것은 다섯 번째 요구를 받고 나서이며, 이후 어린왕자는 원하는 양 그림을 얻기까지 세 번을

'양'을 요구한 이유는 '바오밥나무' 때문이었다. 정확하게는 바오밥나무를 없애고 싶어서였다. "작은 나무를 먹는"(20) 양을 내세워 바오밥나무가 "커다랗게 자라기 전에"(21) 없애기 위해서였다. 그런데 어린왕자는 곧 새로운 문제에 봉착하게 된다. 양이, 바오밥나무가 아니라 '꽃'을 먹을 수도 있기 때문이다.("양은 작은 나무를 먹으니까 꽃도 먹겠지?", 26) 그러자 화자는 '굴레'를 그려주겠다고 하며 어린왕자를 "진정"(29) 시킨다.

> 나는 그를 두 팔로 껴안았다. 그를 부드럽게 흔들면서 나는 말했다. "네가 사랑하는 꽃은 이제 위험하지 않아……너의 양에게 **굴레**를 그려줄게……나는……" (p.29)

그러나 어린왕자를 "두 팔로 껴안"(29)고 '굴레'를 그려주겠다며 그를 안심시키던 화자는 어린왕자와의 약속을 잊어버린다.

> "약속을 지켜줘야 해." 어린왕자가 내게 살며시 말했다. 그는 다시 내 옆에 앉아 있었다.
>
> "**무슨 약속**?"
>
> "약속했잖아…… 양에게 **굴레**를 씌워 준다고…… 난 그 꽃에 책임이 있어!"(p.86)

화자가 약속을 잊어버린 덕분에 '굴레'는 문제의 중심에 놓이게 된다. 만약 화자가 잊어버리지 않았다면 양에게 씌워줄 '굴레'에 이렇게까지 관심이 집중되지는 않았을 것이다. 어린왕자에게 '굴레'는 아주

더 요구한다.

중요한 것으로 보인다.("나에겐 아저씨가 준 양이 있어. 그리고 그 양을 위한 상자도 있고. 굴레도 있고……", 91) 그것은 양으로부터 '꽃'을 지켜줄 유일한 장치이기 때문이다. 화자는 어린왕자가 떠날 즈음이 되어서야 비로소 "연필로 굴레를 그렸다."(86) 그러나 화자가 그려준 이 '굴레'는 결국 아무 쓸모가 없게 되어버린다. 이번에도 화자가 "잊어버리"(98)고 굴레를 고정시켜줄 '가죽 끈'을 그려 넣지 않았기 때문이다.

> 그런데 뜻하지 않은 어떤 일이 일어나고 있지 않은가! 어린왕자에게 그려 준 굴레에 **가죽끈**을 붙이는 걸 내가 잊어버린 것이다! 그걸 양에게 잡아맬 도리가 없는 것이다. 그래서 나는 '그의 별에서 무슨 일이 일어나고 있을까? 양이 꽃을 먹었을까……'하고 궁금해 하곤 한다.(p.98)

화자의 '잊어버리기'의 실수는 '굴레'에 이어 두 번째이다. 화자는 같은 실수를 반복한 것이다. 화자의 실수로 결국 양은 굴레를 그려주기 이전의 상태, 굴레가 없는 '자유로운' 상태에 놓이게 된다. '어린왕자가 위험을 무릅쓰고 양을 데려간 이유는 '굴레'가 양을 '통제'하여 꽃이 안전할 수 있으리라 믿었기 때문이다. '굴레'는 애초에 '양'으로부터 장미를 보호하기 위한 것이었다. 따라서 '굴레'가 무용지물이 됨으로써 장미는 위험에 처하게 된다. 화자 자신이 '한 마리 양이 한 송이 장미꽃을 먹었느냐 먹지 않았느냐에 따라서 천지가 온통 뒤바뀌게 될 것"(99)이며, "그러면 끝장"이라고 하면서도 "양이 꽃을 먹"(98)을 수도 있는 결정적인 실수를 저지른 것이다.

'말실수'나 '깜빡 잊기', '반복'은 무의식이 의식에 발현되는 대표적인 현상이다. 의식에 드러난 그러한 증상들은 무의식의 진심이 의식과는 다른 데에 있다는 것을 알려준다. 그렇다면, "뜻하지 않은 어떤 일"

과 "잊어버린 것"에 은폐된 화자의 진정한 "뜻"(98)은 처음부터 '굴레'를 그려주지 않는 것에 있었다고 볼 수 있다. 더욱이 또 다시 가죽끈을 그려넣는 것을 잊어버려 결국 굴레로서의 구실을 할 수 없도록 함으로써 화자의 실수는 더 이상 실수가 아닌 것이 되었다. 화자가 애초에 '굴레'에 '가죽 끈'을 붙일 의도가 없었다는 추측을 가능케 하는 것이다. 어떻든 화자의 반복된 실수로 양은 '굴레'로부터 자유로운 상태가 되었으며 이로써 굴레를 양에게 "잡아 맬"(98) 가죽끈의 기능은 어린왕자의 몫으로 남게 되었다. 어린왕자가 곧 가죽끈이 된 셈이다. 결국 '양'은 화자의 손길이 철저히 배제된 상태에서 오로지 어린왕자의 통제 아래에 놓이게 된 것이다. 그리고 그것은 화자 때문이었다.

어린왕자가 양을 데려갈 곳이 '별'인 점을 생각해보자. 그곳은 '지구'와는 다른 곳이다. '지구'로부터 아주 멀리 떨어진 그곳은 상징계의 힘이 미칠 수 없는 곳이다. 그곳은 화자가 제안한, "양을 매 놓을 수 있는 고삐"[10]나 "말뚝"(16)이 필요 없는 곳이다. "매 놓"는 것이 "참 이상한 생각"(17)이 들게 하는 곳이다. 그렇다면 "아저씨 별"(84)의 그 "아저씨"인 화자로서는 가죽 끈을 그려주지 '**않은**' 것이 아니라 그려 줄 수 '**없는**' 것이다. 사실, 돌이켜보면 화자는 어린왕자가 "이게 바로 내가 원하던 거"(13)라고 한 그 '양'을 그려준 적이 없다. 단지 양이 들어 있다는 '상자'만 그려주었을 뿐이다. 어린왕자가 만족스러워 한 그 '양' 역시 화자가 그려주지 않은 것이 아니라 '못한' 것으로 해석할 수 있다. 실제로 화자가 '양'이라고 생각하고 세 차례에 걸쳐 그려준 그 양은 어린왕자에게 모두 퇴짜를 맞았다.

---

10) 이 글에서 기본 텍스트로 삼은 문예출판사의 번역본에는 '고삐'가 '굴레'로 표기되어 있으나, 이는 '고삐'(corde)의 오역임을 확인하였다. 이는 이 작품에서 '굴레'로 번역된 'muselière'와 원어가 다르므로 필자가 '고삐'로 고쳐 썼다.

한편, 양은 굴레나 가죽끈으로부터 자유롭지만 '상자' 안에 들어있다. 화자가 그려준 그 '상자'는 양의 행동을 '제한' 할 수 있으나 '제압' 할 수는 없다. 더욱이 그것마저도 '지구'에서나 가능한 것이다. 지구에서는 '양'이 "그 안에"서 "**잠들어**"(13) 있으나 별에서는 양이 꽃들과 "**전쟁**"(28)을 일으킬 수도 있기 때문이다. '지구'에서는 '상자 속의 양'이 '별'에서는 '상자 밖의 양'이 되는 것이다.

어린왕자가 여행을 통해 얻은 것은 '양'과, '책임감'이다. 이때 '책임'은 꽃에 대한 것("나는 그 꽃에 책임이 있어!", 97)인 동시에 '양'에 대한 것이기도 하다. '굴레'가 없어 '입'이 자유롭게 된 양이지만 그 때문에 양은 온전히 어린왕자의 책임 아래에 있게 되었기 때문이다. '양'은 화자에게는 "상자 안"에나 있는 "**아주 작은** 양"이지만 어린왕자에게는 바오밥나무를 없앨 수 있는 "**그다지 작지도 않은**"(13) 양이다. '양'은 "무서운"(22) 바오밥나무와도 대적하고, "가시"(26) 돋친 장미도 먹을 수 있다. 어린왕자가 그것을 "갖고 싶어했다는 것"으로 "이 세상에 있다는 증거"(18)가 되는 그 '양'은 어린왕자가 여행을 통해 획득한 어린왕자의 '**남근**'(phallus)이다. 장미의 팔루스로 존재했던 어린왕자가 자신의 팔루스를 소유하게 된 것이다. 그것은 더 이상 '가죽끈'에 의존하지 않아도 되는, 오직 어린왕자의 통제 아래에 있는 '어린왕자 만의 양'인 것이다.

(2) 바오밥나무

어린왕자가 화자에게 "양 한 마리를 그려줘."(9)라는 요구를 세 번이나 반복한 후, 네 번째 요구에서 비로소 화자가 그려준 것은 '양'이 아니라 "속이 보이지 않는 보아뱀 그림"(12)[11]이었다. 그것은 화자가

"양은 한 번도 그려본 적이 없었으므로" "내가 그릴 수 있는 단 두 가지 그림 중의 하나를 그려"(12)준 것이었다. 이때, 화자가 말하는 '두 가지 그림'이란 속이 보이는 보아뱀 그림과 속이 보이지 않는 보아뱀 그림이다. 화자는 이 가운데 하필 속이 보이지 않는 보아뱀 그림을 그려준 것이다. 그런데 어린왕자는 속이 보이지 않는 보아뱀 그림을 보고 "보아뱀 속의 코끼리"(12)를 알아본다. '속이 보이지 않는 보아뱀' 그림을 마치 '속이 보이는 보아뱀'을 보듯 한 것이다.

'보아뱀 속의 코끼리'는 '책 속의 원시림'("원시림의 책에서 기막힌 그림 하나를 본 적이 있다.", 7)의 영향을 받았다. '책 속의 원시림', '보아뱀 속의 코끼리', '상자 속의 양'은 모두 같은 관계에 있다. 모두 '겉과 속'의 관계라는 점이 그러하다. 또한, 더 이상 상자 속의 양을 볼 수 없게 된 '화자'(조종사)와, 속(코끼리, 양)을 볼 수 있는 '어린왕자'("조그만 사내아이", 10)의 관계 역시 같은 관계로 볼 수 있다. 따라서 '보아뱀－책－상자－어른－조종사'와 '코끼리－원시림－양－아이－어린왕자'가 각각 '겉'과 '속'이라는 같은 '계열' 관계에 놓이게 된다.

겉	속
보아뱀	코끼리
책	원시림
상자	양
어른	아이
조종사	어린왕자

11) 문예출판사의 번역본에는 '보아뱀'이 아닌 '보아 구렁이'로 번역되어 있는데, 원문에서는 'serpent boa'와 'boa'가 혼용되어 있고, 등장인물 중 하나인 'serpent'가 '뱀'으로 번역되어 있으므로 이 글에서는 '보아뱀'으로 표기하기로 한다.

이로써 '겉'만 볼 수 있고 '속'을 볼 수 없는 '어른'과 '속'을 꿰뚫어 볼 수 있는 '아이'의 관계의 속성이 뚜렷해진다. 그리고 그것은 '바오밥나무'를 통해 더욱 분명해진다.

지극히 모성적인 공간, 자신 만의 집에서 어린왕자에게 최초로 두려움을 안겨준 존재는 "무서운 씨앗"인 "바오밥나무의 씨앗"(22)이었다. "그 별의 땅은 바오밥나무 씨앗 투성이었다."(22) "너무 늦게 손을 쓰면" "온통 바오밥나무가 별을 차지하고는 뿌리를 내리면서 별에 구멍을 뚫"고, 급기야 "별이 산산조각 나고 마는 것"이기에 어린왕자는 "바로 그 바오밥나무를 뽑아 줘야"(22) 한다. "별은 작은데" 바오밥나무는 "성당만큼이나 거대"하여 "한 떼의 코끼리를 데려간다 하더라도 바오밥나무 한 그루도 다 먹어치우지 못할 것"(20)이기 때문이다.

어린왕자는 화자에게 "우리 땅에 사는 어린아이들 머릿속에 꼭 박히도록" "예쁜 그림을 하나 그려보라고"(22) 한다 "아이들이 언젠가 여행을 할 때, 그게 도움이 될 수도 있을 것"(22)이기 때문이다. 어린왕자의 부탁을 듣고 화자가 그린 '바오밥나무' 그림에는 불끈 솟은 세 그루의 바오밥나무가 거대한 뿌리로 별 전체를 온통 휘감고 있다.

그림 3 바오밥나무(p.23)

"바오밥나무의 위험이 너무도 알려져 있지 않"기 때문에 "경각심을 불러일으키기 위해서"(24) 이 그림을 그렸다는 화자는 이 그림을 두고 이 책에 실린 삽화 가운데서 가장 "**장엄한** 그림"("이 책에는 왜 바오밥나무의 그림처럼 장엄한 그림들이 또 없을까?", 24)이라고 소개하며 "**몹시**

우쭐해"("바오밥나무 그림에 대해 난 몹시 우쭐해하지 않았던가!", 86) 한다. 어린왕자의 요구에 바로 바오밥나무를 그린 화자의 태도는 어린왕자가 양을 그려달라고 다섯 번이나 조른 후에야 비로소 그림을 그리기 시작한 것과 대조적이다. 그런데 화자가 그토록 "급박한 심정으로 열성을 갖고"(24) 그린 그림이 어린왕자에게는 "**게으름뱅이**가 살고 있는 어느 별"(22)의 "**양배추**"(86)를 닮은 바오밥나무일 뿐이다.("아저씨가 그린 바오밥나무들은 양배추와 비슷하게 생겼어….", 86)[12] 또한 바오밥나무가 양에게 먹히는 것이 어린왕자에게는 "**자명한 이치**"(21)인 반면, 화자에게는 "바오밥나무의 **비극**"(20)이다. 어린왕자에게 바오밥나무는 양이 먹을 수 있는 "**작은** 나무"(20)이고, 바오밥나무를 뽑는 일이 "**쉬운** 일"(22)이지만, 화자에게는 바오밥나무가 "성당만큼이나 **거대**한 나무고, 한 떼의 코끼리를 데려간다 하더라도 바오밥나무 한 그루도 다 먹어치우지 못할"(20) 나무이다.

어린왕자의 요구에 따라 바오밥나무 그림을 그린 화자는 어린이들을 향해 "어린이들이여! 바오밥나무를 조심하라."고 경고하고 어린이들이 "오래전부터 자신들도 모르는 사이에 이 위험에 둘러싸여 있었다."(24)고 주의를 준다. 이후, 화자는 어른들을 두고 "그들은 자신들이 바오밥나무처럼 중요하다고 생각하고 있다."(61)라고 말함으로써 바오밥나무가 바로 '어른'들의 비유라는 사실을 드러낸다. '바오밥나무'와 '어른'을 동일시한 것이다. '겉과 속'의 관계에서 '코끼리'가 '아이'의 은유인 점을 고려하면, '코끼리'("한 떼의 코끼리", 20)와 '바오밥나무'

12) 문예출판사의 번역본에는 '양배추'(choux)가 아니라 '뿔'이라고 되어 있으나 이는 오역으로 확인하였다. 추측건대, 이는 바로 다음의 어린왕자의 대사에 나오는 '뿔'이 번역자 혹은 편집자의 편집과정의 실수로 중복 표기된 것이 아닌가 한다.

("바오밥나무 한 그루", 20)의 적대적인 관계 설정에 이미 바오밥나무의 이러한 속성은 드러나 있었다.

화자가 어린왕자에게 그려준 '속이 보이지 않는 보아뱀'과 '양이 들어있는 상자'의 공통점은 속을 볼 수 없는 '겉'만 그린 그림이라는 점이다. 어린왕자가 "원하던"(13)대로 만들어 준 양을 두고 화자는 어린왕자에게 "**내 양**"(14)[13]을 어디로 데려갈 것이냐고 묻지만 정작 화자 자신은 그 양을 본 적도 없고 볼 수도 없다. 화자에 의해 탄생되었으나 '속'에 있는 그것은 이미 '어른'이 된 화자를 떠난 지 오래다. 그것은 어린왕자의 "별에 구멍을 뚫"(22)을 수 있는 바오밥나무를 없앨 어린왕자의 것이며 어린왕자의 영역 아래에 있다. 화자가 '지구'의 '어른'이라는 사실을 상기해보자. '속이 보이는 보아뱀'은 화자가 여섯 살 적에 그렸던 그림이다. 그 그림은 어른들이 속을 볼 줄 몰라서 "어른들이 알아볼 수 있도록" "속을 그렸"(8)던 것이다. 그런데 '어른'들이 '속'을 보지 못하듯 어느새 화자도 '속'을 볼 줄 모르는 어른이 되었다. 그리하여 화자 스스로도 "불행히도 나는 상자 안쪽에 있는 양을 볼 줄 모른다. 어쩌면 조금은 어른들과 비슷한지도 모를 일이다. 아마 늙어버린 모양이다."(19)라고 고백한다.

어린왕자가 오이디푸스기에 있다는 사실을 떠올려보자. 이 시기의 남자아이에게 최초의 두려움의 대상은 아버지이다. 아이에게, 어머니와 나 만의 관계를 비집고 들어온 아버지는 훼방꾼이며 동시에 큰 위력을 가진 '공포'의 대상이기도 하다. 육중한 몸으로 "별에 구멍을 뚫는" "무서운"(22) 바오밥나무는 어쩐지 어머니의 욕망의 대상이

13) 이 부분은 번역본에 따라 '내 양', '내가 그려준 양', 혹은 이 글의 텍스트처럼 그냥 '양'이라고 번역된 경우도 있으나 원문을 대조한 결과 '내 양'(mon mouton)이 가장 적절한 것으로 판단하여 이렇게 표기하였다.

되려는 아이에게 위협적으로 다가오는 아버지의 '남근'(phallus)과 닮은 점이 있는 것 같다. 바오밥나무를 "규칙적으로" 뽑아버리는 일을 어린왕자는 "별의 몸단장을 해주"(22)는 행위에 비유한다. 우리는 앞에서 '별'이 '어머니의 몸'과 밀접한 관계에 있다고 보았다. '거세공포'로 인해 아버지에게 적의를 품는 어린아이와, "별이 산산조각"(22) 날 것을 염려하여 "나쁜 식물"인 바오밥나무를 싹부터 "눈에 띄는 대로 뽑아버려야 한다."(22)는 어린왕자의 태도는 유사한 점이 있다.

어린왕자가 만나는 화자는 '어른'이며 '남자'이다. 공교롭게도 이 작품에 등장하는 모든 사람들, 즉 '왕', '허영심 많은 사람', '술꾼', '실업가', '가로등 켜는 사람', '지리학자', '조종사'까지 모두 '어른'이며 '남자'이다. 어린왕자가 여러 별을 돌아다니며 만난 사람들이 모두 **'남자 어른'**이었다는 사실은 흥미롭다. 그것은 어린왕자의 애초의 여행의 목적이 '아버지 되기'에 있다는 해석을 뒷받침해준다. 여행 끝에 어린왕자가 얻은 것은 '양'이며 그것은 어린왕자의 팔루스(phallus)이다. 그런데 그것은 '어른'인 화자로부터 나왔다. 화자에게 속해 있던 양이 어린왕자에게로 이동해간 것이다. 어린왕자의 팔루스인 '양', 그것은 어린왕자가 만든 것이 아니라 화자가 준 것이다. 어린왕자가 화자에게 한 최초의 요구("양 한 마리를 그려줘!", 9)는 화자가 그것을 해줄 수 있을 것이라는 사실을 전제로 한 것이다. 어린왕자와 내내 함께 있으면서 그의 이야기를 기술해나간 화자, 이제 그 '화자'에 대해 좀 더 자세히 살펴볼 필요가 있을 것 같다. 어린왕자와의 관계 속에서 그에 관한 궁금증을 풀어나가기로 하겠다.

3) '뱀'과 '머플러'

(1) 조종사와 어린왕자의 관계

'코끼리를 삼킨 보아뱀' 그림은 「어린왕자」의 대표적인 삽화이다. 이 그림은 화자가 어릴 적의 '화가'의 꿈을 버리게 된 경위를 설명하기 위해 작품의 첫머리에 소개해 놓은 것이다. 화자는 그림의 '속'을 볼 수 있는 지의 여부로 아이와 어른의 차이를 말한다. 그리고 자신이 "여섯 살 적에 화가라는 멋진 직업을 포기해 버린"(8) 이유가 '속'을 볼 줄 모르는 '어른들' 때문이었다고 밝힌다.

'화가'의 꿈을 포기하고 어른이 된 화자의 현재의 직업은 '조종사'이다. 그런데 화자와 어린왕자의 만남은 '**그림**'으로 시작되었다. 어린왕자가 화자에게 하필 '그림'을 그릴 것을 요구하였다는 점은 주목할 만하다. 여섯 살 적에 포기했던 "화가라는 멋진 직업"(8)의 '그림 그리기'를 어린왕자 때문에 다시 하게 되었기 때문이다. 이후, 화자는 어린왕자와 함께 있는 동안 계속하여 '그림'을 그린다. 화자는 자신이 "되는 대로 끄적거려 놓"(12)은 상자그림을 보고 "얼굴이 환히 밝아지는"(13) 어린왕자의 반응에 당황한다. "어른들과 비슷"해져 화자 자신은 "볼 줄 모르"는 "상자 안쪽의 양"(19)을 어린왕자는 볼 수 있었기 때문이다. '속을 볼 줄 아는 어린왕자'는 '속이 보이지 않는 보아뱀' 속의 '속을 볼 줄 알았던 여섯 살 적의 화자'를 그대로 닮았다.

'그림'을 '직접' 그려줄 것을 요구하여 화자의 잃어버린 꿈을 상기시켜준 어린왕자는 조종사인 화자와 닮은 점이 많다. 화자가 "세계의 여기저기 거의 안 가 본 데 없이 날아다"(8)닌 점이나 어린왕자가 여러 별을 여행하는 점, 화자가 "사람들과 수많은 접촉을 가져"(8)온 점이나 어린왕자가 '사람'을 만나러 다니는 점, "마음을 털어놓고 진정어린 이야기를 할 수 있는 상대를 갖지 못한 채 홀로 살아"(9)온 화자와 "쓸쓸하고 단순한 생활"(25)을 해온 어린왕자, "어른들 틈에서 오랫동안 살아" 왔으나 "그들에 대한 생각이 나아진 건 없"(8)는 화자와, 다양한 어른들을 만나왔으나 끝내 실망하는 어린왕자의 경우가 그것이다. 이밖에도 화자가 부피가 작은 '경비행기'의 '조종사'인 점과 어린왕자가 "자기보다 좀 클까말까 한 별"(19)의 '주인'이라는 점 역시 그러하다. 또한 화자 스스로도 어린왕자를 두고 "내가 자기와 비슷하다고 생각했는지도 모르겠다."(19)라고 말한다. 더욱이 화가가 되는 꿈을 접은 '여섯 살' 적의 화자와 '오이디푸스기'에 있는 어린왕자는 같은 또래다.

삽화들 속에서 우리는 긴 머플러를 두르고 있는 어린왕자를 여러 곳에서 볼 수 있다. 어린왕자는 왜 머플러를 두르고 있는 걸까? 어린왕자의 머플러는 과도하게 길다. 몇몇 경우는 머플러가 어린왕자의 키보다 길다.

그림 4 (p.67)

그림 5 (p.71)

어린왕자가 지금 있는 곳이 '사막'인 점을 고려하면 '머플러'는 어울리지 않는다. '긴' 머플러는 더욱 그렇다. 정신분석적으로 볼 때, 무의식은 단단히 무장된 의식의 가면 아래에 본래의 얼굴을 숨기고 있지만 '과도한', '뜬금없는', '부조리한' 증상으로 진실을 드러낸다. '과도하게' 길고 '이치에 맞지 않는' 어린왕자의 '머플러'에는 아무래도 중요한 의미가 숨겨져 있을 것 같다. 화자와 어린왕자의 관계 속에서 그 답을 찾을 수 있을 듯하다.

심리적인 시각에서, 「콩쥐팥쥐」, 「흥부놀부」, 「왕자와 거지」와, 그림(Grimm)동화 「믿을 수 있는 페르디난티와 믿을 수 없는 페르디난티」, 「오누이」에 등장하는 '두' 주인공들은 '둘'이 아니라 '하나'로 볼 수 있다. 각각의 작품에서 두 주인공들의 성격은 극단적으로 다르다. 그런데 각 이야기들은 두 인물이 별개의 사람이 아니라 '하나다'라는 실마리를 제공한다. 콩쥐와 팥쥐, 흥부와 놀부, 오누이는 '한' 형제자매지간이고, 왕자와 거지는 외모가 '같'고, 페르디난티는 이름이 '같'다. 극단적으로 다른 성격에도 불구하고 '같은' 부분이 있다는 사실은 두 인물을 '하나'로 볼 수 있는 단서를 제공한다.

다시 「어린왕자」로 돌아와 보자. 「어린왕자」의 화자(話者)의 신분은 '조종사'이다. 화자는 삽화 속에서 자신의 모습을 단 한 번도 드러낸 적이 없다. 조종사의 외모에 대해서는 '활자'로도 설명된 적이 없고, '삽화'로도 표현된 적이 없다. 「어린왕자」를 읽은 독자라면 누구나 '어린왕자'의 이미지를 기억한다고 할 수 있을 만큼 많은 삽화에 어린왕자가 반복하여 그려진 것을 고려하면, 조종사는 지나칠 정도로 단 한 번도 소개된 적이 없다. 이 점을 생각하면, 마치 조종사가 어린왕자 뒤에 단단히 '은폐'되어 있는 듯한 인상이 든다.

그러나 우리는 화자의 이미지를 유추해볼 수 있다. '조종사'라는 화자의 신분에 주목해보자. 경비행기가 불시착하여 사막에 남게 되었으니 화자는 '조종사' 복장을 하고 있을 것이다. 여기서 우리는 조종사와 어린왕자의 공통점을 한 가지 더 추측해볼 수 있다. 그것은 바로 **'머플러'**이다. 어린왕자가 두른 머플러는 과도하게 '길' 뿐만 아니라, 많은 경우 '바람'과 상관없이 하늘을 향해 뻗어있다. 하늘을 향해 뻗어있는 머플러, 그것은 '하늘의 사나이'인 조종사의 이미지에 빠지지 않고 등장하는 소품이다. 화자는 '속'을 꿰뚫어 볼 줄 아는 어린왕자를 통해 자신과 어린왕자를 동일시한 바 있다. 작가는 모습을 한 번도 드러낸 적이 없는 화자가 어린왕자와 다르지 않다는 사실을 알리기 위해 무의식적으로든 의식적으로든 '조종사'인 화자의 '긴 머플러'를 어린왕자의 목에 둘러 준 것인지도 모른다. 또한 작가는 본인이 직접 그린 삽화속에서 그것을 강조하기라도 하듯 '머플러'의 길이를 과도하게 길게 표현하고 그것을 '반복'하여 소개하고 있는 것인지도 모른다. 이런 점에서, 과도하게 길며 '사막'과도 어울리지 않는 '머플러'는, 조종사와 어린왕자가 별개의 두 인물이 아니라 '한 인물'이라는 해석을 이끌어내는 중요한 단서이다.

조종사가 어린왕자를 만난 곳은 '사막'이었다. '사막'은 지구에 있으나 그곳은 "사람 사는 고장에서 수천 마일이나 떨어진 곳"(10)이다. (이 사실은 같은 장(章)에 두 번이나 강조되어 있다) 따라서 "사람이라고는 통 보이지 않는"(61) 그곳은 지구에 있되, "약 이십억쯤 되는 어른들이 사는"(60) 곳인 지구와는 다른 곳이다. "아무도 없"(62)는 그곳은 "백열한 명의 왕과 칠천 명의 지리학자와 구십만 명의 실업가"(60)들이 살고 있는 '문명화된' '지구'와는 확실히 다르다. 그곳은 '의식'에 남아있는 '무의식'의 흔적, 상징화된 몸에 문명화되지 못한 채 남아있는 '성감대'와 유사한 곳이기도 하다. 그리하여 어린왕자가 "아직도 내 별에 있는 것만 같"(25)다고 느끼는, 어린왕자의 '별'과 닮은 곳이다.

조종사는 비행기의 불시착으로 "죽느냐 사느냐"에 직면한 상황에서, "사막"에서 "뗏목 위의 표류자보다 더 고립되어"(9) "죽음의 위험을 마주하고 있는 중"(10)에 어린왕자를 만났다. '사막' 가운데에서도 이 작품의 무대인 '사하라 사막'은 수도자들이 고행을 하는 순례의 장소이기도 하다. 조종사는 아무도 없는 사막에 고립된 채 절체절명의 상황에서 어린 시절의 자신을 닮은 어린왕자를 만났다. 내안에 숨겨진, 까마득히 잊고 있었던 유년기의 '나'를 만난 것이다. 그렇다면 '조종사와 어린왕자'의 관계는 '조종사 속의 어린왕자', '**내 안의 나**'이다. 그것은 또한 '겉과 속', '기표와 기의', '의식과 무의식'의 관계이며, '상자와 (상자 속의)양'의 관계이다.

(2) 뱀과 머플러의 비밀

우리는 '겉과 속'의 관계를 나타내는 익숙한 그림 하나를 알고 있다. '코끼리를 삼킨 보아뱀' 그림이 그것이다. 보아뱀과 코끼리의 공통점은 '크다'는 점이다. 보아뱀은 뱀 가운데에서도 몸의 길이가 가장 긴 뱀 가운데 하나이고 코끼리는 몸집이 크다. 그렇지만 코끼리는 기껏해야 보아뱀의 뱃속에 들어있을 뿐이다. 코끼리는 '긴 코'를 가졌지만 보아뱀의 몸의 길이에는 미치지 못한다. 보아뱀처럼 '거대'한 것으로서 화자가 "이 책"에서 가장 "장엄"(24)하게 그렸다는 '바오밥나무'가 있다. '보아뱀'은 몸집이 큰 코끼리를 통째 삼킨 것으로, '바오밥나무'는 별 하나를 뿌리로 온통 휘감은 것으로 모두 크고 강하다는 이미지가 강조되어 표현되어 있다. 우리는 '바오밥나무'가 '어른'의 비유라는 사실을 알고 있다. 또한, '겉과 속'의 관계를 통해 '보아뱀' 역시 '어른'과 같은 계열관계에 있다는 것을 확인한 바 있다. 그렇다면, '뱀'(serpent) 역시 이와 무관하지 않을 듯하다. '보아뱀'(serpent boa)은 '뱀'이 극대화된 것이기 때문이다.

다음은 어린왕자가 뱀을 처음 만났을 때의 장면이다.

> "넌 아주 재미있게 생긴 짐승이구나. 손가락처럼 가느다랗고……"
> 그가 말했다.
> "그래도 난 왕의 손가락보다도 더 힘이 세단다."
> 뱀이 말했다.
> 어린왕자는 미소를 지었다.
> "그렇게 힘이 세 보이지 않는데…… 발도 없고…… 여행도 할 수 없잖아……"
> "난 배보다 더 멀리 너를 데려다 줄 수 있어."
> 뱀이 말했다.(p.62)

어린왕자에게 뱀은 "손가락처럼 가느다랗고" "그렇게 힘이 세 보이지 않는" 반면, 뱀은 자신을 "왕의 손가락보다 더 힘이 세다"며 어린왕자를 "배보다 더 멀리" 데려다 줄 수 있다고 한다. 또한, 어린왕자를 "언제고 도와 줄 수 있"으며 나아가 "모든 걸 해결할 수 있"(64)다고 말한다. "나를 건드리는 사람마다 그가 나왔던 땅으로 돌려보내"(64) 준다는 뱀은 '강력한 힘'을 가졌다는 점에서 '보아뱀'이나 '바오밥나무'와 유사한 점이 있다.

삽화 속에서 뱀의 색깔은 노랗다. 활자로 소개된 뱀의 색깔과 생김새는 좀 더 구체적이다. 다음을 보자.

- **달 같은 빛깔의 고리**가 모래 속에서 움직이는 것이 보였다.(p.61)

- 그는 어린왕자의 발뒤꿈치에서 **금팔찌**처럼 발목을 휘감더니 말했다.(p.64)[14)]

- 거기에는 삼십 초 만에 사람에게 사형을 집행할 수 있는 그 **노란 뱀** 하나가 어린왕자를 향해 몸을 꼿꼿이 세우고 있었던 것이다.(p.90)

- 그의 발목에서 **노오란 한 줄기 빛**이 반짝했을 뿐이었다.(p.97)

앞의 인용문을 참고하면 뱀은 '금빛'을 띈 '노란'색이며 길다. 그런데 우리는 뱀의 색깔과 생김새가 흡사한, 또 다른 것을 알고 있다. 그것은 바로 어린왕자의 긴 "**금빛 머플러**"(90)이다. "**금팔찌**" 처럼 어린왕자의 "발목을 휘감"(64)는 "**노란 뱀**"(90)과 어린왕자의 목에 휘감겨진 긴 "**금빛 머플러**"(90)는 색깔과 생김새가 흡사하다. 작품 내내 어린왕자가 "밤낮없이 목에 두르고 있는"(90) '머플러'의 색깔에 대해서는 한 마디 언급도 하지 않은 화자는 작품의 후반부인 '뱀'이 등장하는 장면에서야 비로소 머플러의 색깔을 밝힘으로써 둘 사이의 유사성을 무의식적으로 드러내고 싶었던 것인지도 모르겠다.

앞에서 살펴보았듯 '머플러'는 어린왕자와 조종사를 동일시할 수 있는 중요한 실마리이다. 어린왕자가 두르고 있는 '**머플러**'에는 조종사의 '**직업**'을 암시하는 상징적인 의미가 함축되어 있다. '직업'은 주체가 상징계의 한 구성원임을 나타낸다. 그것

14) 문예출판사의 번역본에는 '금팔찌'(bracelet d'or)가 '팔찌'로, '발목'(cheville)이 '몸'으로 번역되어 있으나 이는 오역임을 확인하였다.

자체에 '성인' 즉, '**어른**'의 의미가 포함되어 있다. '어린' 왕자가 두르기에는 지나치게 '긴' 머플러는 '조종사'와의 관계를 나타냄과 동시에 어른(남성)이 되고 싶은 아이(어린왕자)의 바람이 반영된 것일 수도 있다.

앞에서 확인하였듯 어린왕자가 여행 중에 만난 '사람'들은 모두 '어른'이고 '남자'이다. 이들 가운데 어린왕자에게 유일하게 "우스꽝스럽게 보이지 않는 사람"(54)은 '가로등 켜는 사람' 뿐이었다. 어린왕자는 그의 '가로등' 켜는 행동을 '꽃'을 피우는 일과 동일시한다. ("가로등을 켤 때는 별 한 개를, 혹은 꽃 한 송이를 더 태어나게 하는 거나 마찬가지니까.", 51) 가로등 켜는 사람을 보여주는 삽화에는 '해가 지는 것'을 나타내는 '석양'이 그려져 있다. '해가지는 것'은 어린왕자가 하루에 "마흔세 번"(26)이나 본 적이 있을 정도로 좋아하는 것이다. 어린왕자는 "명령에 그토록 충실한 가로등 켜는 사람이 좋아졌"(52)지만 "두 사람이 있을 자리가 없"(54)어 그 별을 떠난다. 그런데 이 삽화에서 눈여겨볼 점은 가로등 켜는 사람이 '머플러'를 두르고 있다는 사실이다. 어린왕자가 만난 사람 가운데에 유일하게 긍정적인 인물이고, 어린왕자가 좋아하는 석양("나는 해질 무렵을 좋아해. 해지는 걸 보러가……", 25)을 하루에 "천사백사십 번이나"(54) 볼 수 있는 별에 살고 있고, '꽃'을 피우듯 '가로등'을 켜는 사람이 어린왕자처럼 '머플러'를 두르고 있는 점은 우연으로만 볼 수는 없을 듯하다.

'뱀'과 '머플러'의 공통점은 바로 '어른'과 관련이 있다는 점에 있다. 뱀의 생김새에서 느껴지는 '**남근**'적 특성은 차치하고라도 뱀에게 부여된 성격만으로도 '남성'으로서의 면모를 충분히 확인할 수 있다. 조종사가 어린왕자에게 처음 그려준 것이 속이 보이지 않는 보아뱀인 점을 상기해보자. 조종사는 양을 그려본 적이 없어서라고 했지만 양을 요구하는 "조그만 사내아이"(10)에게 하필 거대한 뱀을 그려준 조종사의 행동은 뜬금없다. 조종사는 '양'을 요구하는 어린왕자에게 단지 보아뱀, '거대한 뱀'을 그려주었을 뿐이다. '양'을 '뱀'으로 대치한 것이다. 그런데 '속'을 보지 못하는 '조종사'가 그린 그 뱀이 '속'을 보는 어린왕자에게는 단순한 뱀이 아니었다. 그것은 '코끼리를 삼킨 뱀', 몸속에 '거대한 코끼리'를 품고 있는 뱀이다. 조종사는 '거대한 뱀'을 그려주었지만, 어린왕자는 그 속의 '거대한 코끼리'를 본 것이다. 첫 만남부터 **'조종사-뱀-어른' 대(對) '어린왕자-코끼리-아이'**의 관계가 형성된 것이다.

뱀은 조종사에 의해 "사람에게 사형을 집행할 수 있는"(90) 강력한 힘을 가진 뱀으로 소개된다. 뱀의 힘의 원천은 '독'이다. 어린왕자가 뱀에게 바로 그 '독'을 원했다는 사실에 주목해보자. 어린왕자는 **'좋은 독'**("네 독은 좋은 거니?", 88)을 원하였다. 이 점은 의미심장하다. 남성성이 물씬 느껴지는 뱀에게서 나온 독, 그것은 어쩐지 남성의 생식기관에서 방출되는 어떤 것과 닮은 점이 있는 것 같다. 뱀의 독은 '정액의 등가'15)로 해석할 수 있다. 그런데 그 독은 '어린' 왕자에게만 의미가 있다. 이미 '어른'인 조종사에게는 필요가 없는 것이다. '어른'인 조종사가 뱀에게 물릴 것을 걱정하던 어린왕자가 "두 번째 물 때는 독이 없다."(95)라는 사실을 떠올리고 "안심"(95)하는 이유는 이 때문일지도 모른다. 이렇게 볼 때,

15) 아지자, 올리비에 리, 스크트릭, 『문학의 상징. 주제 사전』, 장영수 옮김, 청하, 1997, p.301.

뱀의 '독'은 '어린' 왕자를 '**살해**'함과 동시에 어린왕자를 '남성' 즉, '어른'으로 '**거듭나게**' 하는 이중적인 의미를 함축하고 있다.

뱀이 "교묘히 몸을 감추어 버"린 후, "눈처럼 새하얘진" 어린왕자를 "간신히 품에 받아 안"(90)은 조종사가 제일 먼저 한 일은 "밤낮없이 목에 두르고 있는 그 금빛 머플러를 풀어"(79)낸 일이다. 조종사는 어린왕자를 "**어린 아기처럼** 품안에 꼬옥 껴안았다."(91) 그런데도 어린왕자는 조종사가 "붙잡을 사이도 없이 **깊은 심연** 속으로 곧장 **빠져**들어 가고 있는 것만 같"(91)았다. 어린왕자가 쓰러지는 마지막 장면에서 어린왕자를 늘 따라다니던 머플러는 사라지고 없다. 이후, 어린왕자의 '몸' 역시 "다시 찾아볼 수 없었다."(98) 어린왕자는 머플러를 '풀어놓고' 자신의 **별**로 간 것이다. '어른'과 관련이 있는 '머플러'를 풀어버림으로써 '아이'는 '별'로 돌아가고, '머플러'는 '어른들'이 살고 있는 지구에 남게 되었다. '뱀'을 매개로 '아이'와 '어른'이 분리 되듯, '머플러'를 매개로 '아이'와 '어른'이 분리된 것이다. 그런데 조종사가 풀어버린 어린왕자의 머플러는 어디로 간 것일까? 다음 그림을 보자.

그림 6 (p.96)

그림 7 (p.100)

그림6은 어린왕자가 쓰러지는 모습을 그린 삽화이고, 그림7은 이 작품의 마지막 삽화이다. 그런데 그림7은 그림6에서 어린왕자만 빼 버린 그림이다. 즉, 어린왕자가 쓰러질 때의 그림에서 어린왕자만 삭제하고 '배경'만 그대로 옮겨놓은 그림이다. 그림7은 "어린왕자가 지상에 나타났다가 다시 사라진 곳"(101)을 그린 것이다. 화자는 그림7을 두고 "나에게는 이 세상에서 가장 아름답고 그리고 가장 슬픈 풍경이다."(101)라고 말한다. 그림6에서, 쓰러지는 어린왕자의 목에는 머플러가 없다. 그리고 어린왕자가 사라진 그림7에는 멀리 별 하나만 떠 있을 뿐, 아무도 없다. 사막만 펼쳐져 있을 뿐 아무 것도 없다. 그러나 텅 빈 공간처럼 보이는 그곳은 빈 공간이 아니다. 이 작품의 마지막 삽화인 그 곳에는 한 사람이 있다. 삽화 속에는 없으나 우리는 어린왕자가 사라진 그곳에 누가 있는지 알고 있다. 그것은 바로 이 장면을 그린 화자, '**조종사**'이다. 그리고 그 조종사의 목에는, 그림6 속의 어린왕자에게는 없는 그 '머플러'가 둘러져 있을 것이다.

어린왕자와 조종사는 같은 시점에 '집'으로 돌아가게 된다. 어린왕자가 가는 곳은 조종사보다 갈 길이 "훨씬 더 멀고 훨씬 더 어려"(90)운 곳이다. 어린왕자는 "낡은 껍데기"(95)를 벗어버리고 "향기로 뒤덮"인(33) 자신의 별로 돌아가고, 어린왕자에게 줄곧 '아저씨'로 불리던 화자는 머플러를 휘날리며 자신의 경비행기를 타고 집으로 돌아감으로써 '조종사'로서의 신분을 되찾게 된다. 주체가 상징계로 진입하면서 본래의 자신을 상실한 채 새로운 기표를 획득함으로써 상징계 속에서 재현(representation)되듯, 뱀에게 물림으로써 '어린' 왕자는 죽고, 동시에 그는 다시 '어른' 남성인 '조종사'로 재현되는 것이다.

조종사로서의 재현은 어린왕자의 '죽음'을 전지로 하였기에 가능한 것이었다. '재현된 조종사'는 라캉의 '빗금친 S'(8), '결핍의 주체'를 떠오르게 한다. 라캉은 가장 중요한 부분을 상실한 주체의 속성을 드러내고자 주체(Subject)를 나타내는 'S'에 '결핍'을 나타내는 '빗금'(/)을 쳐서, 주체를 '빗금친 S(Ꞩ)'로 표현한다. 이러한 관점으로 볼 때, '유년기의 나', '어린왕자'를 상실한 화자인 '나'는 '결핍'의 존재(Ꞩ)인 '조종사'로 재현되고, 이로써 어린왕자는 조종사의 '결핍'(/)의 자리에 놓이게 된다.

'보아뱀 속의 코끼리'에서 보아뱀과 코끼리의 관계는 '머플러를 휘날리는 어른 조종사와 그 조종사의 아득한 기억 속의 어린왕자'의 관계와 유사하다. '어린' 왕자는 죽음으로써 지구로부터 '소외'되고, '사람'('어른')의 세계인 지구에는 '어른' 조종사만 남게 되었다. '엄마 품에 안겨 놀던 어린 아이'는 이제 까마득한 기억 속으로 사라지고, 지금 바로 여기, '아버지'의 법이 지배하는 "메마르고 뾰족뾰족하고 험한"(66) 세상에서 어린왕자는 '아버지' 세상의 일원인 어른 '조종사'로서 우뚝 서있는 것이다.

보아뱀 속의 코끼리를 보지 못하는 우리(어른)는 내 안의 아이, 조종사 속의 어린왕자를 알아차리지 못한다. 그래서 작가는 서문에서 이렇게 말하고 있는 것인지도 모르겠다. "어른들은 누구나 다 처음엔 어린아이였다. 그러나 그것을 기억하는 어른은 그다지 많지 않다."라고.

명말(明末)의 사상가 이지(李贄)는 「동심설」(童心說)에서 도리(道理)와 견문(見聞)에 동심(童心)이 막혀 '거짓 글'을 쓰고 '거짓이야기'를 하는 '가짜학자'들이 '우글'대는 당대를 개탄하였다. 그가 말하는 동심이란 '참된 마음'(眞心)이요, '최초의 본심(本心)'이다. 그에 의하면 '아이는 사람의 처음이요, 동심은 마음의 처음이다.'[16] 400여 년 전에 쓰인 이 글은 21세기를 살고 있는 우리들에게 시사하는 바가 크다.

「어린왕자」가 많은 사람들의 심금을 울리는 이유 가운데 한 가지는 「어린왕자」의 작가가 기억 저편의 내 안의 '아이'에게 말을 걸어 '본래의 나'를 일깨워주기 때문일지도 모르겠다. '언어'의 그물망에 사로잡혀 '기표'라는 '껍데기'만 볼 줄 아는 우리에게 「어린왕자」는 우리에게도 '최초의 마음'이 존재했다는 사실을 일깨워준다. '의식화' 된 우리는 겉으로 드러난 단어의 뜻을 해석하기에 급급하지만 실상 「어린왕자」의 진가는 문자 아래에 있는 듯하다. 우리는 '감동'이라는 증상으로만 그 가치를 느낄 수 있을 뿐이다.

조종사가 어린왕자를 만난 사하라사막은 밤이면 등불이 필요 없을 정도로 별빛으로 환하게 빛난다고 한다.[17] 그곳의 별빛이 "형용할 수 없이 아름다운"[18] 이유는 그곳이 '사막'이기 때문일 것이다. 우리가 비록 학문과 지식이 '동심'을 가로막고, 현란한 네온사인이 '별빛'을 대신하는 곳에서 살고 있지만, 「어린왕자」에 벅찬 감동을 느낄 수 있는 까닭은 우리가 '결핍'을 안고 사는 존재이기 때문일 지도 모르겠다.

이 글은 「어린왕자」의 감동의 근원지를 추적해보고 싶은 단순한 바람에서 시작되었다. 언어와 지식의 한계에도 불구하고 '무모한 도전'을 시도한 이유는 「어린왕자」와 관련된 상당수의 글들이 표면의 의미 해석에 치중되어 있다고 생각하였기 때문이기도 하다. 시각을 심층(深層/心層)에 둔 필자 역시 이 글을 쓰는 과정 중 많은 벽에 부딪히며 능력의 한계를 절감하였다. 이 글이 「어린왕자」의 명성에 누가 되지 않기를 바랄 뿐이다.

---

16) 이지(李贄), 「동심설」, 『분서』, 홍승직 옮김, 홍익출판사, 1998, pp.179-185 참조.

17) 까를로 까레또, 『사막에서의 편지』, 성바오로출판사, 1990, p.11.

18) 까를로 까레또, 앞의 책, p.125.

제4장

'산골아이' 엿보기

– 황순원의 「산골아이」

> 山의 골이 깊을 때 山은 좀처럼 그 품을 열어 보이지 않는다. 山이 우람하게 솟았을 때 山은 그 저쪽을 우리들에게서 차단(遮斷)하고 있다. 山의 골짜기가 우리를 막고 山의 봉우리가 또한 우리를 가로막는다. 그래서 우리는 山 깊이 들어가고, 山 높이 오른다.
>
> - 김열규, 『한국의 신화』, 일조각, 1997, p.6.

황순원의 초기 단편 「산골아이」[1]는 소년 · 소녀를 주인공으로 한 그의 다른 단편들 (「별」이나 「소나기」)에 비해 상대적으로 널리 알려지지 않은 작품이다. 주인공 산골아이의 심리적 갈등과 성적 성숙의 함축적이고 상징적인 의미에도 불구하고, 연구사적으로도 「산골아이」라는 텍스트 자체에 대한 심층적인 분석은 미비한 형편이다.

「산골아이」의 두드러진 형식적인 특징은 '꿈'과 '현실'의 반복 구성을 들 수 있겠다.[2] 이때, '꿈'은 특정 지역에서 일어났다고 전해지거

1) 1940년 겨울에 쓰인 이 작품은 1949년 7월 《민성》에 처음 발표되었다. 이 글에서는 문학과지성사(1995)에서 나온 황순원 전집 제1권 『늪/기러기』에 실린 것을 텍스트로 삼기로 하겠다.

2) 「산골아이」의 이러한 구성상의 특징은 김현이 파악한 것이다. 김현은 「산골아

나(여우 고개에 얽힌 전설) 실제로 일어난 이야기(산막골에서 일어난 이야기)의 연장으로서의 꿈이다. 꿈에서 설화 혹은 일화 속의 인물로 대체된 산골아이는 현실에서 심리적으로 변화하고 성숙한다. 이렇듯 현실의 아이는 꿈에 영향을 받고, 아이의 현실은 다시 꿈에 영향을 준다. 이 글에서는 이러한 '꿈과 현실', 혹은 '무의식과 의식', 혹은 '안과 밖'의 불가분의 관계를 염두에 두고 '이야기 속의 이야기(설화, 혹은 꿈)'라는 이중 장치를 통해 은폐 혹은 노출 되어 있는 작품의 의미를 추적해보고자 한다.

1) 도토리

「산골아이」의 두 개의 소제목('도토리', '크는 아이') 가운데 하나이기도 한 '도토리'는 작품 전반(全般)에 걸쳐 가장 많이 언급되는 단어이기도 하다. 도토리는 가난한 산골사람들이 한겨울을 연명하기 위한 "도토리밥"으로, 산골사람들이 "산골길을 넘어서 주막을 찾아가" "안주"로 먹는 "도토리묵"으로, 그리고 "한 알, 두 알 빼먹"는 "애의 큰 군음식"(175)으로 소개 된다. "눈속"에 묻힌 '도토리'는 역시 안주로 먹는 "주머니 속"의 "마늘"(175)의 이미지로 연결된다. 이때 마늘은 산골사

이」가 황순원 소설의 구성법의 비밀 중의 하나를 간결하게 보여주고 있다고 하고, 황순원이 '여우고개'에 얽힌 아이의 꿈을 통해 "사람이란 현재와 과거의 복합체이며, 더 나아가서 현실과 꿈-전설의 복합체이며, 안과 밖이 밀접하게 관련되어 있는 유기체라는 것을 가르쳐"주고, 이로써 "사람의 밖은 사람의 안과 언제나 서로 교환될 수 있"으며, 이러한 "사람의 존재론적인 구조에 대한 인식은 그의 소설 기법의 핵자가 된다."고 보았다. – 김현, 「안과 밖의 변증법」, 『늪/기러기』(황순원전집 1), 문학과지성사, 1995, pp.304-305.

람들이 주막에 발이 묶여 "옷을 입은 채 뒹굴"다보면 "체온에 파랗게 움이 트기도 하"(175)는 것이기도 하다. 산골사람들은 움튼 마늘을 주머니 속에 넣고 "숫눈길"에 "발자국을 내면서"(175) 집으로 돌아온다. '밥'에서 '묵'으로, '군음식'으로, 움이 튼 '마늘'로 이어지던 도토리는 "여우고개"에 얽힌 "옛이야기"속의 "구슬알"(176)로 대체됨으로써 의미를 표면에 드러낸다.

옛이야기에서 "아주 총명해서 글두 썩 잘하는" "총각애"는 "여우고개 너머 서당"(176)에 다닌다. 그런데 어느 날, 여우고개에서 "꽃 같은 색시가 하나 나오드니 총각애의 귀를 잡구 입을 맞"추고 "알록 달록한 고운 구슬알"(176)을 총각애의 입에 넣어주었다가 다시 제 입으로 옮겨 물었다 한다. 총각애는 "색시가 너무나 고운데 그만 홀레서 색시가 하는 대루만 했"(176)다. 총각애의 몸이 나날이 상해가자 훈장이 마침내 이 장면을 목격하고 총각애에게 구슬알을 "그저 눈을 딱 감구 꿀꺽 생케버리라구"(177) 일러준다. 그러나 총각애는 구슬을 삼키지 못하고 번번이 색시의 입에 물려주어 실패한다. 총각애는 훈장의 거듭된 조언으로 마침내 구슬알을 삼켜버리고, "나날이 고와만 가는 꽃같은 색시", "눈앞의 꽃같은 색시"가 "꼬리를 내번티구 죽어넘어"진 "큰 여우 한 마리"(177)로 변한 것을 보게 된다.

산골아이의 꿈에서 옛이야기 속의 '총각애'는 아이 자신인 '애'로 대체되고(본래 「산골아이」의 주인공인 아이의 호칭은 '애'이다), 꿈속의 '구슬'은 현실에서 '도토리'로 대체된다. 다음을 보자.

> **그런데 꿈속에서 애는 꽃같은 색시가 물려주는 구슬을 삼키지 못한다.** 살펴보니 아슬아슬한 여우고개 낭떠러지 위이다. 그러니까 **꽃같은 색시는 여우가 분명하다.** 할머니가 그건 다 옛 이야기가 돼서 그렇다고

> 했지만 이게 분명히 여우에 틀림없다. 그래 **구슬알을 아무리 삼켜버리려 해도 안 넘어간다.** 이러다가는 여우한테 홀리겠다. 그러면서도 **색시가 너무 고운데 그만 홀려 하라는 대로만 하지 구슬을 못 삼킨다.** 이러다가는 **정말 큰일나겠다.** 어떻게 하면 좋은가. 옳지 눈을 딱 감고 삼켜보자. 눈을 딱 감는데 발밑이 무너져 **낭떠러지 위에서 떨어지면서 깜짝 잠이 깬다. 입에 도토리알을 물고 있었다. 애는 무서운 꿈이나 뱉어버리듯이 도토리알을 뱉어버린다.** 그러나 다음날 아침이면 이 가난한 산골애는 다시 도토리를 먹는다.(p.178)

총각애가 구슬을 삼키지 못했을 때 아이는 "생켔으믄 좋을걸 잉?"(177)이라고 하며 안타까워했지만, 자신의 꿈에서 아이의 행동 역시 총각애와 다르지 않다. "이젠 그만 자라"는 할머니의 말에 "녯말 한 마디 해주어야디 머."(176)라고 응대하는 아이에게 옛이야기는 아이가 잠들기 위한 전제조건인 듯하다. '꿈은 소망 충족의 장'이라는 프로이트의 말을 빌리지 않더라도 "색시가 너무 고운데 그만 홀려 하라는 대로만"(178) 하는 아이는 소원을 실현한 듯 보인다. 한편, '도토리'는 "총각애"와 "꽃같은 색시"가 "입"을 통해 "물레"(물려:필자 주) 주고받는 "알록달록한 고운 구슬알"(176)을 대신함으로써 '구슬'과 등가관계에 놓이게 된다. "꽃같은 색시가" "총각애의 귀를 잡구 입을 맞"춘 후, "저 입에 물었든" 것을 "총각애 입에다 넣어주었닥 총각애 입에서 도루 제입으로 옮게 물었닥 하"(176)거나, "여우고개"에서 아이에게 "꽃같은 색시가 물려주는"(178) '구슬'은 성(性)적 의미가 짙다.

한편, 아이는 "꽃같은 색시는 여우가 분명하다."(178)라는 사실을 알고 있었다. 그리하여 잠들기 전, "어떤 꽃같은 색시가 나와도 홀리지 않으리라는 생각을"(178) 했다. 그러나 아이는 막상 "이불 속 깊이 들어가"(178) 꾼 꿈(무의식)속에서 현실에서의 결심을 따르지 못한다.

아이는 총각애와 달리 "구슬을 삼키지 못한다."(178) 아이가 "구슬알을 아무리 삼켜버리려 해도 안 넘어간"(178) 때문이다. 구슬알이 안 넘어간다는 것은 "구슬을 삼키지 못한다."의 의미를 구체화 한다. 그것은 아이가 구슬을 삼키지 못하는 이유를 드러낸다. 그것은 구슬알이 '안 넘어가'기 때문이다. 아이가 주체가 되어 '못'넘기는 것이 아니라 구슬알이 주체가 되어 '안' 넘어가는 것이다.[3] 구슬알이 아이를 압도하고 있는 것이다. 그런데 구슬알에 압도되는 이 상황이 지속되면 아이는 "죽구 만다."(177) 구슬알의 이러한 속성은 주체도 어찌할 수 없는 '욕망'을 닮았다. 제 입 안에 있으나 제 맘대로 할 수 없는 이 상황은 마치 욕망에 압도된 주체의 모습을 보여주는 듯하다.[4]

애초에 구슬은 여우에게서 나온 것이다. 여우의 유혹에서 벗어나 목숨을 건질 수 있는 유일한 방법은 구슬을 삼키는 것이다. 구슬을 삼킨다는 것은 곧 여우의 죽음을 의미한다.("곱든 색시가 베란간 큰 여우루 벤해개지구 그 자리에 죽어넘어뎄구나.", 177) 따라서 "눈을 딱 감구" "꿀꺽 생케버리"(177)는 행위는 욕망의 억압이자 욕망의 살해이다. 그것

3) 한 가지 짚고 갈 것은, "구슬을 삼키지 못한다.", "구슬을 못 삼킨다."에서는 '구슬'로 표현되던 것이 "구슬알을 아무리 삼켜버리려 해도 안 넘어간다."에서는 '구슬알'로 표현되었다는 사실이다. 전자와 후자는 각각 행위의 주체가 '아이'와 '구슬'이라는 차이가 있다. 구슬이 주체인 경우 '알'로서의 의미를 드러낸 셈이다. '구슬'과 비교할 때, '구슬알'이라는 표현은 이후 '도토리알'과의 관련성을 부각시키고, 단단하고 둥근 '알'로서의 의미를 강화한다. '도토리알'의 경우도 마찬가지이다.

4) 한편, 이태동은 구슬과 관련하여, "글방 총각이 영혼의 구체화된 구슬을 삼켜서 그것을 몸속에 지니고 있을 때, 건강한 인간으로 다시 살아나고 꽃같이 예쁜 색시는 짐승으로 퇴화한다는 것은 구슬이 본질적인 영혼 현실에 대한 마스크란 사실을 자연주의적인 바탕위에서 우리 조상들의 정신적 경험의 잔여인 신화를 통해 상징적으로 나타내어주고 있다."(「실존적 현실과 미학적 현현(顯現)」, 《현대문학》 1980. 11, 『황순원연구』(황순원전집 12), 1993, p.74)라고 풀이하였다.

은 주체가 살기 위한 전제조건이다. 총각애가, 산골아이가 살기 위해서는 여우가 죽어야 한다. 한편, 구슬을 삼켜야 살 수 있다는 사실은 훈장이 알려준 것이다. 훈장은 꽃같이 고운 색시의 정체를 알아차린 장본인이기도 하다. 총각애는 훈장에 의해서야 비로소 여우의 유혹에서 벗어나 목숨을 구할 수 있었다. '훈장'이 '서당'이라는 교육기관에서 학생들을 가르치고 이끄는 '선생'이자 인생의 '어른'임을 고려할 때, 구슬을 삼키라는 훈장의 조언은 곧 초자아로서의 '아버지의 법(the law of the father)'의 개입으로 볼 수 있다. 총각애는 "훈당 말 잘 듣구 공부 잘 해개지구" 마침내 '관직'으로 가는 관문인 "과거에 급데"(178)한다. "훈당 때문에" "아슬아슬한 여우고개의 가파른 낭떠러지"(178)를 극복하고 아버지의 법의 일원으로서 당당히 자리를 잡게 된 것이다.

그러나 옛이야기 속 총각애와 달리 "눈을 딱 감"아 보지만 끝내 "구슬을 삼키지 못한" 아이는 "발밑이 무너져 낭떠러지 위에서 떨어(178)"진다. 높은 곳에서 떨어지는 상황은 프로이트가 제시한 꿈의 전형에서 성적인 의미를 암시하는 대표적인 예이다. 떨어지면서 "깜짝 잠이 깬" 아이는 "입에 도토리알을 물고 있었다."(178) 입에 도토리알을 물고 있는 상태는 꿈의 연장이다. 입에 물린 도토리알은 꿈의 사고(思考) 속에서 이루진 것이다. 이때, '도토리'를 나타내는 표현이 아이의 꿈을 전후로 달라진 것을 알 수 있다. 아이가 잠들기 전에는 '도토리'로 표현되던("도토리를 먹으며 하다가, 그만 잠이 든다.", 178)것이 아이가 잠이 깬 후에는 '도토리**알**'로 표현된다. '알'은 '구슬'로서의 이미지를 강화한다. 실제로 도토리알은 꿈속의 '구슬알'의 연장이다. '도토리'가 '구슬알'을 거쳐 '도토리알'이 된 것이다. 아이의 입에 물려 있었던 '도토리알', 잠을 자는 내내 아이가 물고 있었던 그것, 꿈의 연장으로서의 그것은 "꽃같은 색시가 물려"(178)준 것이며, 사실은 '여우'의 입에서 나온 것이다. 아이는 그 사실을 이미 잘 알고 있었다.

아무래도 아이의 '꿈'으로까지 이어진 '옛이야기'에서 아이의 최대의 관심은 '여우'에게 있는 듯하다. 다음을 보자.

> – 사흘만 더 있었으믄 죽구 말껄 훈당 때문에 살았디. 그래 그뒤부턴 훈당 말 잘 듣구 공부 잘해개지구 과거급데했대더라.
> – 그리구 여우새낀?
> – 거야 가죽을 벳게서 돈 많이 받구 팔았디.
> – 지금두 여우가 고운 색시 되나?
> – 다 녯말이라서 그렇단다.(p.178)

여우가 이미 죽었는데도 불구하고 "지금두 여우가 고운 색시 되나?"라는 아이의 물음은 또 다른 여우를 염두에 둔 것이다. 그래서 아이는 "다 녯말"이라는 할머니의 말에 동의하지 못하고 끝내 "사실 그런 곳에서는 지금도 여우한테 홀릴는지 모른다는 생각을 해본다."(178) 꿈속에서 아이는 옛이야기의 무대인 "아슬아슬하"고 "가파른" "여우고개 낭떠러지 위"(178)에 있다. 끝내 구슬을 삼키지 못한 아이의 바람은 아무래도 "여우한테 홀리"(178)는 것에 있는 듯하다. 그리하여 "정말 큰일나"(178)는 것에 있는 것 같다. 입에 구슬을 문 채 낭떠러지 위에서 떨어진 것은 그 때문일 것이다. 아이가 도토리를, 그것도 "**도토리 꽤미**를 들고 이불 속 깊이 들어가" "거기서" "이불을 쓰고" "잠이 든"(178) 것이나, 다음 날에도 "화로에서 도토리를 골라내며 검게 그을은 얼굴을 붉혀가지고 이불 속으로 들어"(181)가는 이유 역시 그 때문일지 모른다.

꿈에서 깬 직후, 아이는 "무서운 꿈이나 뱉어버리듯이 도토리알을 뱉어버린다."(178) 아이는, 꿈에서는 "꽃같은 색시"가 물려주는 그것을 거부하지 않으면서도 깬 후에는 "무서운 꿈"(178)이라고 뱉어버린다. 여기서 '구슬'에 대한 아이의 양면적인 감정을 엿볼 수 있다. 그것은 '여우'를 지목하며 "그 여우 넷말 한 마디"(176)를 해달라고 할머니를 세 번이나 조르면서도, 한편으로는 "이러다가는 여우에게 홀리겠다."며 "깜짝 잠에서 깨"(178)는 아이의 태도에서도 알 수 있다. '도토리'가 '구슬'의 대체물임을 생각할 때, '도토리'에 대한 아이의 감정 역시 마찬가지로 볼 수 있다.

한편, 아이가 꿈에서 깬 후 도토리알을 "뱉어버"(178)렸다는 사실에 주목해보자. 아이가 여우의 유혹에서 벗어나려면 반드시 구슬을 '삼켜야' 한다. 그런데 아이는 그것을 뱉어버림으로써 결과적으로 삼키지 않은 게 되었다. 구슬이 아이의 입에서 사라졌다는 점에서 뱉는 것과 삼키는 것은 같은 의미인 것처럼 보이지만, 두 행위에 따라 구슬은 상반된 상황에 놓이게 된다. 뱉고 삼키는 행위에 따라 구슬은 아이의 몸 밖에 있게 되거나 몸 안에 있게 되기 때문이다. 즉, 각 상황에 따라 구슬은 아이와 무관해지거나 밀접해진다. 여기서 한 가지 의문이 든다. 애초에 옛이야기에서 총각애가 여우의 유혹에서 벗어나기 위해 구슬을 뱉어버리지 않고 왜 하필 '삼켜야' 했느냐 하는 점이다. 더욱이 구슬은 소화가 불가능한, 몸속에서 분해될 수 없는 단단한 것이다.

일단, 구슬을 '삼켰다'는 것은 구슬이 총각애의 몸 안으로 들어갔다는 뜻이다. 이로써 총각애를 압도했던 구슬이 총각애에게 종속되게 된 것이다. 따라서 구슬을 '삼켰다'는 것은 구슬이 총각애의 통제 아래에 있게 되었다는 의미로 해석할 수 있다. 또한 구슬을 삼킴으로써 구슬이 총각애의 몸 안에 '있게' 되므로 구슬이 총각애의 일부가 되었다는 것으로 볼 수 있다. 그런데 그 구슬은 '여우의 '몸 안'에서 나온 것이다. 따라서 몸 안에 있다는 것은 경우에 따라서는 여우가 그랬듯이 몸 밖으로 끄집어낼 수도 있는 것이 되는 셈이다. 여기에 '뱉어버리는' 행동과 '삼키는' 행동의 차이점이 있다. 구슬을 뱉어버리면 구슬은 총각애와 무관한 것이 되지만 구슬을 삼키면 총각애의 몸속에 새로운 것이 생기게 되는 것이다. 그리하여 그것은 총각과 뗄 수 없는 관계에 있게 되는 것이다. "무서운 꿈이나 뱉어버리듯이 도토리알을 뱉어버"렸던 아이가 "그러나 다음날 아침이면" "다시 도토리를 먹는"(178) 행위의 이유를 여기에서 찾을 수 있겠다. 또한 "실꿰미에서 한 알 두 알 빼 먹으며 할머니한테서 듣고도 남은 옛이야기를 다시 되풀이 듣는"(175) 이유 역시 이 때문으로 볼 수 있다.

2) '눈'과 '아버지'

이 작품의 시간적 배경은 '겨울'이다. "한겨울", "산골 사람들이 어쩌다 기껏 즐기는" 것은 "곰만이 다니는 산골길을 넘어서 주막을 찾아가는 일이다."(175) "그러다 눈같은 것이라도 만나면" 사람들은 주막에서 "옷을 입은 채 뒹굴면서" "며칠이고 묵는 수밖에 없다."(175) 산골사람들은 눈이 그친 후에야 "숫눈길"에 "곰 발자국 같은 발자국을 내면서" "집으로 돌아온"(175)다. '눈' 때문에 산골사람들이 주막에 고립되고, '집'으로부터도 단절된다. 한편, 작품 속 산골아이는 시종일관 "첫눈"(179)을 기다린다. '첫눈'의 '첫'은 아무도 밟지 않았다는 의미의 '숫눈길'의 '숫'과 이미지가 유사하다. 아이에게 첫눈은 "꼭 오늘밤 안으로" "올 것만 같다."(179) 아이는 그것이 "펑펑 쏟아"지는 "함박눈"(179)이길 바란다. 아이에게 눈은, 그 속에 "도토리를 실에다 꿰어 묻었다 먹"(175)으면 "덜 아리고 덜 떫"(179)게 해주는 것이기도 하다. 또한 눈은 아이가 눈싸움을 하다 면상을 맞아 아이의 "코피를 흘리"게 하는 것이기도 하고, 아이의 코피로 "붉게 물들"(179)기도 하는 것이다. 현실에서의 이 상황은 아이의 두 번째 꿈에서 한 번 더 반복된다.

이 작품에서 아이가 기다리고 있는 것은 두 가지 이다. 그것은 '첫눈'과 '아버지'이다. 아이는 첫눈을 기다리면서 동시에 아버지가 어서 집으로 돌아오기를 바란다. 그런데 첫눈과 아버지는 모순관계에 있다. 눈이 내리면 아버지가 집에 오기 어렵기 때문이다. 아이는 눈이 오면 길이 차단되어 아버지가 집으로 오기 힘들어진다는 사실을 잘 알고 있다. 그러면서도 "어서 눈이 왔으면 좋겠다 "(179)고 한다. 그래서 아이는 아버지가 "오늘같이 눈이 온다든지 할 날은 일찍 돌아와줬으면 좋겠다."(180)하고 바란다.

아이는 "그새 눈이 내리기 시작했는지도 모른다고" "문을 열어본다."(179) "바람이 좀 잔 듯하"(179)였기 때문이다. 그런데 "잔 듯하"던 바람은 아이의 기대와 달리 "문을 열어본" 순간, "바깥 어둠 속에서 기다리고나 있었던 것처럼" "된바람"이 되어 "몰려든다."(179) 바람은 "밖"(180)에, "바깥 어둠 속에"(179) 있다. 아직 집에 돌아오지 않은 아버지도 '밖'에 있다. 그곳엔 '바람'이 불고 있다. '바람'의 의미망을 '바람기'로 넓혀보자. "참말 눈이 내리기 전에" "돌아와야 할" 아버지는 '집밖'에 있고, '어둠 속'의 '바람'은 아이에게 그 '밖'의 상황을 알려주기라도 하려는 듯 "이따금" "휘익 몰려와" 길게 죽죽 뻗은 수수깡을 엮어 만든 "수수깡 바자를 울린다."(180) "몰려"드는 "된바람"(179)은, "참 아버지는 여태 왜 안 돌아오는지 모르겠다."(180)는 아이의 궁금증에 대한 응답일지도 모른다.

아버지의 늦은 귀가의 이유는 할머니에 의해 수면 위로 떠오른다.

> — **너이 아바진디는 왜 상게 안 오니, 또 당에서 술추념을 하는 게디**, 하는 할머니의 역정 섞인 걱정에, 아이는 참말 눈이 내리기 전에 아버지가 돌아와야 할 걸 느낀다.(pp.179-180)

할머니는 마치 아이가 궁금해 하는 것이 무엇인지 잘 알고 있다는 듯 아이가 묻지도 않은 아이의 '아버지' 얘기를 꺼낸다. "또 당에서 술추념을 하는 게디,"라는 할머니의 추측은 아이에 의해 반복("할머니의 말대로 장거리에서 누구를 만나 술추렴을 하느라고 늦어지는가보다.", 180)됨으로써 아버지의 늦은 귀가의 이유는 '추측'에서 '사실'에 가까워지게 된다. 우리는 한겨울, 산골사람들이 술추렴하는 '주막'이 어떤 곳인지를 알고 있다. 눈이 오면 그곳은 사람들이 "옷을 입은 채 뒹굴면서"(175) 며칠이고 묵게 하여 사람들을 그곳에 묶어두는 곳이다. 그리하여 산골사람들을 집으로부터 고립시키는 곳이다.

눈이 곧 내릴 것 같자 아버지에 대한 아이의 기다림은 염려로 바뀐다. '첫눈'이 내리기 시작하자 아이는 "아버지가 눈을 털며 들어서기만 해줬으면"(182) 하고 바란다. 아이가 아버지를 염려하는 이유는 두 가지이다. 아버지의 "허릿증"(180)과 "산막골"(181) 때문이다. '허릿증'은 아버지가 "조 한 섬을 쉽게 져 달구지에 올려놓다가 그만 발밑 얼음판에 미끄러져 **좃섬**에 깔린 일"(180)로 생긴 병이다. 그것은 "겨울철만 잡아들면 도지곤"하여 아버지는 "겨울만 되면 허리가 결린"(180)다. 아버지의 허릿증은 '눈'이 녹아 만들어진 '얼음판' 위의 사고로 생긴 것이다. 그것 때문에 아버지는 "해마다 술이 늘어간"(180)다. 아이의 두 번째 꿈에서 아버지는 아이가 보기에 "허릿증이 더한"(182) 것으로 보인다. '좃섬'은 '조를 담은 섬'의 줄임말이다. 줄임말에 들어간 사이시옷 때문에 '조'의 의미보다 발음이 부각된다. '눈'의 연장으로서의 '얼음판'과 '좃섬'의 발음은 아이의 염려의 실체가 무엇인가를 말해주는 듯하다. 그것은 '산막골'을 통해 더욱 구체적으로 나타난다.

산막골은 "소나무와 잡목이 우거진 골짜기"로서 "장까지 가는 사이 제일 험한 곳"이며 "늘 범이 떠나지 않는다는"(181) 곳이다. 아이의 꿈(두 번째 꿈)에서 그곳은 "아버지를 자꾸만 잃"(182)게 되는 곳이기도 하다. 아버지는 아이가 "눈을 감으면 함박눈으로 쏟아지는 눈 때문에" "끝없이 내리는 눈"을 "맞으면서" 돌아오다가 "어디 있는지 분명치 않"게 되더니 마침내 "눈발 속에 가리워지고 말"(182)게 된다. 아이가 '산막골'에 신경을 쓰는 이유는 반수할아버지가 "젊었을 때"(181) 그곳에서 겪은 일화 때문이다. 좀 더 정확하게는 일화 속의 '백호' 때문이다. 백호는 산막골에 살면서 사람을 "물고"(181, 183)가 "사람의 혼을 뽑고야 잡아먹는"(182) 존재이다. 그런데 사람의 혼을 뽑고 잡아먹는 산막골의 백호는 어쩐지 낯설지가 않다. 그것은 '여우고개'의 '여우'를 연상시킨다. 총각애가 '여우고개'를 넘어 서당에 가듯, 아버지가 '산막골'을 넘어 장에 간다는 사실을 생각하면 더욱 그러하다.

여우고개에 얽힌 설화가 아이의 꿈(첫 번째 꿈)으로 재현되었듯, 산막골에 얽힌 일화 역시 아이의 꿈(두 번째 꿈)으로 재현된다. 아이의 꿈에서 산막골에는 '눈'이 내린다. 꿈에서 아이는, "술 때문에 비틀걸음"으로 자신을 따라오는 "아버지를 잃지 않으려고 자꾸 돌아본다."(182) 그러나 어느 순간 아버지는 백호의 입에 물려 있다. 반수할아버지가 겪은 일화에서 백호가 물고 간 "갓난아기"(181)가 아이의 꿈에서 아버지로 대체된 것이다. "산막골에 우거졌던 소나무와 잡목이 어느새 그만 눈발이 돼버리"자 백호는 "눈발 속에 보이지 않는다."(183) 그 속에 아버지가 있다. '눈' 때문에 '**우거진 소나무와 잡목-백호-아버지**'가 구분 없이 하나가 된 것이다.

"험한"(181) 골짜기에서 아버지를 "물고" 간, '눈'같이 하얗고 "잔허리"(181, 182)의 백호는, "아슬아슬한 여우고개"(178)에서 총각애에게 구슬알을 "물리어" 주는 "너무나 고운"(176) "큰 여우"(177)를 닮았다. 여우가 총각애의 "귀를 잡구 입을 맞추"(176, 177)듯, 백호는 "앞발로 아버지를 어르고 있다."(183) 총각애가 여우의 '입'에서 자유롭지 못했듯 아버지는 백호의 '입'에 물려 있다. 백호는 "산골짜기로" "아버지를 물고 올라"가 "굴속"(183)으로 데리고 간다. 우거진 소나무와 잡목은 "우거진 골짜기"(181)를 구체적으로 설명한 것이다. 그것은 "어느새 그만 눈 발이 돼버리"(183)는 것이기도 하다. 상징적으로 볼 때 우거진 골짜기, 그곳에 있는 '굴'은 여성의 은밀한 신체부위를 연상시킨다. 더욱이 그곳은 '여우고개'의 "큰 여우"(177)를 닮은 '백호'의 굴이다. 아버지는 거기에서 꼼짝을 못하고 있는 것이다.

아이의 꿈에서 아버지는 무력하다. 아이에게 아버지는 "등이 무던히도 굽"고, "천천히 걷는 자기도 못 따라오는 아버지"(182)이다. 아이가 백호의 '굴'을 발견할 수 있었던 것은 눈 위에 난 백호의 '발자국' 때문이다. 눈 위의 '발자국'은 작품 첫머리에 소개된 바 있다. 그것은 눈 오는 날, 주막에 발이 묶였던 산골사람들이 돌아오는 길, '숫눈길'에 낸 발자국이다. 이때 산골사람들의 발자국은 '곰의 발자국'에 비유된다.("곰의 발자국 같은 발자국을 내면서", 175) 아이가 "곰새끼"(178)에 비유된 것을 고려할 때, '곰의 발자국'은 산골사람이자 아이의 아버지인 아버지의 발자국이기도 하다. 아버지가 있을 것으로 추정되는 '주막'은 "곰만이 다니는 산골길을 넘어서"(175) 가야한다. 현실에서 아버지가 '곰'의 길을 갔다면, 꿈속에서 아이는 '호랑이'의 길을 간다. '곰새끼'에 비유됐던 아이는 자신의 꿈에서 곰의 발자국 대신 "호랑이의 발자국을 찾아 올라"(183)간다. 그리하여 **'아버지-곰'**, **'아이-호랑이'**가 된다. "아이는 호랑이 발자국을 잘 안다."(183) 백호가 "작년 겨울 동네 돼지새끼 물어갔을 때 내고 간 발자국을 보"(183)았기 때문이다. '돼지새끼'는 아이의 꿈에서 '아버지'로 대체된다. '돼지새끼'를 물고 갔던 백호가 이번에는 '아버지'를 물고 갔다. 이미 일화 속 '갓난아기'를 대신했던 아버지가 이번에는 '돼지새끼'를 대신하고 있는 것이다.

꿈속에서 아이는 아버지를 물고 간 백호를 물리친다. 현실에서는 눈덩이에 맞아 울던 아이가 꿈속에서는 백호를 울린다.("백호는 그냥 운다.", 183) 일화에서 반수할아버지가 "호랑이의 잔허리를 끌어안아"(182) 백호를 물리쳤듯이 아이는 "호랑이의 허리를 죄어안"(183)아 백호를 잡는다. 그것은 아이가 첫 번째 꿈에서 여우의 유혹을 극복하지 못한 것과는 대조되는 것이다. 두 번째 꿈에서 아이는 더 이상 여우의 유혹에 빠졌던 그 아이가 아니다. 아이는 백호를 물리쳤다. 또한 아이는 백호에게 물려간 '아버지'를 구함으로써 '아버지'보다 우위에 놓이게 된다. 그리하여 아이는 옛이야기 속의 총각애가 여우를 죽게 하고 장원급제를 하였듯 동네사람들에게 그 사실을 알려 널리 인정받기를 원한다. "속히 동네사람들이 올라와 백호 잡은 걸 봐줬으면 좋겠다."(183)라는 아이의 궁극적인 바람은 백호를 잡은 사실을 알리는 것에 있는 것이 아니라, 자신이 아버지보다 우위에 있다는 사실을 인정받는 것에 있었는지 모른다.

한편, 호랑이의 발자국을 좇던 아이는 현실에서 그랬던 것처럼 증손이가 던진 눈덩이에 면상을 맞아 "붉은 코피가 이번에도 흰 눈에 떨어진다."(183) 아이는 이와 똑같은 상황을 현실에서 겪은 적이 있다.("발 아래 흰 눈을 붉게 물들이는 게 제 코피인 것을 알자 그만 으아 하고 울어버린 게 안됐다.", 179) 눈덩이에 얼굴을 맞아 '흘러내리는 붉은 코피', '흰 눈에 떨어진 붉은 코피'라는 강렬한 시각적 이미지가 현실과 꿈에서 반복된 것이다. 아이가 '눈' 위에 두 차례나 흘린 '붉은 코피'는 '붉은 코 피'로 띄어 읽을 경우 '**붉은 코**'가 드러난다. '코'는 아이의 현실과 꿈에서 시각적 이미지인 '붉은색'과 함께 반복되더니 이어 "아버지의 **코**고는 소리"(183)라는 청각적 이미지로 한 번 더 강조된다. 다음을 보자.

> 막 깜깜이다. 어느새 돌아와 누웠는지 아이의 옆에는 아버지가 잠들어, 그르렁후우 그르렁후우 **코를 골고 있다.**
>
> 아, 마음이 놓인다. 이젠 아주 자야지. 그러는데 불현듯 **무섬증**이 난다. 아버지의 **코고는 소리**가 꿈속의 호랑이 울음처럼 무섭다. 아버지의 코고는 소리 새새 바깥 수수깡 바자의 **눈이 부스러져 떨어지는 소리**가 다 무섭다. 이불을 땀에 젖은 머리 위까지 쓴다. 요에서 **굴러 떨어지는 도토리**까지 무섭다. **이제는 어서 잠이 들었으면 좋겠다.** (p.183)

어느새 돌아와 옆에서 자고 있는 아버지를 보고 마음이 놓였던 아이는 곧 아버지의 '코'고는 소리에 "불현듯 무섬증"을 느끼기 시작한다. 아버지를 기다리던 아이에게 아버지의 '코'고는 소리는 아버지의 존재를 알리는 소리이기도 하다. 그토록 기다렸던 아버지인데 아이는 왜 아버지의 코고는 소리에 두려움을 느낀 것일까? 더욱이 인용문의 상황은 아이가 꿈속에서 아버지를 물고 간 백호를 잡은 직후이며, 아이는 아버지의 귀가 사실을 확인하고 "마음이 놓인" 상태에 있었다. 코고는 소리에 대한 아이의 두려움은 "눈이 부스러져 떨어지는 소리"로, "굴러 떨어지는 도토리"로 이어진다. 이로써 '**코—눈—도토리**'가 같은 의미망으로 이어지게 된다. 아이에게 '도토리'는 설화 속 여우의 몸에서 나온 '구슬'의 대체물이며, '눈'은 "우거진 골짜기"를 뒤덮은 "눈발"(183)의 연장이다. 아버지의 귀가는 아이가 기대 반 두려움 반으로 호기심을 보였던, '여우고개'와 같은 '산막골'을 아버지가 이미 경험하였다는 것을 뜻한다. 아이가 아버지의 귀가 사실에 대한 안도감과 동시에 무서움을 느낀 이유를 여기에서 찾을 수 있을 듯하다. 아버지는 아이의 꿈에서처럼 눈 속에서 길을 잃지도, 백호에게 물려가지도 않았다. 아이의 염려가 무색하게 아버지는 '눈' 내리는 '산막골'을 보란 듯이 지나왔다. 아이의 '코'는 '눈'덩이에 맞아 '붉은 코피'나 흘리는 코이지만, 아버지의 '코'는 "코 고는 소리 새새 바깥 수수깡 바자의 눈"을 "부스러" "떨어"뜨릴 수 있는 코이다. 아이의 꿈에서 아버지는 아이를 "못 따라오는 아버지"(182)였지만 현실에서 아버지는 아이에게 "호랑이"와 같은 존재이다.("호랑이 울음처럼 무섭다.", 183) 그런데 아이가 호랑이를 물리칠 수 있는 것은 꿈에서나 가능하다. 아이가 다시 잠들기를 바라는 것은 그 때문인지도 모른다.

아이는 '펑펑 쏟아지는 함박눈'으로서의 '첫눈'을 기다리고, 아무도 가지 않은 '숫눈길'에 발자국을 내는 것을 기대하고 있지만, 동시에 그것이 두렵기도 하다. 그런데 아이에게는, 기대되기도 하고 두렵기도 한 그것을 모두 충족시키기 위한 한 가지 방법이 있다. 그것은 다시 '꿈'을 꾸는 것이다. 꿈에서는 '꽃 같은 색시'가 나와 아이에게 도토리와 같은 '구슬'도 물려주고, 아이가 그토록 기다리는 '함박눈'도 쏟아지고, "아슬아슬한 여우고개"(178)와 "소나무와 잡목"이 "우거진"(182) "산막골"(183)에도 가볼 수 있다. 그곳에서 아이는 백호를 제압함으로써 백호보다 높은 존재가 된다. 그것은 "호랑이" 같은 아버지를 능가한다는 것을 의미하는 것이기도 하다. 이미 두 번이나 잠이 들었던 아이가 다시 "이제는 어서 잠이 들었으면 좋겠다."라고 하는 이유도 그 때문일 것이다.

3) '할머니와 어머니'

할머니는 아이에게 여우고개에 얽힌 전설을 들려주고, 아버지의 귀가가 늦어지는 이유를 알려주는 인물이다. 할머니는 귀가 어둡고 눈이 흐리다. 한편, 어머니는 할머니와 같은 공간에 있지만 할머니와 단 한 번의 대화도 하지 않는다. 할머니가 아버지에 대해 거듭 "역정 섞인 걱정"(180)를 할 때에도 어머니는 반응이 없다. 어머니는 "언제든지 할머니 앞에서는 아버지의 말을 하지 않"(181)기 때문이다. 아이는 어머니가 "자기처럼은 아버지 걱정을 않는 것 같아 못마땅하다."(181) 할머니와 어머니는 이렇다 할 갈등을 일으키지는 않지만, 두 사람은 긴장 관계에 있다. 그리고 그 중심에는 '아버지가' 있다. 다음을 보자.

> ① 얘, 등잔 심지 좀 돋과라, 어둡다, ……… 할머니
> ② 얘, 심질 좀더 돋과라, ……… 할머니
> ③ 얘, 웬 심질 그르케 돋구니? ……… 어머니
> ④ 너이 아바진디는 정말 왜 상게 안 오는디 모르갔다, ……… 할머니
> ⑤ 넌 또 웬 도토릴 그르케 먹니, 어서 자기나 해라, ……… 어머니 (p.180)

앞의 인용문은 한 장면의 대사 부분만을 적은 것이다. ①,②,④는 할머니의 대사이고 ③,⑤는 어머니의 대사이다. 눈이 어두운 할머니는 자신의 "흐린 눈"(179)을 의식하지 못하고 방안이 어두운 것을 등잔의 심지가 낮은 것이라고 생각하여 아이에게 거듭 심지를 돋우라고 한다. 그런데 어머니는, 할머니의 요구대로 "심지를 한껏 돋운"(180) 아이에

게 역정을 낸다. 등잔의 심지를 돋우라는 할머니의 요구는 "밖"에서 "이따금 바람이 휘익 몰려"(180)온 직후 이뤄진 것이다. '밖'에는 '아버지'가 있다. 따라서 '밖–아버지–바람'이 하나로 연결된다. 어머니의 꾸지람에 아이가 심지를 다시 낮추자 할머니가 뜬금없이 '아버지' 얘기를 꺼낸 이유도 이 때문일 수 있다. 할머니는 며느리 앞에서 아들의 늦은 귀가에 대해 세 차례에 걸쳐 "역정 섞인 걱정"(180, 181)을 한다. 앞의 인용문의 ④는 이전에 할머니가 "너이 아바진디는 왜 상게 안 오니, 또 당에서 술추념 하는 게디,"(179)라고 한 것에 이은 것이며, 할머니는 이후 "너이 아바진디는 해 있어 댕기디 않구 원,"(181)이라고 한 번 더 아들을 탓한다. 할머니의 행동에는 며느리의 불편한 심기를 풀어주려는 의도가 엿보인다. '아버지'에 대한 할머니의 반복된 대사와 "또"라는 표현은 그동안 아버지의 일상이 어떠했는지를 알려준다. 또한, 할머니의 말에 대꾸 한 마디 없이 매번 묵묵부답으로 일관하는 어머니의 태도는 그러한 아버지에 대한 어머니의 심리 상태를 보여준다.

한편, '어머니'는 아이가 많은 양의 도토리를 먹어대는 것에도 핀잔을 준다. 그런데 어머니의 이러한 행동은, 할더니한테서 "녯말 한 마디"를 "되풀이"하여 조르며 도토리를 "실꿰미에서 한 알 두 알 빼먹"(175)는 아이에게 한 번도 도토리에 대해 언급을 하지 않는 할머니의 태도와 대조적이다. 이때 '등잔 **심지**'와 '도토리'는 각각 아이가 "한껏 돋우"고, "그르케 먹"(180)어 대느라 어머니를 언짢게 하는 요인이라는 점에서 유사한 의미를 갖는다. '등잔의 심지'와 '도토리'는 할머니에게는 돋워지거나 묵인하는 것으로 긍정적인 것이지만, 어머니에게는 낮춰지고 절제해야할 불만스러운 것이다. 할머니가 여우고개에 얽힌 전설을 들려준 인물인 점을 생각해보자. 그 이야기는 아이의 성적 호기심을 자극한다. 그런 할머니가 "바람"이 몰려오자 "심질 좀더 돋과라."(180)라고 하는 반면, 어머니는 그것을 경계하고 억압하는 것이다. 앞에서 살펴보았듯, '바람'은 '아버지'와 관련이 있다. 어머니는 할머니와 달리 시종일관 아버지에 대한 기다림이나 염려를 드러내는 법이 없다. 그러나 아이를 통해 표출된 어머니의 불편한 심기는 아버지로부터 비롯된 듯 보인다. 또한, 아이에 대한 경계는 동시에 남편을 향한 것으로도 보인다. 다음을 보자.

> 그새 바람이 좀 잔 듯하다. 혹 그새 눈이 내리기 시작했는지도 모른다고 아이는 문을 열어본다. 그러자 잔 듯하던 바깥 어둠 속에서 기다리고나 있었던 것처럼 된바람이 몰려든다.
> — 문은 멀 할라구 벌꺽하믄 여니?
> 하고 어머니가 꾸짖듯 말하고 다림질감에 떨어진 재를 훅훅 불어낸다.
> 아이는 문을 닫으면서 혼잣말로,
> — 아직 눈은 안 오눈,
> 한다.
> — 개처럼 눈오는 건 멀.
> 어머니의 말에, 다림질을 잡아주던 귀가 어두운 할머니가 눈이라는 말만은 알아들은 듯,
> — 눈 오니?
> 하고 흐린 눈으로 문 쪽을 바라본다.
> — 아니,
> 하고 아이는 할머니가 알아듣도록 크게 대답한다.(p.179)

앞의 인용문은 아이가 등잔의 심지를 돋우는 장면의 직전의 상황이다. 인용문의 밑줄 친 부분은 어머니의 행동과 대사 부분을 모두 표시한 것이다. 이 부분만 걸러 보면 어머니의 심리 상태가 집약되어

드러난다. 어쩐 일인지 어머니는 심사가 편치 않다. 어머니는 문을 자꾸 열어대는 아이를 나무란다. 아이가 '문'을 연 이유는 눈이 내리는지 어떤지 '밖'이 궁금하기 때문이다. 그렇다면 어머니의 꾸지람은 '밖'을 향한 아이의 관심에 대한 차단이다. 그런데 어머니가 아이를 꾸짖은 이유는 단순히 아이가 문을 열었기 때문이 아니다. 그것의 직접적인 이유는 밖으로부터 "몰려"든 "된바람" 때문이다. 왜 자꾸 문을 열어 '바람'을 집안으로 들이느냐고 하는 것이다. 앞에서 살펴보았듯, 외부로부터 들어오는 '**된**바람'은 아버지의 '바람기'로 의미망을 확대할 수 있다.

어머니는 아이의 '어머니'이지만 아버지의 '아내'이자 '여자'이다. 아이가 확인한 '밖'은 아직 눈이 내리지 않는다.("아직 눈은 안오는,") 이 사실은 눈이 오냐는 할머니의 질문에 "아니,"라고 대답함으로써 한 번 더 확인된다. 그런데 같은 상황이 어머니에게는 "개처럼 눈오는" 것으로 보인다. 아이와 어머니의 반응을 모두 고려할 때 밖의 상황은 보는 사람에 따라 눈이 내린다고 할 수도 없을 정도의 적은 양의 눈이 내리거나 눈이 내리기 시작하는 것으로 이해할 수 있다. 그런데 어머니에게는 어떻든 밖의 상황이 "개처럼" 보이는 것이다.[5] 그곳에는 아이의 '아버지', 자신의 '남편'이 있다. 한편 어머니가 "훅훅 불어내'는 "재"는 이디 불꽃을 다태우고 남은, 어머니에게는 다림질을 데우는 데에도 필요가 없는, 쓸모없는 재이다. 이런 재는 '첫눈'의 이미지와 교차된다. 다음을 보자.

---

5) 한편, 텍스트의 '개처럼'이라는 표현은 '재처럼'의 오기(誤記)일 가능성을 배제하기 어려울 듯하다. 만약, 그것이 오기가 맞고, 실수의 주체가 작가라면 정신분석적으로는 더욱 의미가 있겠지만, 오기의 여부와 상관없이 '개처럼'은 이후 다뤄질 인용문에서 '재처럼'의 의미로 이어진다.

> 어머니가 문을 열고 다리미를 밖으로 내대고 재를 까분다. 재가 날아나는 어둠 속에 재처럼 희끗희끗 날리는 것이 보였다. 눈이었다. 어느새 정말 첫눈이 내리는 것이다. 아이는 어서 아버지가 눈을 털며 들어서기만 해줬으면 눈이 오니 얼마나 좋을까 한다. (p.182)

"눈이 내리기 시작했는지" 보기 위해 '문'을 자꾸 열어보는 아이나, 며느리의 말을 눈이 온다는 말로 잘못 알아듣고 "흐린 눈으로 문 쪽을 바라보"는 시어머니와는 달리 "벌꺽하믄"(179) 문을 연다고 아이를 나무라던 아이의 어머니는, 단지 "다리미" 속의 "재를 까불"기 위해 문을 연다. 아이의 꿈에서 아버지는 "끝없이" "쏟아지는" "함박눈"(182)을 맞고 있지만, 어머니에게 아버지가 맞고 있을 눈은 "재처럼" 보인다. 그런데 그 눈은 "첫눈"이다. 아이에게 '첫눈'은 "어느새 정말" "내리는" 반가운 것이지만, 어머니에게 그것은 그저 "재가 날아나는 어둠 속에 재처럼 희끗희끗 날리는 것"으로 보인다. 그 재는 불꽃은 고사하고 남은 열기마저 다리미에 다 쓰인, 그래서 "밖으로 내대고 까"불어 버릴 수밖에 없는, 쓸모없는 재이다. 아버지의 아내인 어머니는 눈멀고 귀먼, 눈이 오는 것조차 볼 수 없는 할머니와는 다르다. "겨울철만 잡아들면 허릿증이 도지곤 하는"(180) 남편, 그것도 "얼음판에 미끄러져 좆섬에 깔"(180)려 병을 얻고도 "해 있어 댕기지 않"(181)는 남편에 대해 아내인 어머니는 재를 불어버리듯 묵묵하다. 어머니가 아버지에 대해 한 마디도 언급하지 않음으로써 아버지를 향한 이러한 어머니의 감정은 더욱 뚜렷해진다. 이렇듯, 어디에선가 '첫눈'을 맞고 있을 한 남자의 아내로서의 성격이 아이의 어머니를 통해 암시적으로 드러나고 있다.

「산골아이」에서의 '꿈'은 현실의 연장으로서의 꿈, 또 다른 현실이다. 그것은 오랜 과거를 바탕으로 한, 아이의 미래이기도 하다. 꿈속에서 아이는 설화 속의 주인공이 되어 현실에서 실현할 수 없었던 미래의 자신의 모습을 본다. 과거와 미래가 현재의 '꿈'에서 공존하고 있는 것이다. 아이에게 꿈과 현실은 경계가 없다. 꿈이 현실이고, 현실이 꿈이다. 형식적으로 보았을 때, 작가는 현실과 설화, 현실과 꿈의 반복과정에서 '한 줄 뗌' 식의 어떤 간격도, 경계도 두지 않았다.

작가는 성적 성숙에 대한 기대와 두려움으로 심리적 갈등을 겪는, "크는 아이"(179)의 내면에 초점을 맞추었다. 작가의 그러한 의도가 아버지의 부재(不在)와 눈 내리는 겨울의 '산골'이라는 독립적 공간에서, '꿈'이라는 무의식의 세계를 통해 암시적이고 상징적으로 표현되고 있다. "이제는 어서 잠이 들었으면 좋겠다."(183)는 아이의 세 번째 꿈은 어떤 것일지, 그 꿈속에서 아이는 어떤 모습일지 몹시 궁금하다.

제2부

옛이야기의 심연(深淵)

제1장

진짜 '나'와 가짜 '나'

–「쥐의 둔갑」 설화에 나타난 주체의 분열과 재현

거울 속의 '나'는 실제의 내가 아니다. 거울 속의 내 모습은 바로 '나'인 것처럼 보이지만, 사실 그것은 거울에 투영된 '이미지'일 뿐이다. 거울 속의 사물은 비춰진 대로 보이며 왼쪽과 오른쪽이 바뀌어 있다. 거울 속의 시계는 거꾸로 간다. 내가 거울 앞에 섰을 때 거울 속에는 또 다른 내가 있다. '거울에 비춰진 나'와 '거울을 바라보는 나'가 있는 것이다. 라캉(Jacques Lacan)은 이것을 '거울단계'를 통해 설명한다.[1] 그에 의하면 '거울단계'를 거친 어린 아이는 '상징계'(the symbolic)

---

1) 라캉은 인간의 경험단계를 '실재계'(the real), '상상계'(the imaginary), '상징계'(the symbolic)라는 세 영역으로 나누어 설명하는데 '거울단계'는 이 가운데 '상상계'의 기초를 이룬다. 정신분석가 발드윈(J. Baldwin)에 의해 발견된 거울단계는 생후 6-18개월 된 아이가 거울에 비친 자기 모습을 실제 모습과 혼동을 하면서 시작된다. 시간이 지나면서 아이는 거울 속의 자기 모습이 실제 존재가 아니라는 사실을 깨닫지만, 거울에 비친 이미지가 다른 사람이 아닌 자신의 이미지임을 알고 기뻐한다. 이 때 아이에게 '자아'(ego / 佛. moi)라는 개념이 형성된다. '자아'는 거울상에 자신을 동일시한, 오인(佛. méconnaissance)의 결과이다. 라캉은 이것을 '상상적 동일시'라고 정의한다. – 페터 비트머(Peter Widmer), 『욕망의 전복』, 홍준기 · 이승미 옮김, 한울 아카데미, 1998, pp.35-39 참조 ;

로 진입하면서 '있는 그대로의 나'와 '사회적인 담론 속의 나'로 분열(spaltung)되고, '자신의 가장 중요한 부분이 상실된 채 사회라는 질서 속에서 재현되거나 변형된다.'[2]

거울 속의 내가 바로 나라고 착각하는 것처럼 언어의 질서 속에서 부여된 여러 가지 기표들에 의해 우리는 그것이 바로 '나'라고 착각한다. 상상계의 이미지와 상징계의 언어가 서로 뒤얽혀 끊임없이 우리를 오인(méconnaissance)하게 만든다. 그림(Grimm)동화 「백설공주」에서, '말하는 거울'은 '이미지'와 '언어'라는 이중적인 역할을 담당한다. 그

딜런 에반스, 『라깡 정신분석 사전』, 김종주 외 옮김, 인간사랑, 1998, '거울단계', '동일시', '자아' 부분 참조.

'상상적 동일시는 아이에게 통일된 신체상을 제공함으로써 파편화된 신체의 이미지를 극복케 한다. 상상적 동일시는 거울단계에 끝나는 것이 아니라 '상징계'로 진입하면서 사회적 관계 속에서 '오인'을 통해 개인을 '주체화'하는 '상징적 동일시'(타자를 통해, 상징적인 것을 통해 형성된 나의 이미지를 자신과 동일시하는 것)의 원천이 된다.' – 이진경, 「자크라캉: 무의식의 이중구조와 주체화」, 『철학의 탈주』, 새길, 1995, pp.32-36 참조.

2) 아니카 르메르(Anika Lemaire), 『자크 라캉』, 이미선 옮김, 문예출판사, 1996, p.115 참조. 이때, 상징계는 언어(기표)의 영역이며 타자의 영역이다. 또한 욕망을 규제하는 법의 영역이다.(딜런 에반스, 앞의 책. p.179 참조) 인간은 상징계에 종속되면서 주체화되지만 상징계에는 주체가 결코 완전히 합일할 수 없는 틈(gap. 佛. béance)이 있다. 그것은 몸(body)에 언어가 투과되면서, 즉, 몸을 사회화 시키면서 남은 것, 완전히 거세되지 않고 남아있는 성감대와 같다. 라캉에게 주체는 결핍이요, 욕망은 이 결핍에서 출발한다. 라캉은 주체가 결핍을 느끼지 않는, 전혀 틈(fissure)이 없는 영역을 '실재계'(the real)라고 표현한다.("The real is absolutely without fissure." – J. Lacan, *The Seminar of Jacques Lacan Book II (1954-1955)*, ed. Jacques-Alain Miller, New York · London, W. W. Norton & Company, 1988, p.97) 그것은 '언어의 밖에 있으며 상징화에 동화 되지 않은 것'(딜런 에반스, 앞의 책, p.217)으로서 상상계로 진입하기 이전의 아이가 엄마와 완전히 합일된 상태, 주이상스(jouissance)가 향하는 곳이기도 하다.

것에 집착하는 왕비의 모습은 이미지와 언어에 사로잡혀 있는 우리의 단면을 대변하고 있는 듯하다.

우리의 설화 가운데 주인공에게 도움을 받은 쥐가 주인공과 똑같은 인물로 둔갑을 해서 오히려 주인공을 곤경에 빠뜨리는 이야기가 있다. 이 글에서는 라캉의 정신분석적인 시각을 통해 이 이야기의 핵심인 진짜와 가짜의 관계를 파악하고 이야기 깊숙한 곳에 숨어있는 주체의 욕망을 탐색해 보고자 한다. 그것은 언어의 이면에 자리잡고 있는 무의식을 향한 접근이기도 할 것이다.

1) 유화(類話)검토 및 텍스트읽기

쥐가 주인공과 똑같은 모습으로 둔갑하여 주인공이 집에서 쫓겨나는 구조로 이루어진 설화의 유화는 다음과 같다.[3)]

① 「梧桐月下父子痛哭」(최래옥, 「설화와 그 소설화 과정에 대한 구조적 분석」, 서울대 석사학위논문, 1968, p.122)
② 「怪鼠」(『한국 민속 종합 조사 보고서』 전북편, 문화공보부 문화재관리국, 1971, p.627)
③ 「怪鼠」(앞의 책, pp.627-628)
④ 「쥐가 사람이 되다(쥐 ○도 모르냐)」(성기열, 『한국 구비전승의 연구』, 일조각, 1982, pp.199-201)

---

3) 이하의 유화(類話)는 이부영의 『한국민담의 심층분석』(집문당, 1995, p.58)에 소개된 것에 최운식의 『충청남도 민담』에 실린 세 편(⑨, ⑩, ⑪)의 이야기를 추가한 것이다. 여기서 ⑩과 ⑪은 각각 ⑨의 「쥐 ×도 모르느냐?」의 뒷부분에 '비슷한 이야기 1'과 '비슷한 이야기 2'로 실려 있는 구화이다.

⑤ 「쥐(鼠) 설화」(장덕순, 『韓國說話文學研究』, 박이정, 1995, p.186)
⑥ 「쥐의 둔갑」(임동권, 『韓國의 民譚』, 서문당, 1973, pp.25-27)
⑦ 「천년 묵은 쥐와 삼년 묵은 수탉」(진성기, 『南國의 傳說』, 교학사, 1982, pp.224-226)
⑧ 「네가 누구냐」(한상수, 『韓國民譚選』, 정음사, 1974, pp.229-232)
⑨ 「쥐 ×도 모르느냐?」(최운식, 『충청남도 민담』, 집문당, 1980, pp.406-409)
⑩ 「쥐 ×도 모르느냐?」의 '비슷한 이야기 1' (최운식, 앞의 책, p.409)
⑪ 「쥐 ×도 모르느냐?」의 '비슷한 이야기 2' (최운식, 앞의 책, pp.409-410)

이 가운데 ⑧ '네가 누구냐'는 이부영에 의해 융의 분석심리학적인 방법으로 분석되었다.[4] 이부영은 진짜와 가짜의 관계를 '자아와 그림자'의 관계, 즉 이중인격의 문제로 보고, '쥐'를 페르조나에 대응하는 내적 인격으로 파악하였으며, 주인공이 쫓겨나는 것을 그의 수도(修道)가 모자라기 때문으로 '성숙'을 위한 시련으로 보았다. 또한, 고양이와 쥐를 각각 밝음과 어두움이라는 본능의 양 측면으로 보아, 이야기의 해결부분을 자기원형(自己原型)의 어둠이 밝고 창조적인 면으로 변환되는 순간으로 해석하였다. 이부영의 논문은 다양한 자료를 토대로 민담 속 주요 장치와 등장인물의 상징성을 치밀하게 파악함으로써 이야기의 의미를 심화 확대하였으며, 이로써 설화에 대한 심리적 연구의 준거가 되어주었다. 다만, 대상 텍스트와 다른 유화의 공통점에 대한 고려가 부족한 점(예컨대, '손톱 발톱'과 다른 유화의 '밥찌꺼기'나 '벼'와의 연관성에 대한 검토가 부족한 점이나 주인공이 손톱을 소홀히 한 탓에 손발톱

4) 「진짜와 가짜의 問題 - 民譚 〈네가 누구냐〉와 '그림자'의 問題」, 『한국민담의 심층분석』, 집문당, 1995, pp.55-87.

이 날카로운 고양이로 해결한다는 등의 해석)이 아쉬움으로 남는다. 이러한 점을 염두에 두고 설화를 살펴보기로 하겠다.

먼저, 앞에 제시한 유화(類話)들의 공통점을 찾으면 다음과 같다.

첫째, 쥐는 주인공이 주는 찌꺼기를 먹고 큰다. (밥찌꺼기, 짚에 붙은 겨, 잘라낸 손톱 발톱)

둘째, 주인공은 대부분 결혼을 하였으며 가족이 있다. (며느리, 영감, 부자, 노인 등)

셋째, 주인공과 쥐와의 만남이 이루어진 장소는 모두 '금기'시 된 곳이다. (부엌, 사랑, 절)

넷째, 진짜와 가짜를 판별하는 궁극적인 기준은 '세간살이'를 잘 파악하고 있느냐 혹은 '좋은 옷을 입고 있느냐'(혹은 주인공이 벗어놓은 감투나 의관을 쓰고 있느냐)이다.

다섯 째, 주인공이 집에서 쫓겨나 만나는 인물이 '도사'이거나 '스님', '대사', '신선', 혹은 '옥황상제의 딸'이나 '선녀', '예나라의 과부'등 非俗(주인공이 처한 현실에 속하지 않는)한 인물이다. (단, ③ '怪鼠'에서는 '시집간 딸'로 나온다.)

여섯 째, 진짜와 가짜의 구분이 고양이가 가짜를 죽여서(③ '怪鼠'에서는 '三足拘'가 등장한다) 쥐의 주검으로 확인된다는 점이다.

한편, ⑤ 「쥐(鼠) 설화」는 전체적인 이야기가 많이 변형되어 있는데 쥐에게 며느리가 첫 주걱으로 밥을 준다던가, 똑같은 모습의 인물이 며느리가 아닌 시아버지라던가, 힘의 세기로 진짜와 가짜(眞假)를 판명한다던가, 가짜를 알아보지 못한 며느리가 쫓겨나고 고양이가 여자로 변하여 승천한다는 점에서 다른 유화와 차이가 있다. 이 글에서는 ⑥ 「쥐의 둔갑」과 ⑨ 「쥐 ×도 모르느냐?」를 텍스트로 하되 다른 유화도 참고하면서 분석하기로 하겠다.

두 텍스트의 내용은 다음과 같다.

「쥐의 둔갑」[5)]

옛날 시골 어느 집에 쥐가 많았다. 며느리가 부엌에서 일을 마치고 방으로 들어가면 으레 쥐가 나와서 찌꺼기를 주워 먹곤 했다. 오랫동안 부엌에서 쥐를 보아 왔으므로 마음씨 착한 며느리는 때로는 쥐더러 먹으라고 일부러 밥찌꺼기를 놓아 두기도 했다.

어느 날, 이상한 일이 생겼다. 부엌에 얼굴도 음성도 몸매도 꼭 같은 두 며느리가 같이 일을 하고 있는 것이었다. 너무나 똑같아서 어느 며느리가 진짜이며, 어느 며느리가 가짜인지 분간을 할 수가 없어서 가족들은 야단들이었다. 본인들도 서로 제가 이 집의 진짜 며느리라고 우겨대니 더욱 알 수가 없게 되었다.

가족들은 두 며느리에게 여러 가지 질문을 했으나 가짜를 골라낼 수가 없었다. 가족들은 찬장에 있는 접시 수를 물었다. 진짜 며느리는 접시 수를 잊었으나, 찬장을 드나들며 접시 수를 세어둔 가짜 며느리는 척척 알아맞혔다. 그래서 가짜 며느리는 진짜로 판정되어 집에 있게 되고 진짜 며느리는 가짜로 판정되어 쫓겨나고 말았다.

집에서 쫓겨난 진짜 며느리는 정처 없이 길을 떠돌아 다니다가 대사님을 만났다. 이 대사님은 인근 절에 있는 유명한 스님이었다. 그래서 진짜 며느리는 대사님에게 그간의 일을 말했다. 그랬더니 대사님은 그것은 아주 쉬운 일이라고 하면서 큰 고양이를 잡아다 방안에 넣으라는 것이었다.

며느리는 대사님이 시키는 대로 고양이를 구해다가 몰래 집에 들어가 방문을 열고 집어넣고 문을 꼭 닫았다. 잠시 후 방에서는 쥐의 비명이 들렸다. 방문을 열어보니 가짜 며느리는 죽어 쥐가 되어 고양이 발밑에 깔려있었다.

가족들이 이 꼴을 보고 크게 놀랐으며 쫓겨났던 진짜 며느리를 맞이하

5) 임동권 편, 『한국의 민담』, 서문당, 1973, pp.25-27.

여 잘못을 사과하고 다시는 그런 일이 없이 화기애애하게 잘들 살았다.

「쥐 ×도 모르느냐?」[6)]

한 노인이 사랑에다 자리를 놓고 자리를 매는데 쥐새끼 하나가 방에 들어와서 옆에 앉았다. 노인은 짚에 붙은 벼를 훑어서 던져 주었더니 쥐가 먹고먹고 하였다. 쥐는 노인이 쫓아도 내빼지도 않그 거기 있었다. 그렇게 해서 몇 해 먹여 놓았더니 쥐가 크게 자랐다.

한 번은 주인(노인)이 점심때 쯤 감투를 쓰고 자리를 매다가 감투를 벗어놓고 변소에 갔다 오니까 웬 늙은이가 주인(노인)의 감투를 쓰고 앉아서 자리를 매고 있었다.

노인의 자식들이 진짜와 가짜를 구별하지 못하자 가짜는 살림살이가 뭐며 독개(독)이며 그릇 수가 몇 개인지 맞춰보라고 제안한다. 노인은 대답하지 못하지만 가짜는 알아맞힌다.

노인은 쫓겨나서 밥을 얻어먹고 다니다가 절에 가서 주지를 만났다. 그간의 사정을 들은 주지는 10여 년 묵은 고양이를 내준다. 노인은 고양이를 집으로 데리고 가서 가짜의 목을 물게 하자 쥐가 죽어있다. 쥐를 잡은 노인은 식구들을 불러놓고 자기 마누라에게 이렇게 말한다.

"이년아, 쥐 ×도 몰르구 살아 그래."

그래서 '쥐 ×도 모른다'라는 소리가 생겨났다.

두 개의 설화는 주인공의 성별만 다를 뿐 전체적인 스토리와 서사구조는 유사하다. 앞에 제시한 유화(類話) 중 주인공이 여자인 경우는 ⑥「쥐의 둔갑」과 ⑪「쥐 ×도 모르느냐?」의 '비슷한 이야기 2'뿐이다. 참고로 ⑨「쥐 ×도 모르느냐?」에서는 둔갑한 쥐(가짜)가 진짜에게 그릇 수를 묻는 것으로 되어 있으나 다른 유화에서는 가족이 진짜와 가

6) 최운식 편, 『충청남도 민담』, 집문당, 1980, pp.406-409.

짜에게 묻는다. 또, 「쥐의 둔갑」의 앞부분(부엌에 나타난 쥐에게 밥찌꺼기를 주어 기르는 부분)은 '지네장터' 설화와 유사한데 지네장터 설화에서는 '며느리' 대신에 '모녀' 혹은 '효녀'가, '쥐' 대신에 '두꺼비'가 등장한다. 이밖에도 처녀가 수채에서 나온 쥐에게 밥을 주어 쥐가 보은을 한다는 민담도 있다.[7] 이런 사실을 염두에 두고 이야기를 분석하기로 하겠다.

2) '부엌/사랑(舍廊)'과 '쥐', 혹은 '금기'와 '욕망'

이야기의 첫 무대는 '부엌' 또는 '사랑'(舍廊)이다. 주인공은 각각 '며느리'와 '한 노인'(혹은 주인)이다. 특히 "옛날 시골 어느 집"은 "쥐가 많았다." '부엌'에는 며느리와 쥐뿐이고, '사랑'에는 노인과 쥐뿐이다. '부엌'은 남자가, '사랑'은 여자의 출입이 금지된 금기의 장소이다. '쥐'는 금기에 구애 받지 않고 자유롭게 들락날락한다. "쫓아도 내빼지두 않구" "밤낮 그냥 나갔다 들어"온다. 착한 며느리는 "오랫동안 부엌에서 쥐를 보아 왔으므로" 쥐더러 먹으라고 일부러 밥찌꺼기를 놓아두고, 노인은 짚에 벼 붙은 것을 훑어서 쥐에게 주어 쥐를 친구 삼는다. 쥐는 그 찌꺼기들을 먹고 큰다.

'며느리'와 '노인'이라는 주인공의 신분에 주목해 보자. '며느리'만으로는 나이를 짐작하기 어렵지만 '노인'은 글자 그대로 나이든 사람이다. 유화(類話)에서 주인공들은 대부분 결혼을 한 상태에 있다.(단, 「천년 묵은 쥐와 삼년 묵은 흰 수탉」에서는 주인공의 결혼식 날 가짜가 등장한다)

7) 「쥐의 보은」, 최운식 편, 앞의 책, pp.49-50.

「梧桐月下父子痛哭」, 「쥐가 사람이 되다(쥐 ○도 모르냐)」에서는 장가를 든 후 10년이라는 세월이 흘렀으며, 유화 ⑪(「주 ×도 모르느냐?」의 '비슷한 이야기 2')에서는 새댁이 쥐를 30년 동안 길러 주인공이 '할머니'라는 호칭으로 불린다. 이와 같은 경우, 주인공이 제법 오랫동안 가정을 꾸린 상태라는 것을 드러낸다. 주인공이 적어도 이미 인생의 정오, 즉 중년기에 들어서있는 것이다. 이 시기의 사람들은 내적인 관심이 자기 자신에게서 가족으로 또 다음 세대로 그리고 궁극적으로는 사회로 변하며 눈에 띄지 않는 고통의 증후들이 점점 많아진다.[8] 결혼을 해서 가정을 꾸린 남녀는 이미 사회의 일원으로 깊숙히 자리잡고 있다. '상징계'의 질서 속에 터줏대감처럼 앉아있는 것이다. 그들은 가정도 있고 자식도 있으며 먹고 살만하고(부자인 경우도 있다) 10년 동안 공부도 했다. 겉으로 보기에 갖출 것은 다 갖춘 상태이다. 그러나 어릴 때의 자유로운 환상 대신에 '책임감'이라는 무거운 짐이 그리스 신화의 '아틀라스의 경우처럼'[9] 양어깨를 누르고 있다. '결혼'이란 무엇인가? 그것은 '연애'가 거세된 상태이다. '결혼'에는 '부엌'이나 '사랑' 처럼 금기된 무엇이 있다. 금기는 억압이며 억압은 욕망이라는 찌꺼기를 남긴다. '금기는 상징계를 확립하는 첫 번째 힘이다. 이 힘에 의해서 주체가 지칭되며 가족 구조 내에서 자신의 위치를 부여받음으로써 단일한 주체가 성립된다.'[10]

라캉의 상징계는 언어를 습득하면서 시작된다. 언어를 익히기 시

---

8) 알렌 B. 치넨(Allan B. Chinen), 『인생으로의 두 번째 여행』(ONCE UPON A MIDLIFE), 이나미 옮김, 황금가지, 1999, p.61, p.124 참조.

9) 알렌 B. 치넨(Allan B. Chinen), 앞의 책, p.295 참조. 이 책의 저자는 중년을 지구를 떠받들고 있는 아틀라스에 비유하여 이 사회의 버팀목으로서 설명한다.

10) 아니카 르메르, 『자크 라캉』, p.107.

작하면서 우리는 자신도 모르게 이미 선험적으로 주어진 사회적 질서에 자연스럽게 종속된다. 언어라는 그물망 속에 사로잡히게 되는 것이다. 이미 있는 언어를 '선택'함으로써 내가 말하는 것(발화)과, 말해진 것(발화된 것) 사이에는 차이가 생기며 그것은 욕망(무의식적 욕망)을 낳는다. 욕망은 언어로 상징된 상징계의 질서에 '틈'으로 남는다. 라캉은 주체를 나타내는 'S'에 빗금을 침으로써(S̸) 존재 그 자체로서의 나(true subject) 'S'(Es)와 구분한다.[11] 상징계로 진입하면서 주체는 반드시 분열(무의식 속의 본래의 나와 사회 문화 등의 질서 속에 종속된 나)을 거치고 마침내 본래의 나를 잃고 새로운 주체, 결핍의 주체(S̸)로 재현(representation)된다.

다시 설화로 돌아가 보자. 한 집안의 며느리 혹은 주인으로서의 주인공들은 금기된 장소에서 쥐를 만난다. 금기를 무시하는 어떤 것으로서의 쥐, 그것은 '금기'로 무장된 사회에 난 '틈'이며, 의식화 되지 못하고 억압된 무의식이며, 사회화 되지 않은 채 몸에 남아있는 성감대이다. 프로이트의 자유연상의 기법으로 볼 때 의미의 연상망을 쥐에서 '쥐구멍'으로 넓혀 볼 수 있다. 실제로 쥐 둔갑 설화와 앞 장면이 유사한 「쥐의 보은」에서 쥐는 수채에서 나오고, '지네장터' 설화에서는 '쥐'의 역할을 담당하는 두꺼비가 수채에서 나온다. '수채'는 찌꺼기를 버리는 곳이라는 기능적인 의미 외에 부엌에 뚫려있는, 그래서 어딘가 외부로 향하고 있는 '수채 구멍'의 의미를 담고 있다. 또한 배설물을 버리는 시궁창이나 하수구로서의 수채는 성적 이미지와 함께 분만의 통로로 상징되기도 하는데,[12] 이렇게 볼 때 '쥐'는 '유아'(infants)

---

11) 주체가 '결핍'의 존재라는 것을 나타내기 위하여 '빗금'을 치는 것이다.

12) 아지자 · 올리비에리 · 스크트릭 공저, '미궁(迷宮)', 『문학의 상징 · 주제 사전』, 장영수 옮김, 청하, 1992, p.207 참조. — 여기에서 '미궁'은 시궁창, 하수구와

와 관련이 있다. 유아는 순수한 물리적인 상태(Being in itself)의, 쾌락원칙에 따라 움직이는 'S'(Es)이다. 유아의 의미를 고려할 때 '쥐'는 상징계가 결합하고 있는 것, 그래서 더욱 주체가 갈망하는, 상징계를 넘어서 실재계에 있는 '그 무엇'이다.[13] 그림(Grimm)동화 「개구리 왕자」에서 아무도 없는 숲 속에서 공주가 연못에 빠뜨린 황금공 – 독일 헤센 지방의 방언에서 황금공(goldener ball)은 황금색으로 빛나는 남근(goldiger phallus)을 의미한다고 한다[14] – 을 찾아 주는 개구리 역시 이러한 '쥐'와 같은 의미로 볼 수 있다.

'쥐'는 인간과 밀착되어 있되, 음침하고 구석진, 더럽고 밀폐된 시궁창에서 쓰레기와 배설물을 먹고 자라며, 스스로 구멍을 뚫거나 이미 있는 구멍(틈)을 통해 원하는 곳을 자유롭게 넘나드는 짐승이다. 쥐의 이러한 속성은 사회라는 금기를 뚫고 행해지는 은밀한 행위들, 혹은 무질서한 어떤 것들과 관련이 있다.[15] 설화에서 쥐가 주인공에

관련하여 '찌꺼기'라는 상징적 의미를 가지며, 시궁창이나 하수구는 항문성애와 관련하여 분만의 통로로, 그리고 '유아'와 연관된다.

13) 밀러(J. A. Miller)는 언어의 영역인 '상징계'와 욕망이 작용하는 '실재계'와의 관계를 '봉합선'으로 표현하였다.(아니카 르메르, 앞의 책, p.115 참조) 꿰매졌으나 틈이 있는 봉합선의 이러한 특성은 '며느리'와 '쥐'의 관계와 유사하다.

14) 키류 미사오(Kiryu Misao), 『알고보면 무시무시한 그림동화 1』, 이정환 역, 서울문화사, 1999, p.150.

15) 프로이트(Sigmund Freud)는 「쥐 인간」에서 강박증에 걸린 한 환자를 환자의 '엉덩이로 쥐를 집어넣는 벌'에 대한 기억을 실마리로 하여 치료해 나간다. 여기에서 프로이트는 '쥐'의 의미를 항문 성애와 관련하여 '남자의 성기'로, '창녀'로, '아이들' 등으로 파악한다. 특히 '아이들'은 환자가 말한 이야기와 관련하여 독일 하멜른의 「파이드 파이퍼 Pied Piper」(우리 나라에는 「피리부는 사나이」라는 동화로 소개되었다)라는 전설로부터 유추하는데, 프로이트는 이 이야기에서 '쥐'를 구역질나는 동물이 아닌 '불가사의한 그 무엇'(저승의 짐승)으로 해석한다. – 프로이트, 「쥐 인간」, 『늑대인간』, 김명희 옮김, 열린책들, 1996, pp.45-110

의해 먹는 밥, 혹은 벼, 손톱 발톱의 '찌꺼기'는 살아가는 한(혹은 밥을 먹는 한) 늘 나오거나 자라는 것이다. 그것은 나도 어쩌지 못하고 끊임없이 자라나는 어떤 것, 주인공 혹은 우리 모두의 '욕망'과 유사하다. 그것을 먹고 크는 쥐는 마음 깊숙한 곳에 웅크리고 있는, 또 다른 나이다. 그것은 마치 그림(Grimm) 동화 「믿을 수 있는 페르디난트와 믿을 수 없는 페르디난트」에서 상대의 모든 것을 알고 조종하는 '믿을 수 없는 페르디난트'와 그런 그가 부추기는 대로 행동하는 '믿을 수 있는 페르디난트'의 관계와 유사하다.16) 그러나 주인공이 버린 찌꺼기나 먹고 자란 쥐의 본성은, 쥐가 주인공과 똑 같은 모습으로 둔갑하여 '며느리', '주인'의 자리를 획득함으로써 '며느리' 혹은 '주인'이라는 기표 밑으로 억압된다.

참조.

'쥐'와 '아이들'과의 관계는 자유연상에 의한 환자 개인의 경험에 의한 것이지만 그것이 '전설'(피리부는 사나이, Pied Piper)에 근거한 것이라는 점에서 보편성을 얻을 수 있지 않을까 한다. '쥐의 둔갑' 설화에서 '금기'의 장소를 자유롭게 왕래하는 '쥐'의 속성 역시 체제에 종속되지 않은 아이들과 유사한 점이 있다.

한편, 앞의 전설에서 '쥐'에 함축된 '저승' 혹은 '죽음'의 의미는, 라캉의 '상징은 (실제) 사물의 살해(the murder of the thing)'(J. Lacan, *ÉCRITS : A Selection*, Alan Sheridan, W · W · Norton & Company, Newyork · London, 1977, p.104)라는 명제와 관련지을 수 있을 듯하다. 이때, 상징이 사물을 대신함으로써 실제 사물의 죽음과 동등한 관계에 놓인다는 점에서 '죽음'을 상징계의 구성요소로 볼 수 있다.(Dylan Evans, *An Introductory Dictionary of Lacanian Psychoanalysis*, Routledge, 1996, p.31)

16) 「믿을 수 있는 페르디난트와 믿을 수 없는 페르디난트」(그림(Grimm)형제, 『그림동화 7』, 김경연 옮김, 한길사, 1995, pp.186-195)에서 믿을 수 없는 페르난트는 믿을 수 있는 페르디난트가 생각하고 원하는 모든 것을 다 안다. 뿐만 아니라 그를 시기하여 부정적인 상황에 놓이도록 그를 조종한다. 그러나 그는 전면에 나서는 법이 없다.

3) 진짜와 가짜의 관계
—"나는 내가 생각하지 않는 곳에 존재한다."

「쥐의 둔갑」에서 쥐의 둔갑은 '어느 날' 문득 생긴 '이상한 일'이지만 「쥐 ×도 모르느냐?」에서는 주인공이 '변소'에 갔다 온 사이 이루어진다. 더군다나 주인공으로 둔갑한 가짜는 주인공이 '변소를 가느라고' 벗어 놓은 감투를 쓰고 있다. 다른 유화(類話)에서도 주인공이 변소(혹은 칙간)에 다녀온 사이 가짜가 등장하는 경우가 종종 있다. '변소'의 의미는 무엇일까? 그곳은 누구나 드나들 수 있되, 나만이 들어갈 수 있는 곳이다. 나 혼자만 있을 수 있는 몰입의 장소이다. 주인공은 어둡고 침침한 '뒷간'으로 들어가기 위해 자신의 상징인 '감투'까지 벗어놓는다.('의관'이나 '잘 입은 옷'을 벗어놓는 경우도 있다) 적어도 주인공에게 '변소'는 '감투'로부터 자유로운 곳이다.

어느 순간(혹은 변소에 갔다 온 사이), 주인공 앞에는 똑 같은 모습의 또 다른 주인공이 등장한다. 쥐는 주인공과 같은 외모(보여지는 모습)로 둔갑함으로써 주인공과 자신을 동일시한다. 이 들은 마치 거울을 보듯 또 다른 자신을 본다. 거울 속의 나와 거울 밖의 나라는 이자관계(dual relation)가 형성된다. 라캉은 거울에 비친 나, 보여지는 나, 이미지화된 나를 바로 나라고 착각하는 것을 '상상적 동일시'(일차 동일시)라고 하였다. 이렇게 볼 때, 주인공의 또 다른 자아인 쥐가 주인공과 똑같은 모습으로 둔갑하여 자신이 바로 주인공이라고 우기는 것은 상상적 동일시로 해석할 수 있다. 상상적 동일시를 거친 나는 이에 머무르지 않는다. 상징적 질서에 의존하여 정의 되는 나, 타자로부터 인정되는 나를 자신이라고 판단하는 '상징적 동일시(이차 동일시)를 거친다. 타자에 의해 규정된 나를 '진짜 나'로 받아들이는 것이다. 이때 상상적 동일시는 상징계 속에서도 상징적 동일시와 함께 끊임없이 일어난다. 설화에서, 주인공의 진위 여부는 상징적 질서를 의미하는 '가족'들에 의해 판별된다.

본래 상징계에서 '기표란 다른 기표에 대해서 주체를 나타낸다.'[17] '나'라는 기표는 그 기표를 조직하고 규칙이 허용하는 범위 안에서만 표현될 수 있다.[18] 기표계(상징계)의 질서 속에서 나와 타인은 대상으로서만 존재할 수 있다. 나에게는 언제나 '누구누구의 무엇'이 따라다닌다. 우리 모두는 서로가 서로에게 타자로서만 존재한다. 가족들이 판별의 기준으로 삼은 시험은 '세간살이의 수를 맞히라.'는 것이다. 그것은 '그릇' 혹은 '접시', '독개'(항아리), 살림살이로 표현되기도 한다. 가족들의 결정이 주인공 만의 특별한 어린 시절의 기억이나 주인공의 개인적인 특성에 있지 않고 '세간살이'에 있었다는 점은 가족 혹은, 가족으로 대변 되는 상징계에서의 '진짜'의 의미를 제시한다. 그것은 '가장'으로서 혹은 '며느리'로서의 책임이나 명분에 있다.

'세간살이 수 알아맞히기'는 가족이 제시한 일종의 규칙이며 법규이다. 시험에서 합격여부가 밝혀지는 순간, 진짜와 가짜가 결정된다. 상징계를 정의하는 법의 기준에 의해 진짜와 가짜의 의미가 확립되는 것이다.

'며느리'라는 기표를 획득한 주체는 상상적 동일시에 기초한 상징적 동일시를 이룬다. 이로써 상징계로의 진입이 완결된다. '며느리'가 아닌 주인공은 더 이상 '가족'이라는 상징적 질서 속에 발을 들여놓을

---

17) "a signifier is that which represents the subject for another signifier." — J. Lacan, *Écrits : A Selection*, p.316.

18) 이진경, 「도둑맞은 편지, 도둑맞은 무의식」, 『탈현대 사회사상의 궤적』, 한국산업사회연구회 편, 새길, 1995, p.253.

수가 없다. 기표로서만 존재하는 상징계 속에서 기표를 잃어버린 주인공은 상징계 바깥으로 밀려나간다. '며느리로서의 주체'와 '상징계에 속하지 못한, 있는 그대로의 나'로 분열되는 것이다. 기표의 법칙에 종속되지 못한 '가짜'(실은 진짜)는 더 이상 가족이라는 사회에 발붙일 곳이 없다. 결국 대문을 열고 가족의 울타리를 벗어나 부유(浮遊)하는 삶의 첫걸음을 내딛는다.

'가족', '집'이라는 사회 구조에서 볼 때 '감투'와 '잘 입은 옷'을 벗고 '변소'에서 몰입하는 나는 추방되거나 상실된다. 심연의 깊은 수렁으로 빠지게 되는 것이다. 가족에게 환영받는 '진짜'(실은 가짜)는 상징적인 질서 속에서 기표를 획득한 진정한 주체인 셈이다. 세간살이의 수를 헤아릴 수 있는 이상화 된 나야말로, 그것이 진정한 나라는 동일시를 통해 이루어진 나, 보여지는 나, 타자로서의 나인 것이다. 그것은 '상징적인 질서 속으로 법적이고 문화적인 질서 속으로 포섭'[19]된 나이다. 따라서 "나는 생각한다. 그러므로 나는 존재한다."는 데카르트의 제1원리는 라캉에 의해 "나는 내가 아닌 곳에서 생각한다. 그러므로 나는 내가 생각하지 않는 곳에 있다."로 재설정 된다.

4) '스님'의 기능과 '쥐'의 죽음
— 아버지의 이름(the name of the father)으로

정신분석에서 분석가는 환자가 상징계적 질서 속에서 자기 자리를 잡고 가족을 비롯한 사회 속에서 '주체'로서의 개별성을 획득할 수 있

19) 이진경, 앞의 글, p.262.

도록 한다. 이런 점에서 분석가는 '큰 타자(A)'의 역할을 담당한다. 여기에서 큰 타자는 아버지의 법(the law of the father) 혹은 아버지의 이름(the name of the father)으로 정의 된다. 라캉에 의하면, 아이는 오이디푸스를 통해 상징계로의 진입이 이루어지는데, 거울단계 이후, 오이디푸스기의 아이에게 아버지는 어머니의 남근(phallus)이 되고자 하는 아이의 욕망(어머니의 욕망의 대상과 동일시함으로써 어머니와 동일시 하는 것)을 빼앗고 어머니에게서는 남근적 대상을 빼앗음으로써 상징계의 기초인 '금지'의 역할을 담당하며, 이때 아이는 아버지와의 동일시를 통해 주체를 확립한다.[20] 한편, 상징계 질서의 기반을 이루는 법, 큰 타자로서의 아버지는 '말(speech)로 이루어진 자신의 법을 통해서만 존재한다.'[21]

설화에서 집(가족)에서 쫓겨난 주인공은 "정처 없이" 혹은 "밥을 얻어먹구" 떠돌아다니다가 스님을 만난다.[22] 그들은 '인근 절의 유명산 스님, 대사님'이거나 '지식'이 있는 '절의 주지'이다. 주인공에게 '主지',

---

20) 아니카 르메르, 앞의 책, pp.136-137 참조.

21) J. Lacan, 'Les formations de l'inconscient', *Le Séminaire V (1957-1958)*, Bulletin de psychologie. 아니카 르메르, 앞의 책, p.137에서 재인용.

22) 이 글에서 텍스트로 삼은 두 이야기에서는 집에서 쫓겨난 주인공들이 떠돌아다니는 것으로 짧게 언급되어 있지만, 유화 가운데 몇 편의 설화에는 집에서 쫓겨난 후의 주인공의 행적이 비교적 자세히 소개되어 있다. 예컨대, 「'梧桐月下父子痛哭」, 「쥐가 사람이 되다(쥐 ○도 모르냐)」)에서는 각각 주인공이 대국(大國)의 산중(山中)에서 '如花美人'인 '仙女'를 만나거나 '천상옥황상제의 딸'을 만나 자식을 두는데 그들은 주인공이 고양이로써 쥐를 퇴치하게 하며, 주인공이 자기 자리를 되찾은 후 모두 자식만 남기고 승천한다. 또한, 「천년 묵은 쥐와 삼년 묵은 수탉」에서는 주인공이 과부들만 살고있는 이른바 파라다이스와 같은 '예나라'라는 곳에서 이 과부 저 과부를 전전한다. 이후 과부들도 자식을 낳은 것으로 소개된다. 이때의 '선녀'나 '옥황상제의 딸', '과부들'은 주인공의 욕망의 대상(실은 욕망을 일으키는 대상), 그러나 상징계에는 존재하지 않는 '대상(*a*)'(objet (petit) *a*) 로 볼 수 있다.

'大사님'으로서의 스님은 큰 타자의 역할을 담당한다. 스님의 '말'을 따른 주인공은 드디어 자신의 자리를 되찾는다.

주인공의 제자리 찾기는 스님의 '말'에 의해 이루어진 것이다. 이 때 스님은 전면에 나서지 않고 '고양이'를 내세운다. '큰' 고양이, 혹은 '묵은' 고양이는 스님의 대리인(the agent)으로서 역할을 충실히 수행한다. 주인공은 고양이와 함께 다시 집으로 들어간다. 주인공은 더 이상 쥐에게 자리를 빼앗긴 예전의 주인공이 아니다. 주인공은 스님의 말, 아버지의 법의 집행자인 고양이의 힘을 빌려 쥐를 죽인다. 주인공이 죽인 것은 '며느리' 혹은 '주인'이 아니라 그 기표 아래 웅크리고 있는 '쥐'이다. 이것은 「지킬박사와 하이드씨」에서 지킬박사가 죽인 것이 지킬이 아니라 하이드인 것과 같다. (죽을 때의 모습은 지킬이지만 주검은 하이드의 모습으로 둔갑해 있다) '쥐'의 죽음과 동시에 주인공은 '며느리', '주인'이라는 이름을 획득한다. 분열되었던 주체는 기표를 획득함으로써(상징계의 질서 속에 포섭됨으로써) '며느리', '주인'이라는 주체로 재현[23]된다. 상징이 실제 사물의 살해(the murder of the thing)를 전제로 하듯, 주인공은 '쥐'의 죽음을 전제로 '며느리', '주인'이라는 기표로서 재현되는 것이다.

「쥐 ×도 모르느냐?」의 '쥐 ×도 모르느냐?'라는 제목에 주목해보자. 부인을 향한 주인공의 이 대사는 이 설화와 유사 설화로서 같은 책에 실린 '비슷한 이야기 1'과 '비슷한 이야기 2' 설화와, 「쥐가 사람이 되다(쥐 ○도 모르냐)」, 「怪鼠」에서 노골적으로 드러난다. 다른 유화들에

---

23) representation. 여기서 '재현'은 '다른 모습으로 나타나다', '상징되다'의 의미를 지닌다. 종종 '모방되다' '표상되다'로 쓰이기도 한다. 주체가 상징계로 진입함으로써 본래의 가장 깊숙한 부분은 상실된 채 변형된 모습으로 나타난다는 것을 뜻한다.

서는 "이 집 마누라가 이때까지 쥐하고 잤더랬어."라는 식으로 쥐와 주인공의 아내의 성관계가 암시적으로 표현되기도 한다. 「쥐가 사람이 되다(쥐 ○도 모르냐)」, 「梧桐月下父子痛哭」, 「천년 묵은 쥐와 삼년 묵은 수탉」에서는 고양이가 쥐의 '어린 자식'까지 죽이거나, 주인공이 마누라의 배를 눌러 튀어나온 쥐새끼들을 고양이가 죽이기도 한다. **"쥐 ×도 모르느냐?"**는 바꿔 말하면 **"내 ×도 모르느냐?"**이다. 이것은 마치 오이디푸스기의 삼각관계에서 아이가 어머니의 욕망의 대상인 남근이 되어 어머니와 관계 맺기를 하려는 것을 아버지가 거세함으로써 아버지의 '남근'(phallus)의 위용을 과시하는 것과 비슷하다. 스님의 '말'의 질서에 종속된 주인공은 이미 '아버지의 이름'으로서 '아버지의 법'의 자리를 차지하고 있는 것이다.

「지킬박사와 하이드씨」에서 '무미건조한 학문 생활에 혐오감을 극복하지 못한', '세상에 이름이 알려지고 존경받는' 헨리 지킬은 '겨우 한 그릇의 약'으로 홀연 고명한 교수에서 '순수한 악의 화신'으로 바뀐 자기 자신을 거울에서 보고 '환희가 넘쳐났다.' 남이 보기에 추하기 짝이 없는, 지킬보다 '나약하고 발육도 뒤떨어'진, '작고 홀쭉'한 에드워드 하이드는 지킬에게는 '감각이 싱싱'한, '싱싱한 본심 그대로를 나타낸 것'이기 때문이다.[24] 「쥐의 둔갑」 설화에서 쥐의 모습은 하이드와 비슷한 점이 있는 것 같다. 뿐만 아니라 지킬의 '편지를 태워버린

24) R. L. 스티븐슨(Robert Louis Stevenson), 『지킬 박사와 하이드씨(*The Strange Case of Dr. Jekelll and Mr. Hyde*)』, 이호규 옮김, 혜원출판사, 1999. 10, pp.96-100. 이 책에서 하이드의 모습은 그를 목격한 하인에 의해 "난쟁이 같았"(p.68)다고 묘사된다.

다던가 아버지의 초상을 때려부수는'[25] 하이드의 행동은 '언어'로 이루어진 아버지의 법과 대립적인 관계에 있는 쥐의 속성과 유사하다. 자기와 외모가 같은 가짜로 인해 가족들로부터 추방당하는 주인공은 어쩐지 고난을 겪고 있는 것이 아니라 지킬과 하이드로 분리됨으로써 기쁨에 넘치는 지킬박사처럼 소원 풀이를 하고 있는 것 같다. 그것은 마치 「왕자와 거지」의 왕자가 자신과 외모가 흡사한 거지에게 왕자 자리를 내어주고 궁궐을 떠나는 것과도 유사하다. 주인공으로 대변되는 우리의 욕망은 어쩌면 가족이라는 울타리로부터 추방당하는 것에 있는 것인지도 모르겠다.

라캉에 의하면 모든 인간은 상징계로 진입하면서 주체의 분열 과정을 거쳐 상징계 속에서 재현된다. 따라서 상징적 질서 속에 자리 잡은 주체는 분열된 주체요, 진정한 나로부터 소외된 주체요, 변형된 주체이다.

지금까지 「쥐의 둔갑」 설화에서 며느리와 쥐의 관계를 통해 쥐의 의미를 파악하고, 쥐의 둔갑과 죽음을 통해 한 개체가 분열을 거쳐 상징계 속에서 주체로 재현되는 과정을 살펴보았다. 또, 자신으로부터 분열되고 소외된 존재로서의 주체(S)의 의미와 욕망을 살펴보았다.

욕망은 항상 언어 아래 웅크리고 있다. 어떤 기표도 획득하지 못한 '진짜 나'는 '언어'로 상징되는 상징계에서 자신의 대용물인 기표로 변형된 채 무의식 속으로 밀려나 있다. 무의식을 다루는 심리학에서 치료를 위해 설화가 이용되는 것도 글자 뜻 아래, 의식 너머의 깊숙한 곳에 우리 모두의 보편적인 욕망이 자리 잡고 있기 때문이 아닐까 한다. 지극히 단순하지만, 그러나 '구수한'이라는 형용사가 따라 다니는 옛이야기의 매력 역시 그 때문인지도 모른다.

---

25) R. L. 스티븐슨, 앞의 책, p.117.

제2장

영원한 연인, '선녀'와 '우렁각시'

–「나무꾼과 선녀」, 「우렁각시」 설화의 정신분석적 의미 비교

남녀간의 문제를 다룬 대개의 설화는 '결혼'으로 끝을 맺는다. 주인공은 '결혼'을 통해 비로소 그간의 고난과 시련을 보상받고 행복한 미래를 보장받는다. 「나무꾼과 선녀」, 「우렁각시」 설화는 모두 혼인 적령기의 사람을 주인공으로 하면서도 결혼 이후의 삶을 다루었다는 점에서 이러한 이야기들과 다르다. 특히 두 이야기의 비극적 결말(「나무꾼과 선녀」의 수탉유래담과 「우렁각시」의 원혼형)은 주인공이 '잘 먹고 잘 살았다'로 끝나는 설화의 일반적인 결말구조와 다른 점이기도 하다. 공교롭게도 두 이야기는 주인공의 성격이나 인물관계, 사건, 배경은 물론 주인공이 죽어서 '동물'로 퇴화하는 점이나, 주인공의 불행에 주인공의 어머니가 결정적인 원인을 제공한다는 점이 유사하다.

「나무꾼과 선녀」, 「우렁각시」 설화에 대한 그간의 연구는 설화 자체에 대한 분석 보다는 각 설화의 유형과 변이양상에 대한 고찰에 집중되어 왔다. 이 글에서는 텍스트의 '심층'(深層/心層)에 시각을 두고 '무의식'을 분석 대상으로 하는 정신분석의 도움을 받아 두 설화의 '이면'(裏面)의 의미를 탐구해보고자 한다.[1] 분석과정 중에 그동안 간과

되었던 '수탉', '새', '우렁'의 관계, '주인공과 어머니'의 관계, '감사'(원님)와 '금기'의 기능, '결혼'의 의미와 전제조건, 두 이야기의 결말이 전하는 숨은 메시지 등에 대해서 파악하게 될 것이다.[2]

1) 유화(類話)검토 및 텍스트읽기

(1) 「나무꾼과 선녀」

「나무꾼과 선녀」는 내용상 크게 '나무꾼 승천담', '천상시련담', '수탉유래담'으로 분류된다.[3] '나무꾼 승천담'은 승천한 선녀를 뒤따라 두레박을 타고 하늘로 올라간 나무꾼이 선녀와 아이를 만나 행복하게 산다는 이야기이고, '천상시련담'은 두레박을 타고 하늘로 올라 간 나무꾼이 사위가 되기 위한 일종의 '자격시험'을 치르고 시험에 합격하여 선녀와 행복하게 살게 된다는 이야기이며, '수탉유래담'은 두레박을 타고 하늘로 올라간 나무꾼이 땅에 있는 노모를 그리워하여 하강했다가 선녀의 금기를 어겨 하늘로 오르지 못하고 죽어 수탉이 되었

1) 프로이트는 작가를 '한낮의 몽상가'로 정의하고 문학작품을 '꿈'에 비유하였다. 프로이트는 '꿈'의 층위를 '발현몽'과 '잠재몽'이라는 두 층위로 나누고 '잠재몽'의 의미를 분석한다. 발현몽이 '의식'의 영역인 반면, 잠재몽은 '무의식'의 영역이다. 프로이트의 용어를 빌려 표현하자면, 이 글에서는 '설화'의 '잠재몽'의 층위를 탐색해보고자 하는 것이다.

2) 이때, 앞으로 전개될 두 설화의 비교에서 「나무꾼과 선녀」 부분은 졸고 「한국전래동화의 심층의미 분석 - 정신분석적 접근」(고려대 박사학위논문, 2003) 중 '대상 (*a*)를 찾아서 - 「나무꾼과 선녀」'의 분석 내용을 따른 것임을 밝혀둔다.

3) 이하 유형 소개와 '수탉유래담' 선택 이유 및 관련 유화(類話)검토, 그리고 텍스트 내용은 졸고 「한국전래동화의 심층의미 분석—정신분석적 접근」(고려대 박사학위논문, 2003, pp.51-56)을 참조한 것임.

다는 이야기이다.

이 글에서는 세 가지의 유형 가운데 '수탉 유래담'을 분석대상으로 삼고자 한다. '수탉유래담'을 텍스트로 삼은 이유는, 우선 필자가 찾아본 「나무꾼과 선녀」의 모든 유형의 유화 가운데 채록시기가 가장 앞서는 이야기부터 두 번째, 세 번째 채록된 이야기까지 모두 '수탉유래담'이기 때문이고, 이에 선녀의 옷을 빼앗음으로써 '강제혼'으로 부당하게 결혼생활을 시작한 나무꾼이 승천하여 아무 어려움 없이 행복하게 산다는 '나무꾼 승천담'의 결말은 등장인물들이 으레 '인과응보'적인 운명에 처하는 설화의 일반적인 특성에 위배되며, '천상시련담'은 일종의 '혼사시련담'(혼사장애담)으로서 자력으로 시험에 통과하는 다른 혼사시련담의 주인공들과 달리 나무꾼은 전적으로 선녀에게 의지하여 시험에 합격하는 것으로 보아 나무꾼승천담에 혼사시련의 과정이 접목된 것으로 파악되어 다른 혼사시련담과의 관계 속에서 다뤄지는 것이 적절할 것으로 판단하였기 때문이다.

'수탉유래담'의 유화는 다음과 같다.

① 「The Heavenly Maiden and the Wood Cutter」(정인섭, 『Folk tales from Korea: 우리고담』, London: Routledge & Kegan Paul, 1952, pp.21-25.
※1913년 채록/ 全文 英語)

② 「雄鷄傳說」(羽衣傳說) (손진태, 『朝鮮民譚集』, 大正15(1926), 소화5, 朝鮮總督府, pp.74-80. ※1923년 8월 채록/ 全文 日語)

③ 「숫닭의 래력」 (《개벽》 제32호, 1923, 2월, pp.62-67. ※古來童話懸賞募集當選 동화)

④ 「나뭇군과 선녀, 노루 이야기」(『韓國口碑文學大系』 7-1, 경북편, 월성군 현곡면, pp.268-271)

⑤ 「닭이 높은 데서 우는 유래」(『韓國口碑文學大系』 3-2, 충북 청주시 청원군 탑동, pp.250-258)

⑥ 「나뭇군과 선녀」(『韓國口碑文學大系』 4-2, 충남 대덕군 구즉면, pp.340-346)

이 글에서는 ⑥을 기본텍스트로 삼는다. 단, 분석과정에서는 '수탉 유래담'의 모든 유화를 고려할 것이다. ⑥의 내용을 소개하면 다음과 같다. 괄호 속은 이 텍스트에는 없으나 다른 유화의 공통된 내용을 밝힌 것이다.

「나뭇군과 선녀」

옛날, 어느 (깊은) 산골에 한 사람(총각)이 (나이 30이 넘도록, 혹은 늦도록 장가를 가지 못하고) 나무 장사만 해먹으며 홀어머니와 함께 가난하게 살았다. 어느 날, 나무를 하는데 사슴 한 마리가 헐레벌떡거리고 와서 포수(사냥꾼)가 죽이려고 하니 숨겨달라고 하여 나무꾼은 나무 한 것을 모아놓은 데다가 사슴을 파묻었다.(숨겨주었다) 나구꾼은 뒤쫓아 온 포수에게 사슴이 숲 속으로 도망갔다고 거짓말을 하여 사슴의 목숨을 구한다. 소원이 뭐냐고 묻는 사슴에게 (소원을 묻는 과정이 생략된 경우도 있음) 나무꾼이 장가를 들고 싶다고 하자 사슴은 산속 연못에 천상 옥녀(선녀, 천녀) 삼형제(7 혹은 8선녀)가 저녁마다(혹은 한 달에 한 번, 단옷날) 목욕을 하러오는데 기다렸다가 (차례로 내려오는 선녀 중) 제일 막내 선녀의 날개 옷(혹은 속옷)을 감춘 후, 막내 선녀가 혼자 남았을 때 함께 살면 그때 옷을 내주겠다고 하면 그러자고 할 것이니, 아이를 넷(혹은 둘, 셋) 낳을 때까지는 절대 옷을 내주지 말라고 한다.

나무꾼은 사슴이 일러준 대로 하여 선녀를 아내로 얻게 되었으나 아이를 셋 낳았을 때 선녀가 간절히 요구하여 옷을 너주었다. 그러자 옷을 입은 선녀는 아이들을 겨드랑이에 하나씩 끼고 하나는 등에 업고 승천하였다. 상심한 나무꾼 앞에 사슴이 다시 나타나서 천상에서 내려온 두레박을 타고가면 선녀를 만날 것이라고 알려준다. 나무꾼은 사슴의 말대로 하여 천상으로 올라가 선녀와 아이들과 함께 산다. 어느 날 나무꾼은 땅의 어머니가 그리워 선녀에게 어머니 뵙기를 부탁하자 선녀는 용마를 내주며, 만약 어머니를 만나서 말에서 내리면(혹은 땅을 밟으면) 영원히 땅에서 살게 될 것이니 땅에 발을 디디지 말라고 한다. 나무꾼은 땅으로 내려와 어머니를 만났는데, 어머니가 끓여준 호박죽(팥죽, 박국)을 받아먹다가 뜨거운 호박죽이 말의 잔등에 떨어져 말이 뛰어오르는 바람에 나무꾼은 그만 땅으로 떨어지고 만다. 그리하여 나무꾼은 다시는 하늘로 오르지 못하고 죽어 수탉이 되어 하늘만 바라보고 울게 되었다.

(2) 「우렁각시」

「우렁각시」 설화의 유형은 크게 단순형과 복합형으로 나뉘고, 복합형은 결말구조에 따라 다시 '아내내기시합형', '새털옷형', '원혼형'으로 나뉜다. 이때 단순형은 '주인공이 우렁각시를 만나 잘 살았다'는 단일구조의 단순한 이야기이다. 일반적으로 단순형에는 우렁각시의 '금기의 유무', 혹은 '금기'가 있을 경우 주인공의 '금기의 준수여부'에 상관없이 어느 날 만난 두 인물이 행복하게 잘 살았다고 끝을 맺는 모든 이야기가 포함된다. '아내내기시합형'과 '새털옷형'은 비범한 배우자를 둔 주인공이 일정한 시련을 거친 후 주인공과 다시 행복하게 살게 된다는 '혼사시련담'의 구조를 따른다.[4] '원혼형'은 원님이 각시

4) '아내내기시합형'은 원님(감사/현관)이 우렁각시를 빼앗아가려고 제안한 아내내기시합에서 주인공이 우렁각시의 도움으로 승리하여 행복하게 살게 된다는 이야기이고, '새털옷형'은 원님에게 아내를 빼앗긴 주인공이 우렁각시가 제시한 과업을 수행한 후 새털옷을 입고 원님을 찾아가 우렁각시를 되찾고 원님의 자리도 차지하게 된다는 이야기이다.

를 데려가자 주인공은 죽어 새가 되고, 각시는 그냥 원님과 살거나[5], 따라 죽는다는 이야기이다.

이글에서는 '원혼형'을 텍스트로 삼고자 한다. 그 이유는 첫째, 유형 가운데 그 수가 가장 많으며, 둘째, 모든 유형을 망라하여 필자가 찾아본 유화중 최초로 채록된 설화는 물론 채록 시기가 앞선 유화들이 모두 '원혼형'을 따르고 있고,[6] 셋째, '단순형'의 경우는 '원혼형'에 기본적인

---

5) 한편, 원님과 살던 각시가 원님의 담뱃대에 머리를 잘못 맞아 그 상처 구멍에서 새가 나온다는 이야기가 있는데, 이때 각시는 총각의 경우처럼 죽어서 '새가 된다'고 되어 있지 않고 상처 난 구멍에서 '새가 나오는' 것으로 되어있다. 이에 대해서는 이후 자세히 다루기로 하겠다.

6) 대략 1960년까지 채록된 「우렁각시」 설화의 모든 유형은 '원혼형'을 따르고 있다. 채록시기로 볼 때 나머지 유형들은 대개 1960년대 후반 무렵부터 발견된다.

참고로, 필자가 찾아본 바로는 최초로 채록된 '원혼형'은 정인섭이 영문으로 발간한 『Folk tales from Korea : 우리고담』(London: Routledge & Kegan Paul, 1952, pp.29-31. ※1912년 채록)의 「The Mud-Snail Fairy」인데, 정인섭은 이 설화의 출처를 'Ondoru Yawa'(『溫突夜話』, 日本書院, 昭和 2년-1927년)라고 하였으나 필자가 확인해본 결과, 정인섭의 『溫突夜話』에 「貝の中の乙女」라는 제목으로 일본어로 실려 있는 우렁각시 설화는 영문판과 내용이 다르다. 정인섭은 영문으로 발행한 『Folk tales from Korea : 우리고담』의 머리말에서 1925년에 색동회와 연합하여 어린이들을 위해 전래동화, 신화, 우화 등을 모으고 구성하여 1927년에 일본어로 『溫突夜話』를 발행하였다고 밝히고, 이 책에 실린 상당 수의 이야기들이 영문판에 재수록 되었다고 하였다. 그런데 영문판의 '우렁각시' 이야기는 '원혼형'인 반면 『溫突夜話』에 실린 이야기는 우렁각시를 만나 잘 살았다는 '단순형'으로, '금기'도 없고 작가에 의한 묘사나 부가설명이 지나치게 많으며, 영문판에는 구술자와 채록일자 및 채록장소가 명시되어 있는 반면, 영문판보다 발행시기가 앞서는 『溫突夜話』에는 채록과 관련된 모든 내용이 생략되어 있다.

이런 사실을 고려할 때, 저자가 1912년에 채록한 '원혼형'이야기를 1927년에 어린이용으로 발행한 『溫突夜話』에서는 주인공이 불행해지는 뒷부분을 삭제하여 행복한 결말의 '단순형'으로 변형한 것으로 짐작된다. 또한, 이 때문에 구술자나 채록시기, 채록장소도 기록되지 않은 것으로 보인다. 따라서 1927년에 발행

구조가 포함되어 있으며, 넷째, '아내내기시합형'과 '새털옷형'은 「해모수」, 「서동」, 「온달」 설화와 「나무꾼과 선녀」의 천상시련담의 경우처럼 혼사시련이 접목된 '혼사시련담'의 한 유형이므로 '원혼형'에 우렁각시 설화의 고유의 특성이 가장 짙게 반영되어있다고 판단하였기 때문이다.

'원혼형'의 유화(類話)는 다음과 같다.

① 「The Mud-Snail Fairy」(정인섭, 『Folk tales from Korea: 우리고담』, London: Routledge & Kegan Paul, 1952, pp.29-31. ※1912년 채록 / 全文 英語)
② 「우렁이에서 나온 각시」(임석재, 『韓國口傳說話 7-全北篇 I』, 평민사, 1990, 191~194면. ※1917년 8월, 9월/1917년 12월/1918년 12월/1940년 10월/1969년 5월 채록)
③ 「螺中美婦說話」(손진태, 『韓國民族說話의 硏究』, 을유문화사, 1947, pp.31-33. ※1921년 채록)7)
④ 「우렁이에서 나온 각시」(임석재, 『韓國口傳說話 7-全北篇 I』, 평민사, 1990, pp.188-189. ※1933년/1969년 채록)
⑤ 「螺婦說話」(손진태, 《朝鮮》 7월호, 昭和13년, pp.124-127. ※全文 日語)
⑥ 「우렁이 속에서 나온 색씨」(임석재, 《靑坡文學》 제1집, 숙명여대, 국어국문학회, 1958)
⑦ 「우렁미인」(임동권, 『한국의 민담』, 1972, 서문당)
⑧ 「우렝이에서 나온 색씨(2)」(『한국민속종합보고서』 제4책, 경북편,

된 『溫突夜話』에 실린 우렁각시의 '단순형'은 1912년에 채록된 『Folk tales from Korea : 우리고담』의 '원혼형' 설화를 각색한 것으로 추측되며, 이렇게 볼 때, 「우렁각시」 설화의 초기의 채록본은 모두 '원혼형'이 된다.

7) 동명(同名)의 같은 설화가 『朝鮮民譚集』(손진태, 大正15-昭和5, 鄕土硏究社)에 일본어로 실려 있다.

문화공보부 문화재관리국, '1974. ※1972년 채록)

⑨ 「우렁이에서 나온 각시」(임석재, 『韓國口傳說話 10-慶南篇 I』, 평민사, 1990, pp.121-123. ※1973년 채록)

⑩ 「우렝이에서 나온 색씨(1)」(『한국민속종합보고서』 제4책, 경북편, 문화공보부 문화재관리국, 1974. ※1974년 채록)

⑪ 「우렁 속에서 나온 미녀」(최래옥, 『전북민담』, 형설출판사, 1979. ※1978년 채록)

⑫ 『韓國口碑文學大系』에 실린 유화 총 8편

㉠ 「우렁각시」(4-6, 충남 공주군 의당면)

㉡ 「우렁속에서 나온 미인」(5-1, 전북 남원군 송동면)

㉢ 「우렁색시(1)」(5-2, 전북 전주시 서서학동)

㉣ 「우렁색시(2)」(5-2, 전북 전주시 서서학동)

㉤ 「참빗이 된 우렁이 처녀」(5-2, 전북 완주군 고산면)

㉥ 「우렁색시(1)」(5-2, 전북 전주시 풍남동)

㉦ 「병속에서 나온 색시」(5-5, 전북 정읍군 정우면)

㉧ 「우렁색시」(5-7, 전북 정읍군 칠보면)

㉨ 「우렁색시」(5-7, 전북 정읍군 북면)

「우렁각시」의 원혼형은 다른 유형에 비해 후반부의 내용이 다양하다. 뿐만 아니라 구술자가 후반부를 기억하지 못하여 이야기의 끝을 잘 맺지 못한다거나 다른 이야기를 차용하는 경우가 여러 곳에서 발견된다. 이러한 점을 고려하여 원혼형의 후반부의 내용을 크게 세 가지로 분류하여 정리하면 다음과 같다.

첫째, 주인공은 불행해지고 각시는 그냥 혹은 잘 산다는 이야기를 들 수 있는데 가장 많은 수의 유화가 이에 해당한다. 이 이야기는 각시를 원님이 데려가는 것으로 끝나거나 혹은 주인공은 죽고 각시는 원님과 (잘) 사는 것으로 끝나기도 하고, 주인공이 각시를 빼앗기고 새가 되어 죽자 각시가 묻어주는 것으로 끝나거나 그 새를 각시가 묻어주고 원님과 (잘) 사는 것으로 끝나기도 한다.

둘째, 주인공이 죽어 새가 되고 각시의 몸에서 새가 나와 함께 날아가는 것으로 끝나거나(②, ⑤, ⑥) 나무 속에 들어갔던 각시가 새가 되어 나오는 이야기(⑩)가 있다. 그런데 해당 유화 가운데 ②의 임석재의 채록이 다섯 번에 걸쳐 이뤄진 것을 고려하면 유화의 수가 두 번째로 많으며 그렇다면 유화의 수가 첫 번째의 경우와 큰 차이가 나지는 않는다.[8)]

셋째, 주인공은 죽어 새가 되고 각시는 죽어 참빗이나 참나무가 된다는 이야기로 총 3편(①, ③, ⑦)이 이에 해당한다.[9)]

이 글에서는 두 번째의 ②를 기본 텍스트로 하되, 후반부의 내용

---

8) ⑥의 경우는 임석재가 자신의 문체로 다듬어서 쓴 것으로서 『韓國口傳說話』(임석재전집)에 실린 ②의 내용과 대동소이하다. 한편, 임석재가 ⑥보다 앞선 시기에 채록한 「우렁각시」 설화로 ④가 있는데 이 유화 역시 ②와 출처가 같은 『韓國口傳說話』(임석재전집)에 실려 있다. 임석재는 이 두 유화 가운데 구술자가 많은 ②를 선택하여 다듬어 ⑥을 게재한 듯 보인다. ②의 경우, 1917년부터 1969년까지 다섯 명의 구술자의 구술내용을 따로 구분하지 않고 한 번에 정리한 것이 아쉬우나, 이 책의 기록 방식이, 한 제목의 이야기에 구술자가 두 사람 이상인 경우 구술내용에 뚜렷한 차이가 있을 때는 뒤에 그 내용을 밝혀 적어놓고 있으므로, 다섯 명의 구술 내용에 큰 차이가 없어서 한 이야기로 기록해놓은 것이라 판단된다.

9) 참빗이 되는 이야기는 초기의 두 편(①, ③)이 있고, 참나무되는 이야기(⑦)가 한 편 있는데, 제보자와 채록시기가 밝혀져 있는 경우는 앞의 두 편 뿐이다. 참고로 이 유화는 구비문학대계나 임석재 전집에는 한 편도 수록되어 있지 않다. ⑫-㉰의 경우, 제목과 달리 실제 내용에서는 각시가 아니라 '총각'이 '참빗'이 되는 것으로 되어 있고 후반부가 다른 이야기와 뒤섞여 앞의 유화와 내용이 다르다.

참빗이나 참나무가 된다는 이야기에는 우렁각시가 스스로 '정조'를 지키기 위해 굶어 죽었다거나, 혹은 굶어 죽어 '정조'를 지켰다는 설명이 부가되어 있어서 작품의 의미가 '정조 수호'라는 교훈적 메시지에 한정된다.

의 상이한 점을 고려하여 분석해나가기로 하겠다. 유화 가운데 가장 수가 많은 '주인공은 불행해지고 각시는 그냥 혹은 잘 산다는 이야기'는 ②의 내용에 포함되므로 분석과정 중에 이에 대한 전반적인 의미가 파악될 것이다.

텍스트의 내용을 소개하면 다음과 같다. 「나무꾼과 선녀」의 경우처럼, 이 텍스트에는 없으나 다른 유화의 공통된 내용은 괄호로 처리하였다.

「우렁이에서 나온 각시」

옛날 총각 하나가 띠가 우거진 묵정밭(밭/팥밭)을 일구다가 "이 놈의 묵정밭을 일궈서 누구랑 먹고 살꼬" 하니 "나랑 먹고 살지 누구랑 먹고 살어." 하는 소리가 들렸다. 사방을 둘러봤지만 근방에는 아무도 없었다. 그래서 "이 농사를 지어서 누구랑 먹고 살꼬"하니 또 "나랑 먹고 살지 누구랑 먹고 살어."하는 소리가 났다. 그래서 가보니 덤불이 우거진 밑에(땅속에서 소리가 나서 땅을 파보니) 커다란 우렁이가 있었다. 총각은 우렁이가 크기도 크다고 하며 우렁이를 집으로 갖고 와서 비단 헝겊에 싸서 장롱(물독) 속에 넣어 두었다. 우렁이를 집에 갖다 놓은 후부터 일하고 집에 와 보면 잘 차린 밥상이 놓여 있었다. 이상하게 생각한 총각이 숨어서 엿보았더니 장롱 속에서 예쁜 각시가 나와서는 밥상을 차려놓고 다시 농속으로 들어가려고 했다. 총각은 이를 보고 각시 치맛자락을 잡고 나랑 살자고 했다. 각시는 아직 때가 안 되었으니 조금만 참아달라고 했으나 총각이 자꾸 졸라서 각시도 할 수 없이 그냥 살기로 하였다.

하루는 총각이 일을 나가며 자기 어머니에게 점심을 내올 적에 각시를 내보내지 말고 어머니가 꼭 내다달라고 했다. 그러나 어머니는 솥에 있는 누룽지를 혼자 먹고 싶어서 배가 아프다고 핑계를 대서 각시를 대신 내보냈다. 각시는 들로 가는 길에 감사(원님/현관/임금)의 관행차를 만났다. 언덕 아래에서 서기(빛/서광)가 비치고 있는 것을 본 감사는 관행차를 머물게 하고 사령을 시켜 "저기서 서기가 뻗치고 있으니 무엇이 있는지 가 보아라."하고 일렀다. 사령은 각시가 있는 데로 가서 감사의 말을 전하니 각시는 은가락지를 벗어주면서 이것 밖에 없다고 여쭈라고 했다. 사령이 그대로 하니 감사는 아직도 서기가 비치고 있다며 다시 가보라고 했다. 이런 식으로 사령이 다시 각시에게로 가기를 반복하니 각시는 은비녀, (옷고름), 갓신짝(신짝/신발), 저고리, 치마를 차례차례 벗어주다가(속옷까지 벗어주기도 함) 마침내 사령을 따라 감사에게로 갔다. 감사는 각시를 가마에 태워서 데리고 갔다. 총각은 이를 알고 땅을 치며 애통해 하다가 죽어서 죽은 혼이 새가 되었다.

하루는 새가 감사 집의 보리수나무에 올라 각시를 향해 뭐라고 지저귀자 각시가 그 소리를 듣고 "낸들낸들 내 탓이냐 넌들넌들 네 탓이냐 너거머니 탓이로다"하고 노래를 불렀다. 감사가 무슨 소리냐고 각시에게 묻자 각시는 죽어서 새가 된 남편이 여기까지 날아와서 울고 있어서 새에게 화답한 것이라고 말했다. 감사는 이 말을 듣고 화가 나서 새가 죽으라고 담뱃대를 새에게 던졌는데 담뱃대가 기둥을 맞고 튕겨나가 각시 머리에 맞았다. 이 때문에 각시 머리통에 구멍이 뽕 뚫어져서 그 구멍에서 파랑새(새)가 한 마리 푸르룽 나와 보리수나무에서 울고 있는 새와 함께 하늘 높이 날아가 버렸다.

2) '총각'과 '어머니' — 상상계의 비극

「나무꾼과 선녀」, 「우렁각시」 설화의 주인공은 모두 '총각'으로 불린다.10) '총각'이라는 호칭에는 '결혼'이 따라다닌다. '총각'의 의미는

10) 「나무꾼과 선녀」의 경우, 제목과 달리 실제 주인공의 호칭은 '총각'이 가장 많은데, '총각'은 "노총각", "늙은 총각", "총각 중에도 아주 늙은 총각", "30된 총각", "삼십도령" 등으로 나이가 많은 '노총각'으로 소개되는 경우가 많다. 「우렁각시」의 주인공 역시 공통적인 호칭은 '총각'으로, "편모시하 총각", "너무 노총각", "아주 어리숭두리숭한 총각", "가난한 총각", "늙은 총각" 등으로 소개된다.

'결혼'을 기준으로 정의된다. '결혼하지 않은 성난 남자'라는 의미의 '총각'은 '결핍'의 기표이다.

두 설화의 주인공들은 모두 고단한 삶을 살고 있었다.11) 「우렁각시」의 총각이 산속의 작고 척박한 땅("산에 있는 밭" "삐딱 두름한 산", "쪼끄만 밭", "뙤밭")을 메며 "누구랑 먹고 살꼬"를 반복하는 것이나, 「나무꾼과 선녀」의 일부 유화에 소개된 '초부가'(樵夫歌)의 노랫말("세상 사람이 다 장개를 가고 / 동물도 다 내외짝이 있는데 / 나는 이 넘우 팔자가 외 이다지도 허무한고." 따위)은 두 주인공의 외롭고 고달픈 신세를 말해준다.

행복한 결혼으로 끝을 맺는 설화 속의 주인공은 대체로 이야기의 초반에 '집'을 떠난다. 그러나 '나무꾼'과 '총각'은 모두 죽을 때까지 집을 떠나지 않는다. 하늘로 갔다가 다시 집으로 돌아온 나무꾼의 경우, 죽어서 겨우 지붕('집'+'웅')이나 올라가는 '수탉'이 됨으로써 죽어서도 영원히 '집'을 벗어나지 못한다. 두 주인공들은 모두 죽을 때까지 '집'에서 '어머니'와 단둘이 산다. 설화 속의 '집'은 상징적인 의미를 갖는다. 모든 인간의 최초의 집은 어머니의 몸이었다. '집'은 '어머니의 몸', 혹은 '어머니'와 다르지 않다. 인간이 겪는 최초의 불안인 '분리불안'(separation anxiety)에서 분리의 대상은 어머니이다. 집을 떠나 고난을 겪고 독립된 존재로 거듭나는 설화의 구조는 분열과 소외의 과정을 거쳐 주체(subject)로 재현되는 라깡의 '주체화'(subjectification)12)의 과

11) 두 설화의 주인공을 구별하기 위하여 이하 「나무꾼과 선녀」의 주인공은 '나무꾼'으로, 「우렁각시」의 주인공은 '총각'으로 부르기로 한다.

12) 라캉에 의하면 상상계(the imaginary)의 아이는 거울상에 자신을 동일시하거나 자아이상(ego ideal)인 어머니에 자신을 동일시하는 '상상적 동일시'를 통해 이상적인 자아(ideal ego)를 형성하고, 아버지의 법이 지배하는 상징계(the symbolic)에 진입하여 타자의 상징적 메세지에 자신을 동일시하는 '상징적 동일시'를 통해 '주체'(subject)로 재현(representation)된다. 이렇듯 개인이 두 번의

정과 유사하다. 정신분석적인 시각에서, 인간의 성장과정은 어머니의 몸에서 아버지의 법으로의 이동이다.

어머니는 남자 아이에게 이성(異性)으로서의 최초의 대상이기도 하다. 어머니는 그에게 원초적이고 근원적인 대상이다. 그러나 상징계의 주체에게 그것은 상상계적인 대체물로서만 존재할 수 있는, 부재(不在)의 대상이다. 주체의 결핍으로부터 야기된, 그러나 근본적으로 획득될 수 없는 이것을 가리켜 라깡은 '대상 (*a*)'(오브제 쁘띠 아, objet (petit) *a*)라고 명명한다.13)

'나무꾼'과 '총각'이 각각 '선녀'와 '우렁각시'를 처음 만났을 때 선녀와 우렁각시는 '선녀'와 '각시'가 아니었다. 그들은 각각 '알몸'과 '우렁이'이였다. 나무꾼은 선녀를 보고 옷을 선택한 것이 아니라 옷을 통해 선녀를 선택하였다. 나무꾼에게 선녀는 단지 옷의 임자일 뿐이었다. 「우렁각시」 유화에서 우렁이는 "큰부엉 우렝이", "커다란 우렁이", "크기도 큰 우렁이" 등으로 몸집이 '크다'는 의미가 드러나 있고, "큰 주먹만한", "두 손바닥 붙인 것만한", "소래(질그릇)만한" 식으로 실제

동일시(상상적 동일시와 상징적 동일시)를 거쳐 상징계가 요구하는 특정한 표상으로 정의되는 것을 '주체화'라고 한다. 주체는 상징계로 진입할 때 '본래 그대로의 나'와 '사회적인 담론 속의 나'로 분열되며 본래의 나를 상실한 채 아버지의 법, 기표계의 질서 속에서 재현된다. 따라서 기표에 의해 표상된 주체는 '소외의 주체'이고 '결핍의 주체'이다. 라깡은 주체에 빗금을 쳐서(Ꞩ) 주체의 이런 속성을 드러낸다.

13) '대상 (*a*)'는 불어 원어인 'objet (petit) *a*'의 발음 그대로 '오브제 쁘띠 아', 혹은 줄여서 '오브제 아'로도 통용된다. 원어를 그대로 번역하면, '대상 (작은) *a*'이지만 번역어에서는 일반적으로 '작은'을 빼고 '대상 (*a*)'로 표기한다. '*a*'는 '대상'을 의미하는 불어 autre의 이탤릭체의 첫 문자인데, 소문자 *a*를 이탤릭체로 표기하고 '작은'(petit)이라는 표현을 붙이는 것은 '큰 타자 A'와 구분하기 위한 것이다. (졸고, p.50)

사물에 빗대어 크다는 사실이 강조되어 있다. '알몸'과 '큰 우렁이', 그것은 각각 '물(속)'과 '땅(속)'에서 나왔다. 「나무꾼과 선녀」에서 '물'은 상징계로 표상되는 '하늘'에는 없는 것이다. 그리하여 선녀들이 두레박을 땅으로 내려서까지 끌어올려서 써야하는 '땅'에 속한 것이다. 이 설화에서 '땅'은 '아버지'의 영역인 '하늘'과 대비되는 '어머니'의 영역이다. '땅'은 그것 자체로도 만물을 품고 소생시킨다는 점에서 '모성'으로서의 의미를 갖는다. '땅(속)'에서 나온 '커다란 우렁이', 사전에 따르면, 바닥에 밀착하여 살며 암컷이 수컷보다 크고 한번에 40~100개의 알을 낳는다는 왕성한 생식력을 가진 큰 우렁이에는 모성적 의미가 더욱 강하게 함축되어 있다. 깊은 산골 맑은 계곡에서 방금 나온 젖은 '알몸'의 여인과, 산속의 거친 밭 흙(풀)더미에 묻혀있던 '큰 우렁이'는 어딘가 닮은 점이 있는 것 같다. 그것은 우리에게 근원적이고 원초적인 무엇인가를 떠오르게 한다. '벌거벗은 선녀'(실은 옷을 벗음으로써 '天'의 의미를 상실하여 더 이상 선녀가 아닌 선녀)와 '우렁이'는 각각 나무꾼과 총각의 대상 (*a*)이다. 그것은 근원적인 어머니, 잃어버린 낙원을 대신한다.

벗은 몸의 선녀가 '인간'인 것에 비해 우렁이는 '동물'이다. 이 때문에 우렁이는 선녀에 비해 좀 더 본능적이고 원시적인 이미지를 갖는다. 나무꾼이 선녀와 곧바로 부부가 되는 반면, 우렁이는 총각에 의해 '농(속)' 혹은 '물(속)'에 보관된다. 「우렁각시」 설화에서 총각이 우렁이를 보관하는 장소는 설화의 유형에 관계없이 대개 '농(속)'이거나 '물(속)'이다.[14] 그런데 초기의 기록본(유화 중 ②, ③, ④, ⑤, ⑥)은 '물

14) 종종 구체적인 보관 장소가 밝혀져 있지 않고 그냥 '집'으로 가져왔다고만 되어 있는 경우도 있으나, 대개 '농(속)'(벽장이나 옷장도 포함)과 '물(속)'(물, 물독, 물동이, 물항아리 포함)에 보관한다.

(속)'은 없고 모두 '농(속)'에 보관하는 것으로 되어있다.[15] '농(속)'과 '물(속)'은 '보관'을 한다는 점에서 기능이 같지만 그것이 '우렁이'인 경우는 의미가 달라진다. '물'은 우렁이가 살기에 적합한 곳이지만 '농'은 그렇지 못하다. '물'은 우렁이를 키울 수 있지만 '농'은 '보관'이상의 기능은 하지 못한다.[16] 그러나 살아있는 생물체이며 습기를 필요로 하는 우렁이의 생태상 '농'은 우렁이를 '보관'하는 곳으로도 적절하지 않다. 땅을 일구고 사는 주인공이 땅(속)에 사는 우렁이의 속성을 몰랐을 리 만무하다.

「심청전」(경판본)에서, 심청이가 꽃봉오리에 숨겨져 국왕에게 진상되었을 때 국왕 역시 그 꽃을 '장'(농)에 보관한다. 국왕은 자신의 침전의 '오색장' 속에 '꽃'(심청이)을 두고 "조회를 마치면 꽃장으로 향하여 사랑함이 아침저녁으로 더 하였다."[17] 이때 국왕에게는 아내(왕비)가 있었다. 심청은 왕비가 죽은 후에야 비로소 밖으로 나와 국왕과 혼인한다. 이때 심청이 꽃봉오리에 숨겨져 보관되는 '농'(오색장)은 '숨기는' 곳으로서의 의미가 강하다. 「우렁각시」의 '농'의 기능 역시 같은 맥락으로 해석할 수 있을 듯하다. 「우렁각시」의 총각은 말을 하는 '요술 우렁이'를 발견하고도 단둘이 살고 있는 '어머니'에게 알리지 않는다.

---

15) 유화(類話)중 ①은 보관 장소에 대한 언급 없이 '부엌'에 두는 것으로 되어있다.("In the evening he took it home and tossed it into a corner of the kitchen.")

16) 텍스트에서는 "비단 헝겊"에 싸서 보관한다고 하였으나 '비단 헝겊'은 산골의 작고 거친 밭이나 갈고 사는, 누룽지조차도 눈치를 보고 먹을 정도로 궁핍한 환경에 어울리는 물건이 아니다. 다른 유화에서는 무엇에 싸여진다는 언급 없이 그대로 농속에 보관된다. ("종이"에 싸는 경우도 있다) 텍스트의 경우, '비단 헝겊' 때문에 물건을 소중하게 다루는 것으로서의 의미가 강화된다.

17) 『심청전』, 정하영 역주, 고려대 민족문화연구소, 한국고전문학전집 13, 1995, p.53.

「심청전」의 국왕이 홀로 '장' 속에 있는 '꽃'(심청)을 사랑했듯 총각 역시 자신의 은밀한 욕망을 아무도 모르게 숨기고 싶었는지도 모른다. 욕망의 대상은 욕망의 성격이 무엇인지 말해준다. '욕망의 모든 대상은 일종의 타협안이다. 이 타협안을 통해 주체의 진실이 모습을 드러낸다.'[18] '우렁이'의 속성과 전혀 맞지 않으나, 여러 유화(類話)에 전해지고 있는 '농'에는, 아무에게도 알리지 싶지 않은, 혼자만 은밀하게 즐기고 싶은 '우렁이'를 향한 주인공의 심리가 반영되어 있는 것인지도 모른다.

설화에 나타난 결혼에는 '성숙'의 의미가 함축되어 있다. 행복한 결혼은 성숙을 전제로 한다. '결혼'은 상징계의 상징이다. 상징계로의 진입은 '기표'(signifier)를 획득함으로써 가능하다. 설화에서, 나무꾼은 선녀에게 옷을 주지 않음으로써(빼앗음으로써), 총각은 우렁각시의 '때'를 기다려주지 않음으로써 선녀와 우렁각시가 아버지의 법에 합당하게 '아내'라는 상징적 기표를 획득하는 것을 방해한다. 옷을 벗은 선녀는 선녀가 아니며, 우렁이의 신세를 벗지 못한 불안정한 상태의 '우렁'각시 역시 온전한 각시가 아니다. 주인공들의 강요에 의한 결혼은 정당한 것이 아니었다. 이는 두 주인공이 아버지의 법에 종속되지 못했다는 것을 말해준다. 이는 주인공들이 아직 어머니가 절대적인 존재인 상상계(the imaginary)에 고착되어 있다는 것을 의미하는 것이기도 하다. '아직 때가 되지 않았다'고 한, 우렁각시의 '때'는 총각의 '때'이기도 한 것이다.

상상계의 중심에는 어머니가 있다. 「나무꾼과 선녀」에서 '땅에 발을 디디지 말라'는 선녀의 금기는 '땅'의 실체가 무엇인지 말해준다. 선녀의 금기는 그동안의 선녀의 결혼생활이 어떠했을 지를 짐작케 한

18) 아니카 르메르, 『자크 라캉』, 이미선 옮김, 문예출판사, 1996, p.256.

다. 정신분석적인 시각에서 그것은 '어머니와의 결합'에 대한 금기, '근친상간 욕망'에 대한 금기이다. 사실, 두 설화에서 주인공들의 아내가 집을 나가게 된 빌미를 제공한 것은 주인공 자신이었다. 나무꾼은 옷을 내줌으로써, 총각은 부재(不在)함으로써 아내가 집을 나가는 계기를 마련해주었다.

두 설화의 '어머니'는 모두 주인공들의 불행에 결정적인 역할을 한다. 나무꾼의 어머니는 '말'(용마)을 타고 먼 길을 온 아들에게 '시원한 물' 대신에 '뜨거운 죽'[19]을 끓여준다. 어머니가 끓여준 뜨거운 '죽'은 빠른 시간에 만들어지는 것이 아니며 빨리 먹을 수도 없는 것이다. 나무꾼의 어머니는 '죽'을 끓여줌으로써 아들을 좀 더 자신의 곁('땅')에 두고 싶었는지도 모른다. 여기서, 우리는 어머니의 '죽'을 끓이는 행동을 통해 한 가지 의미를 유추해 볼 수 있다. '죽'은 '끓인다'는 표현과 함께 '쑨다'고도 한다. '죽'과 '쑨다'는 단어를 연결할 경우, '죽 쑨다'는 표현이 형성되며 그것은 새로운 의미망을 드러낸다.[20] '죽 쑨다'라는 표현은 '일을 그르쳐서 손해를 본다'는 의미로 사용하는 관용어이다.

---

19) 어머니가 해주는 음식은 '호박죽'이 가장 많으며, 이밖에 '팥죽', '닭죽' 등 대부분 뜨거운 '죽'이고, '박국'을 먹고 뻐꾹새가 되는 경우도 있다.

20) 동음이의어나 발음이 유사한 단어의 조각을 통해 숨은 의미를 탐색하는 이러한 분석은 프로이트의 꿈의 분석에서 흔히 사용되는 방법이다. 예컨대, 자신의 형이 상자 속에 숨어있는 꿈을 꾼 한 남자의 꿈에서 '상자'를 '장롱'(Schrank)으로 보아 이로부터 '절약하다'(sich einschränken)라는 의미를 끌어내, 꿈꾼 자가 '자기 대신 형이 절약해야 된다'는 사고를 하고 있다고 파악하는 경우나(프로이트, 『꿈의 해석 下』, 김인순 옮김, 열린책들, 1997, p.517 ; 『정신분석강의 上』, 임홍빈·홍혜경 옮김, 열린책들, 1997, pp.170-171), 소극적이고 내성적인 기질의 아가씨의 꿈에 등장한 '오랑캐꽃'(violets)을 '강간하다'라는 의미의 영어 단어 'violate'와 연관지어 꿈꾼 아가씨의 마조히즘적인 성향을 읽어낸 경우 등이 이에 해당한다(프로이트, 『꿈의 해석 下』, pp.477-479). 이 외에 이 글의 각주 29) 참조.

이렇게 보았을 때 나무꾼의 인생은 문자 그대로 자신의 어머니에 의해 '죽을 쑨' 것이다. 「우렁각시」에서는 '노래'로써 어머니의 과오가 강조된다. 우렁각시의 "낸들 낸들 내 탓이냐 / 넌들 넌들 네 탓이냐 / 너거머니 탓이로다."라는 노랫말은 「나무꾼과 선녀」의 선녀의 입장을 대변해주는 듯하다. 또한 그것은 이 이야기를 듣는(읽는) 모든 '아들'과 '(예비)어머니'들에게 보내는 강력한 경계의 메시지이기도 하다.

3) '天/감사(원님)'와 '수탉/새' — 상징계의 기능

'나무꾼'이 죽어서 '수탉'이 되고, '총각'이 죽어서 '새'가 된 것은 삶과 죽음을 관장하는 초자아에 의한 것이었다. '수탉'과 '새'는 각각 나무꾼과 총각의 삶의 결과요, 죄의 대가이다. 무의식적으로든 의식적으로든 우리에게 전지전능한 힘을 가진 가장 강력한 초자아는 '하늘'(天)이다. 「나무꾼과 선녀」에서 '하늘'은 '땅'과 대비되어 이야기의 공간적 배경이 된다. 설화 속 '하늘'의 기능은 나무꾼을 퇴행시킨 '수탉'에서 뿐만 아니라 '선녀'를 통해 구체화된다. 나무꾼이 수탉으로 전락한 직접적인 이유는 '선녀'의 금기를 어겼기 때문이다. 선녀의 '금기'는 선녀가 하늘의 존재였기 때문에 가능한 것이었다. 이때 '하늘'의 힘은 선녀의 '옷'에 집약되어 있었다. 옷을 입지 않은 선녀는 천녀(天女)에서 촌녀(村女)의 신세로 전락하여 나무꾼에게 종속됨으로써 아무 힘도 발휘하지 못한다. 「우렁각시」의 경우, 초자아는 전면에 드러나지 않는다. 다만, 총각을 '새'로 퇴행시키거나 우렁각시도 어쩌지 못하는 '때'를 관장하는 무대 밖의 존재로 표현된다.[21] 초자아는 상징계의 중심에서 옳고 그름을 심판하는 판관의 역할을 감당한다. 사람들이 갖고 있는 '인과응보'에 대한 믿음은 이에 대한 확신에서 온 것이다.

「우렁각시」에서 우렁각시의 새로운 남편이 되는 '감사'에 주목해 보자. '감사'는 다른 유화에서는 대부분 '원님'으로 표현된다.[22] '감사' 혹은 '원님'은 무엇을 관할하고 다스리는 사람으로서 그들에게는 '판관'의 기능이 부여되어 있다. 「해와 달이 된 오누이」의 하느님이 호랑이를 단죄하고, 「콩쥐팥쥐」의 원님이 팥쥐를 응징하고, 「백설공주」의 왕자가 계모를 엄한 벌로 다스리듯, 「우렁각시」의 '감사'(원님)는 '새'를 추방한다. 그동안 감사에 대한 평가는 선량한 '민녀'(民女)를 탐하는 악(惡)한 권력자로서의 의미로 통일되어 왔다. 「우렁각시」 설화를 '관탈민녀형'(官奪民女型)의 시각으로 볼 경우, 감사는 권력의 힘을 빌려 약자를 괴롭히는 부정적인 인물 이상의 의미를 갖지 못한다. 그러나 이야기를 꼼꼼히 들여다보면 감사에 대하여 기존의 시각과 다른 해석을 할 수 있는 여지가 몇 가지 발견된다.

우선, 「나무꾼과 선녀」의 '나무꾼'이 선녀의 옷을 강제로 빼앗은 반면, 「우렁각시」의 경우는 우렁각시가 스스로 벗어 준 것이다.[23] 또한, 총각이 우렁각시를 '우렁이'로 만난 반면, 감사는 상서로운 '빛'(瑞光)으로 만난다. 총각이 우렁각시를 아내로 맞이할 때 우렁이는 '예쁜' 각시로 변하는데,[24] 감사의 경우는 유형을 막론하고 모든 이야기에서

---

21) 간혹 몇몇 유화에서는 우렁각시가 총각에게 자신이 본래 '하늘'(천상)의 존재였는데 죄를 지어 그 벌로 우렁이가 되었다고 말하는 경우도 있다.

22) '원님'이 월등히 많고, 이밖에 '나라님'(⑩과 ⑫-ⓞ), '현관'(縣官)(③) 등이 있다.

23) 유화(類話)는 크게 감사가 하인을 통해 우렁각시를 데려가려고 하자 각시가 옷가지를 벗어주는 경우와, 감사가 단지 '서기'(瑞氣)의 근원을 알기위해 하인을 보냈는데 각시가 바로 옷가지를 벗어주는 것으로 나뉜다. 어떤 경우이든, 우렁각시는 '자의'(自意)로 옷가지(물건 포함)를 벗어 감사에게 건넨다.

24) 이때 우렁각시는 "천하일색 이쁜 색시", "고운 새각시", "꽃같은 처이", "예쁜 미

반드시 범상치 않은 '빛'(瑞光/瑞氣)으로 우렁각시를 본다. 이때의 '빛'은 '미추'(美醜)의 가치를 넘어서는 경지의 것이다. 총각은 보지 못한 우렁각시의 가치를 감사는 첫눈에 알아본 것이다 이 점은 의미심장하다. 이는 감사가 우렁각시의 진가를 발견할 눈(혜안)을 가졌다는 것으로 해석될 수 있다. '원혼형'의 유화(類話) 중 총각은 죽어서 새가 되고 우렁각시는 원님과 사는 것으로 끝을 맺는 이야기의 경우, 사실, '각시'의 입장에서 그것은 총각만큼 비극적이지 않다. 더욱이 각시가 감사와 '잘' 살았다고 되어있는 경우는 총각만 불행해지고 각시는 행복한 결말을 맞는다는 말이다. 이 경우 감사는 '긍정적' 인물이 된다. 여기에 '새'를 주인공의 죄에 대한 징벌의 의미로 파악하였을 때, 담뱃대로 새를 쫓는 감사의 행동은 주인공을 '새'로 만든 초자아의 입장과 다르지 않다. 감사가 시종일관 '악인'으로만 평가되어 온 것에는 '총각'의 입장에서 진행되는 이야기 전개방식도 한 몫을 한 듯하다.

나무꾼이 죽어서 '수탉'이 되어 하늘에 범접하지 못하듯, 총각은 죽어서 '새'가 되어 감사의 집에서 추방당한다. 두 동물의 속성에는 나무꾼과 총각의 죄의 성격이 반영되어 있다. 사실, 「나무꾼과 선녀」, 「우렁각시」 두 설화 속에서 '죽음'은 주인공이 죽은 후 다시 무엇인가로 환생함으로써 '끝'이 아니라 삶의 '연장'으로 나타난다. 「우렁각시」의 '총각'이 죽어서 '새'가 된 이유는 표면적으로는 '한'(恨)이 맺혀 죽은 주인공이 아내가 있는 곳으로 가기 위한 것으로 볼 수도 있으나,[25)]

인", "물찬제비 같은 이쁜 색시", "달덩어리 같은 색시" 등으로 표현된다.

25) 「전래동화에 나타난 변신양상과 의미-〈우렁각시〉이야기를 중심으로」(김기창, 《문학과 비평》, 1988 봄호. 탑출판사, p.276)에서는 원혼형을 '관탈민녀형'으로 파악하여 주인공이 새가 되어 관가 주변에서 운 것을 '남편의 항거'로 보고, "새는 높은 관가 담을 넘어 원님과 아내가 있는 내실 가까운 곳까지 접근하는 데에 가장 유리한 형상"으로 "이야기의 전개상 합리성을 강조하려고 새(鳥)로 재생시

주인공의 '한' 때문에 '새'가 되었다는 해석이 가능하려면 모든 유화에 공통된 주인공의 '혼인 강행'의 과정이 없어야 한다. 또한 '새'를 '자유'의 상징으로 해석하는 경우도 있는데[26] 이는 같은 논문 같은 면에서 "결혼을 서두른" 대가로 초래한 "불행한 결말"이라는 주장과 맞지 않는다. 여기에, '새소리'가 원님에게 "원망과 증오, 복수를 다짐하는 무서운 소리, 양심을 찌르는 소리"로 들렸을 것이라고 하여 '새'를 원님에 대한 '복수'와 관련시키는 해석도 있으나,[27] 실제 이야기에서는 어떤 유화에도 감사가 새소리에 반응하는 경우는 없다. 새소리에 반응하는 것은 감사의 아내가 된 각시이고, 감사는 반드시 '새'가 아닌 '각시'의 노랫소리에 반응한다.

총각이 죄를 짓고 금기를 위반하여 상대역인 우렁각시까지 불행을 겪는데도 불구하고 지금까지의 연구가 총각의 '한'(恨)에 비중을 두어 '새'의 의미가 긍정적으로 해석된 것 역시 중심인물인 '총각' 중심으로 전개되는 서술방식에서 한 가지 이유를 찾을 수 있을 듯하다. 연구자가 작품 속 주인공에 동화되어 상황을 객관적으로 보지 못하고 주인공의 입장을 배려하여 해석하는 것은, 분석가가 무의식적으로 환자의 감정에 동화되는 일종의 '역전이'(countertransference)현상과 크게 다르지 않아 보인다.[28]

킨 것이라고 볼 수 있다."라고 보았다.

26) 「변신모티프의 현대적 의미」(임영옥, 서강대 교육대학원 석사학위논문, 2000)에서는 김기창(앞의 논문)의 해석을 수용, 확장하여 새가 우는 것을 "누구에게도 방해받지 않을 자유와 사랑의 성취를 희구하는 민중의 소망이 문학적으로 녹아 있"는 것으로 보고, "'자유'의 상징으로 '새'를 사용한 것"이라고 보았다(p.44). 그러나 '새'를 '자유'의 상징으로 해석한 것은 같은 논문에서 원혼형을 "본능적인 욕망"에 기인한 "퇴행적인 변신민담"(p.43)이라고 파악한 것과 상치된다.

27) 김기창, 앞의 논문, p.276.

두 주인공이 '동물'이 된 것은 '퇴행'의 의미이며, 그것은 자신들의 '죄' 때문이었다. '수탉'에는 '수컷'의 의미가 드러나 있다. 이 경우, 모든 유화에서 반드시 '닭'이 아닌 '수탉'으로 표현된다. 닭은 본래 날 수 있었으나 인간의 가축이 되면서 날개가 퇴화되어 날지 못하게 된 짐승이다. 기껏해야 지붕에나 올라갈 수 있는 '수탉'의 속성에서 나무꾼의 삶의 성격을 엿볼 수 있다. 상징계의 흔적인 '날개'가 있되 '집' 주변을 벗어나지 못하는 수탉은 상징계에 진입할 수 있는 기회를 얻고도 결국 어머니를 벗어나지 못함으로써 '아버지'와 '남편'이라는 기표를 모두 상실한 나무꾼과 닮은 점이 있다. 「우렁각시」의 '새'의 경우도 '수탉'과 같은 맥락으로 파악할 수 있다. 주인공 '총각'이 「나무꾼과 선녀」의 '나무꾼'처럼 단지 자신의 결핍(혼인)을 채우기 위해 부적절한 방법으로 혼인을 강행하고, 불행한 결말의 원인 제공자인 어머니와 죽을 때까지 분리되지 못한 삶을 살았다는 사실을 고려할 때, '새' 역시 주인공의 삶의 성격에 합당한 '부정적'인 의미를 함축하고 있을 것으로 짐작할 수 있다.

많은 유화에서 '새'는 "파랑새" 혹은 "靑鳥"로 표현되거나, "원앙새"나 "접동새"인 경우도 있고, "쪼꼬만 새"라고 하여 크기가 묘사되어 있는 경우도 있다. 어떻든 공통된 명칭은 '새'이며, 이름이 부여된 경우에도 이후에는 대개 '새'로 불린다. 한편, '새'는 한자(漢字)로 '鳥'라고 표기한다. 언어의 음성적 특징, '동음이의어'의 청각적인 면[29]을 고려

---

28) '역전이'(countertransference)는 '전이'(transference)에 대한 상대적 개념이다. 간략하게 말해, 분석가에 대한 환자의 감정을 '전이'라고 한다면, 환자에 대한 분석가의 감정을 '역전이'라고 한다. 정신분석에서 전이와 역전이는 분석가가 환자의 상태를 객관적으로 보지 못하여 환자에 대한 잘못된 분석으로 치료를 방해할 수 있기 때문에 분석가가 경계해야 할 현상이다.

29) 언어의 상징성이 아니라 언어의 음성적인 면을 고려한 '동음이의어'를 통한 분석

할 경우, '鳥'는 남성의 성기를 속되게 부르는 특정 용어와 발음이 유사하다.[30] 프로이트의 '꿈 분석'에서 '나는'(飛) 행위는 성적(性的)의미를 갖는 대표적인 꿈의 전형이기도 하다.[31] 이렇게 볼 때, '새'는 '수컷'의 의미가 드러나는 '수탉'과 유사한 의미를 갖는다.

이 글의 텍스트에서는 총각이 새가 되어 '각시'의 몸에서 나온 '새'와 함께 멀리 날아가는 것으로 이야기가 끝난다. 그런데 이런 결말 구조는 초기의 기록본에 한정되어 있고 이후의 설화집에 실린 대개의

방법은 프로이트의 꿈 분석을 비롯하여 정신분석에서 흔히 사용되는 방법이다. 예컨대, 프로이트는 「도라의 히스테리 분석」에서 '방문(Zimmer)이 잠기고, 잠기지 않는 문제'에 대한 도라의 꿈의 한 부분을, 여성을 폄하하여 부르는 '여편네(Frauenzimmer)—독일어로 '방문'을 의미하는 'zimmer'라는 발음이 겹침—가 닫혀있느냐 열려있느냐'의 의미로 해석하였고(『꼬마한스와 도라』, 열린책들, 1997, pp.259-260), 라깡은 「욕망, 그리고 〈햄릿〉에 나타난 욕망의 해석」에서 '오필리아(Ophelia)'를 '오, 팰러스(O phallos)'의 의미로 해석하였다(『욕망 이론』, 민승기 · 이미선 · 권택영 옮김, 문예출판사, 1996, p.146). 이는 언어의 '의미'가 아니라 '소리'에 가치를 둔 것이다.

30) '새'가 남성의 성기를 가리키는 속어와 유사한 의미로 사용되는 경우가 있는데, 예를 들어, '매우 힘들게'를 의미하는 사투리 '새(세) 빠지게'라는 표현은 '똥 빠지게' 혹은 남성의 은밀한 신체부위를 가리키는 'X 빠지게'와 의미가 같다. 공교롭게도 정신분석에서 '똥'은 '페니스'와 유사한 의미를 갖는다.

오늘날, '바보 됐다'의 의미로 흔히 사용되고 있는 신조어 '새 됐다'라는 표현 역시 'X'→'鳥'→'새'의 의미로 파악할 수 있다.('새 됐다'의 의미에 대해서는 장승욱, 『사랑한다 우리말』, 하늘연못, 2007, pp.108-109 참조)

참고로, 「우렁각시」 설화 중 제목에 주인공의 성씨(姓氏)가 드러난 유일한 이야기의 제목이 '고동처녀 덕에 임금 된 **조서방**'(『구비대계』 7-4)이다.

31) 프로이트는 『꿈의 해석』에서 꿈속에서의 '새'의 표상을 '비행'(飛行)과 밀접한 관련이 있는 것으로 보았는데 이 책의 역주(譯註)에 따르면, 공교롭게도 독일어에서 '새'(Vogel)와 어원이 같은 'vögeln'이라는 낱말이 '성교하다'의 속어로 사용된다고 한다. 한편, 이 책에는 당시 프로이트 외에도 '비행'(飛行)의 꿈을 남성의 '발기'와 관련시키거나, '에로틱한' 의미를 갖는 것으로 해석한 정신분석가들의 견해가 소개되어 있다. 프로이트, 『꿈의 해석』 下, pp.501-502 참조.

이야기는 총각은 '새'가 되고 각시는 감사(원님)와 그냥, 혹은 잘 사는 것으로 끝난다.[32] 이 경우는 「나무꾼과 선녀」의 수탉유래담과 전반적인 구조가 같다. 나무꾼이 '수탉'이 되듯 총각이 '새'로 퇴행하고, 선녀가 상징계를 표상하는 하늘에서 살듯 우렁각시 역시 감사의 아내가 되어 감사와 함께 사는 것으로 이야기는 끝난다. 그렇다면 분석 또한 우렁각시가 상징계의 일원이 되는 것으로 종결되는데 이 경우, 감사에게 '판관'으로서의 기능은 찾을 수 없다. 그런데 감사가 던진 담뱃대에 하필 각시가 맞고 그 때문에 각시의 머리에 생긴 구멍에서 새가 나온다는 다소 특이한 내용으로 이루어진 이 글의 텍스트(유화 ②, ⑤, ⑥ 포함)의 결말에는 간과할 수 없는 의미가 있을 것 같다.

총각이 새가 되고 각시는 감사(원님)와 사는 것으로 끝나는 이야기에 비해 우렁각시의 머리에 난 구멍에서 새가 나와 두 마리의 새가 멀리 날아간다는 결말의 내용은 '새'의 의미를 부각시킨다. 이 경우, 무대의 중심에는 '새'가 놓인다. '새'를 쫓아내는 감사의 '담뱃대'는 모양으로나 기능으로나 감사의 팔루스(phallus)이다. 총각의 영혼이 변했다는 '새'는 겨우 감사의 '담뱃대'에 의해 추방당한다. 이때 '새'는 감사의 팔루스에 제압되지 않는다. 다만, 감사의 집에서 멀리 날아갈 뿐이다.[33] 감사의 집에서 추방될 뿐, 죽지 않는 '새'(鳥, 남성의 그것을 의미하는 속어로서의 새)는 아버지의 법이 지배하는 상징적 질서 속에 억압되

32) 필자가 찾아본 바로는 1970년대 이후의 설화집에 실린 유화는 대개 총각과 각시가 분리되는 것으로 끝나는데, 초기의 기록본과 비교해보니, 총각은 불행해지고 각시는 원님과 사는 것으로 단순화되면서 이야기의 전반적인 주조를 이뤘던 '비극'성이 총각에게로 제한되는 것을 알 수 있었다.

33) 한편, 1980년대에 채록된 유화 가운데 원님의 담뱃대에 새가 맞아죽거나(⑫-㉠와 ⑫-㉧("대실때"에 맞아죽음)), '담뱃대' 대신 원님이 "재통"(담배통)으로 때려 새가 죽는 경우(⑫-㉦)가 있다.

어 있으나 영원히 사라지지 않는 주체의 '욕망'과 닮은 점이 있다.

상징계의 주체는 결핍의 주체이다. 라캉은 주체에 빗금을 침으로써 ($) 주체의 결핍을 드러낸다. 주체의 결핍이 아버지의 법의 질서에 종속됨으로써 발생한 것과 같이 각시의 몸에 생긴 구멍은 감사의 담뱃대에 의한 것이다.[34] 담뱃대에 의해 상처 난 '구멍'에서 나온 '새'는 '거세의 가정(the assumption of castration)으로 결핍이 생겨나고, 이 결핍에서 욕망이 시작된다.'[35]라는 라캉의 말을 떠오르게 한다. 그러나 그 욕망('새')은 결국 상징계의 중심에 있는 감사의 집으로부터 추방당한다. 감사의 담뱃대는 '금기'로써 욕망을 거세하는 상징계의 기능을 함축적으로 보여준다. 날개가 있으면서도 하늘에 범접하지 못하는 '수탉'이나 감사의 담뱃대 하나에 쫓겨나는 '새'는 모두 상징계로부터 '금기'되고 '소외'된 존재이다. 이는 우리에게 '상징계'의 요구가 무엇인가를 말해주는 듯하다.

4) '女'에서 '仙(天)'으로, '우렁'에서 '각시'로
― 주체(subject)의 재현(representation)

주인공인 '나무꾼'과 '총각'이 동물로 퇴행하는 것과 달리, 상대역을 담당한 '선녀'와 '우렁각시'는 각각 '옷'을 획득하고 '감사'의 아내가 됨으로써 '하늘'과 '감사(원님)의 집'으로 표상되는 상징계의 일원이 된다.

「나무꾼과 선녀」에서 선녀의 '옷'은 선녀가 '하늘'의 존재임을 나타

---

34) 감사의 담뱃대는 본래 '새'를 맞히기 위해 던져진 것이지만 '실수'로 '기둥'을 맞고 튕겨나가 각시의 머리에 '잘못' 맞는다. 무의식은 '깜빡 잊기'나 '말실수' 등으로 언제나 전도되고 변형된 형태로 의식에 발현된다는 점을 고려할 때, 정신분석적인 시각에서, 애초에 감사의 진심은 각시를 겨냥한 것으로 해석할 수 있다.

35) Lacan, *Écrits*, Bruce Fink, W. W. Norton & Co Inc, 2006, p.723.

내는 '기표'로서 작용한다. 옷을 벗은 선녀의 무력한 모습은 기표에 의해서만 존재되는 주체의 본질적 특성을 보여주는 듯하다. '선녀'와 '우렁각시'가 새로운 세상을 맞이할 수 있었던 것은 다른 설화 속의 주인공들처럼 '집'을 떠났기 때문이다. 그들이 떠나온 집은 상상계에 고착된 남편과 시어머니가 살고 있는 집이었다. 그곳의 중심에는 상상적 어머니가 있다. 상징계로의 진입은 상징적 아버지의 개입에 의해 이루어진다. 「우렁각시」에서, 아직 '때'가 되지 않아 '우렁 + 각시'로 남아있던 '우렁각시'가 온전한 '각시'가 될 수 있었던 것은 '감사'를 만났기 때문이다. 대부분의 유화에서 감사는 '관행' 행렬과 함께 등장한다. 또한, 사령(혹은 하인)이라는 중개자를 거쳐 우렁각시에게 접근한다. 이는 아무도 없는 깊은 산골이나 부엌에서, '몰래' 혹은 '숨어서' 은밀하게 상대에게 접근하는 나무꾼이나 총각과는 대조적인 모습이다.

다음은 감사의 요구에 대한 각시의 반응의 일부를 인용한 것이다.

㉮ 사령은 각시 있는 디 가서 감사가 서기가 뻗쳐 있이니 먼이 있는가 보로 왔담서 같이 가자고 힜다. 각시는 **은가락지**를 벗어줌서 이것뱀이 없더라고 여쭈어라고 힜다. 사령은 감사헌티 가서 가락지를 내뵘서 이것뱀이 없십디다, 힜다. 감사는 "아니다. 서기가 아직도 비치고 있다. 다시 가서 봐라." 힜다. 사령은 다시 각시헌티 가서 감사가 다시 가보라고 히서 또 왔노라고 헝께 각시는 **은비네**를 빼서 줌서 이것뱀이 없다고 허라고 힜다. (임석재, 「우렁이에서 나온 각시」, 『韓國口傳說話 7-全北篇 Ⅰ』, p.192)

㉯ "그래 우리 사또께서 데려오라구 하셨으닝개 가자."구.
"아이구 내가 워트게 가느갸? 나 목 가겠다."구.
이 **옥고름**을 뚝 떼 주면서,

"이것뱃이 읎더라구 가 전해 달라구. 이것 이것뱃이 읎더라구 좀 해 달라." 구.

그러구 줬어. (『口碑大系 4-6』 충남편, p.194)

우렁각시는, '빛'(서광/서기)의 실체를 궁금해 하거나 혹은 그것을 데려(가지고)오라는 감사에게 자신을 대신하여 "가락지"와 "비녀", ("옷고름"), "신발", "저고리", "치마"를 차례차례 벗어주더니 마침내 "속옷" 차림이 된다.(속옷까지 벗어주는 경우도 있다) 각시가 감사에게 자신의 물건들을 벗어주는 행위는 의식(儀式)을 치르듯 하나하나 단계적으로 이루어진다. 각시가 무엇을 벗어주는 행위는 '반복'됨으로써 더욱 강조된다. 이 장면은 분량 면에서 이 설화 중 가장 큰 비중을 차지한다. 겉으로 보기에 각시의 행동은 자신을 보호하기 위한 것처럼 보이지만, 사실, 각시가 준 장신구나 옷가지들은 각시가 누군가의 '각시'라는 것을 증명하는 물건들이다. 특히, '가락지'나 '비녀' '옷고름' 따위는 '혼인'과 관련된 징표와 같은 것이다. 그것은 각시뿐만 아니라 '총각'의 것이기도 하였다. 총각에게 속한 것이었지만 감사에게 줌으로써 감사의 소유가 된 것이다. 더욱이 그것은 선녀가 나무꾼에게 옷을 빼앗기듯 감사에게 강제로 빼앗긴 것이 아니라 각시 자신의 판단에 의해 스스로 자신의 몸에서 벗어낸 것들이다.

우리는 앞에서 '옷'이 바로 '존재' 자체를 의미하는 기표로 작용하는 것에 대해 살펴보았다. 반지를 빼는 행위는 그것을 준 사람과 결별했다는 의미이다. 특히 옷고름은 그것에 은장도까지 매달아가며 지키고자 했던 여성 정조의 상징물이다.[36] 각시가 준 물건들은 바로 각

36) 「〈나중미부〉 설화의 전승양상과 비극성」(정상진, 《한국대학논총》제33집, 한국문학회, 2003, p.55)에서는 "'반지와 비녀, 옷고름, 겉옷, 심지어 속옷까지 벗어

시를 대신하는 물건, 각시 자신이다. 비녀를 뺌으로써 쪽진 머리를 내리고 옷고름을 풀고 겉옷부터 속옷까지 하나하나 벗어내는 각시의 행동은 '첫날밤'을 연상시킨다. 한 가지씩 차례차례 벗겨져 사령(하인)의 손을 거쳐 감사에게 전달되는 번거로운 과정이 반복됨으로써 '총각의 각시'에서 '감사의 각시'로의 변모과정이 우리도 모르는 사이 우리의 의식 저편에 각인되었을지도 모른다.

많은 유화(類話)에서, 모든 것을 벗어버린 각시는 '가마'에 태워져 감사와 함께 간다. 감사가 '관행'의 행렬과 함께 등장한 것을 생각해보자. 감사에게는 각시의 '가락지'와 '비녀', '옷고름', '신발', '저고리', '치마' 따위가 있고, 각시는 '가마'를 타고 요란한 '행렬'속에서 자신의 가장 소중한 것들, 바로 자신을 증명할 그것을 가진 감사와 함께 그의 집으로 향한다. 이 장면은 무엇과 닮은 점이 있는 것 같다. 그것은 '혼례식'을 떠오르게 한다. 이는 옷을 빼앗거나 떼를 씀으로써 의식(儀式)의 절차 없이 단숨에 부부의 연을 맺은 나무꾼이나 총각의 경우와 대조되는 것이기도 하다. 기표가 다른 기표에 대해 정의되고, 주체가 타자에 의해 정의되듯 각시는 감사의 각시가 됨으로써 '감사의 각시'로서 존재하게 되었다. 이로써 우렁각시는 '땅(속)'에서 '농(물)속'으로, '총각의 집'으로, '총각의 집밖'으로, 그리고 '감사의 집'으로의 긴 여정을 끝낸다.

선녀가 나무꾼에게 옷을 빼앗겨 어쩔 수 없이 그의 아내가 된 것과 달리 우렁각시는 "누구와 먹고 살꼬"라는 총각의 혼잣말에 거듭

주면서" 애원하는 우렁각시의 행동을, "힘없고 가련한 우렁색시"가 "정절 수호를 위해 나름의 몸부림"을 친 것으로 해석하였으나, '정절수호'를 하고자 하였다면 오히려 반드시 지키고 벗어주지 않아야 마땅하다. 정절 수호를 위해 옷고름을 풀고 속옷까지 벗어주었다는 것은 납득하기 어렵다.

"나랑 먹고 살지"라는 말로 반응함으로써 총각을 유혹하였다. '우렁'은 생김새만으로도 '성적'(性的)이미지가 강하다. '수탉'에 나무꾼의 삶의 내용과 죄의 성격이 함축되어 있듯, '우렁'의 이미지와 총각에게 보여준 반응을 통해 우렁 이전의 존재의 성격을 짐작할 수 있을 것 같다. '우렁'은 우렁각시의 상처난 '구멍'에서 나온 '새'와 유사한 의미로 해석할 수 있을 듯하다. 우리의 설화 가운데 「밥 안 먹는 각시」라는 이야기가 있다. 아내가 밥을 너무 많이 먹어 남편이 그 아내를 쫓아내고, 입이 아주 작은 두 번째 아내를 얻었는데 밥을 적게 먹는 줄 알았던 두 번째 아내가, 알고 보니 머리 뒤딱지(뒤통수)에 있는 '입' 혹은 '구멍'으로 엄청난 양의 밥을 먹고 있었다는 이야기이다. 구멍으로 들어가는 엄청난 양의 밥은 결코 충족될 수 없는 주체의 욕망과 닮은 점이 있다. 이 설화에서 아내의 머리에 난 '구멍' 역시 우렁각시의 머리에 난 '구멍'과 유사한 의미로 해석할 수 있을 듯하다. 그렇다면, 이 두 설화의 '구멍'은 주체(S)에 그어진 '빗금'(/)이며, 결핍이다.

우렁각시는 죽어서 '새가 되는' 것이 아니라, 몸에 생긴 **'구멍'**에서 '새가 나온다.'[37] 감사는 새소리에 각시가 화답하는 것을 본 후에 담

37) 이글의 텍스트에서는 기둥을 맞고 튕겨 나온 담뱃대를 맞아 각시의 머리에 구멍이 났다고만 되어있고, 각시가 어떻게 되었는지에 대한 언급이 더 이상 없다. 이후 임석재가 자신의 문체로 정리한 기록(유화 중 ⑥)에서도 이와 유사하게 쓰여 있다. 그런데 1938년 《朝鮮》 7월호에 손진태가 정리한 「螺婦說話」(유화 중 ⑤)에는 "그러자 각시는 죽고 그 상처구멍(疵穴)에서 한 마리 새가 나왔다." 라고 하여 '각시는 죽고'(すると嫁は死んで)라는 표현이 삽입되어 있다. 전문(全文)이 일어(日語)로 표기된 이 유화는 채록일자나 제보자 등을 기록하지 않았으며 기록자의 문체로 서술되어 있다. 이 유화에서 감사(殿様)는 실수로 담뱃대로 각시의 머리에 상처구멍을 내지만, 담뱃대가 기둥에 맞았다가 튕겨나가는 것이 아니라 바로 각시를 맞춘다.

그런데 이 유화는 각시의 노랫말에 '네 어머니 탓이로다.'라는 가장 중요한

뱃대를 던진다. 그런데 각시의 화답 장면은 이미 한 번 더 있었던 적이 있다. 그것은 이야기의 도입부에서 총각의 "누구와 먹고 살꼬"에 대한 "나랑 먹고 살지"라는 화답이었다. 이 상황은 도입부에서 한 번 더 반복된다. 새가 총각의 현신임을 고려할 때, 총각에 대한 각시의 화답 행위가 감사의 집에서 다시 반복된 것이다. 그렇다면 감사가 던진 담뱃대는 그것에 대한 경계로 볼 수 있다. 또한 우렁각시가 감사의 담뱃대에 머리를 맞아 그 상처 구멍에서 새가 나와 날아간다는 것은, 애초에 '우렁'의 생김새와 행동을 통해 드러난 성적이고 유혹적인 속성이 '우렁'과 유사한 의미의 '새'로 표상되어 '감사의 각시'로부터 추방된다는 의미로 해석할 수 있을 듯하다.

「나무꾼과 선녀」, 「우렁각시」에서 '선녀'와 '우렁각시'는 각각 두 개의 존재로 나타난다. '선녀'는 '벌거벗은 몸'(女)과 '옷을 입은 하늘의 존재'(仙)로, '우렁각시'는 '우렁'과 '각시'로 '분리'되어 등장한다. 기표가 사물을 대신하는 순간, 실제 사물은 사라지고 기표로서만 정의되듯, 선녀와 우렁각시는 각각 '옷'을 입고 감사의 '가마'를 탐으로써 '벗은 몸'과 '우렁'에서 각각 '선녀'와 감사의 '각시'로 거듭난다.[38] 이는 무의식 속의

부분이 빠져있고, 감사가 아름다운 각시를 보고 '매우 기뻐하며'(非常に喜んで) 데리고 갔다는 식으로 감사의 반응이 표현되는 등 다른 유화와 비교할 때 내용이 부분적으로 다르거나 표현이 자세하게 되어 있는 경우들이 발견된다. 기둥에 맞아 다시 튕겨 나온 담뱃대는 물론이고 비록 직접 맞았다고 해도 '던져진' 담뱃대에 사람이 맞아서 죽는다는 것은 개연성이 없어 보인다. 「螺婦說話」의 '각시는 죽고'라는 표현은 각시의 머리에 구멍이 났다는 사실 때문에 글의 흐름을 매끄럽게 하기 위해 기록자가 은연중 자신의 생각을 삽입한 것이 아닌가 한다. 참고로 「밥 안 먹는 각시」에서 각시는 처음부터 머리(두통수)에 구멍이 뚫려있었고 그대로 살아간다.

38) 이때, 선녀와 달리 본래 성적이고 유혹적인 속성으로 등장하는 '우렁각시'의 경우는 앞에서 살펴본 대로 감사의 담뱃대에 머리를 맞음으로써 '우렁'의 성향이

'본래의 나'와 사회적 문화적 질서가 요구하는 '상징화된 나'로 분열(spaltung)되어, 있는 그대로의 나는 상실되고 사회가 요구하는 존재로 거듭나는, 주체의 재현(representation)과정을 보여주는 듯하다. 이때 '분열은 주체가 존재하기 위한 조건이다.'[39] '상징은 실제 사물의 살해'[40]라는 라깡의 정의는, 분열되고 소외(alienation)된 주체의 속성을 말해준다.

'하늘의 존재'가 되어 '금기'의 주체가 되고, 감사의 아내가 되어 '노래'로써 어머니를 경계하는 '선녀'와 '각시'는 기표에 의해 확립된 재현된 주체로서의 모습을 보여준다. 그것은 그들이, 대상에 고착되어 개별성을 획득하지 못한 두 주인공들과 달리 각각 자신의 팔루스(phallus)를 소유한 상징계의 존재가 되었다는 것을 의미하는 것이기도 하다.

'무의식'을 탐구하는 정신분석적 독법은 작품의 의미의 영역을 확장하고, 해석에 다양성을 제공한다. 「나무꾼과 선녀」, 「우렁각시」에 대한 그간의 연구가 유형분류나 변이양상 연구에 치우쳐 있었다면 이 글은 텍스트의 '분석' 자체에 목적을 두고 서사구조가 유사한 두 설화의 비교를 통해 각 이야기에 숨겨진 작품의 내밀한 의미를 탐색하고자 하였다.

분석 결과, 두 설화에 나타난 '죽음'이 '끝'이 아니라 '삶'의 연장이

거세되는 과정을 한 차례 더 거친다. 한편, 총각의 각시로서의 '우렁각시'는 아직 '때'가 되지 않은 '각시'로서 '우렁'의 상태를 벗어나지 못한 상태에 있다.

39) Bruce Fink, *The Lacanian subject : between language and jouissance*, Princeton University Press, 1997, p.48.

40) Lacan, *Écrits : A Selection*, Alan Sheridan, New York · London, W. W. Norton & Company, 1977, p.104.

며, 주인공의 환생인 '동물'은 이전의 주인공의 삶의 성격을 반영한 것으로 '퇴행'의 의미를 지니고, 사건의 중심에 있는 주인공이 불행한 최후를 맞이할 수밖에 없는 근본적인 이유를 '어머니'와의 관계에서 찾을 수 있었다. 날개가 있되 날지 못하는 '수탉'이 나무꾼의 삶을 대변하듯, '우렁'의 속성과 행위를 통해 우렁각시의 우렁 이전의 삶의 성격을 유추할 수 있었으며, 이로부터 '수탉'과 '새', 그리고 '우렁'의 공통된 의미를 파악하였다. 선녀의 '금기'와 감사의 '거세'를 통해 두 인물의 초자아로서의 기능과 상징계의 성격을 엿볼 수 있었고, '벗은 몸'과 '우렁'에서 각각 '선녀'와 '각시'가 되는 과정을 주체의 재현 과정으로 보고, 우렁각시의 상처난 '구멍'과 이로부터 나오는 '새'의 의미를, 상징적 질서에 포섭되었으나 여전히 '결핍'을 안고 살아야 하는 불완전한 주체의 모습과 이 결핍에서 비롯되는 '욕망'의 의미로 해석하였다.

심산유곡의 벌거벗은 선녀와 '나랑 먹고 살자'는 우렁각시의 짜릿한 유혹은 만인이 꿈꾸는 환상적 소망의 실체가 무엇인지 말해주는 듯하다. 환상속의 선녀와 우렁각시는 존재 자체만으로도 상징계를 형성하는 근본적인 힘인 '금기'를 위반할 것을 촉구하고, 나무꾼과 총각은 언제나 위반의 욕망을 품고 있는 우리의 모습을 대변하고 있는 듯하다. 두 이야기가 '나무꾼'과 '총각'을 중심으로 전개되고, 우리가 그들을 미워할 수 없는 이유 역시 그 때문인지도 모르겠다.

제3장

‘스님과 아이’, 혹은 ‘페르조나(persona)와 자기원형’

-「오세암」 설화의 심층의미

강원도 산골의 한 암자에 얽힌 짧은 전설이 널리 알려지게 된 데에는 정채봉의 창작동화 「오세암」의 영향이 적지 않은 듯하다. 설화를 모티프로 재창작된 정채봉의 동화는 1985년 초판이래 12만부이상 발행되는 등 현재까지도 꾸준히 재발행 되고 있는 스테디셀러로서, 초등학교 교과서에도 수록되었으며, 영화, 뮤지컬, 그림책, 만화, 애니메이션 등의 다양한 장르로 변용되어 왔다.

정채봉의 동화와 그것을 원작으로 한 애니메이션은 ‘설화’의 서사구조를 기반으로 한 것이다. 이 글에서는 동화와 애니메이션의 원(原)소스인 ‘설화’에 주목하고자 한다.

오랜 세월동안 여러 사람에 의해 구전되어 온 설화는 인류 공동의 심리적·문화적 유산이다. 이 글에서는 융의 분석심리학적 시각을 빌려 「오세암」 설화의 심층(深層)의미를 분석하기로 하겠다.[1] 융(C.G.Jung)의 시각으로 볼 때, 설화에는 인간 삶의 가장 근원적이고 보편적인 원

1) 이때의 ‘심층(深層)’이란 ‘표층(表層)’의 상대적 개념으로서, ‘무의식’을 염두에 둔 것이다.

형(Archetype, 原型)이 반영되어 있으며, 그것의 심층은 '집단무의식'과 밀접한 관련이 있다.[2] 오랜 옛날부터 설화로 전승되어 오고, 창작동화로 대중적 인기를 획득한 「오세암」 역시 이와 무관하지 않을 듯하다. 이 글의 일차적인 목적은 설화의 텍스트 분석에 있되, 궁극적으로는 원소스인 설화의 의미와 가치를 공유함으로써 설화를 토대로 한 다양한 콘텐츠 개발에 도움이 되는 것에 있다.

1) 유화(類話)검토 및 서사구조

현전하는 설화 「오세암」의 유화를 정리하면 다음과 같다.[3]

---

2) 융의 시각으로 볼 때, 보편성을 지닌 모든 것(예컨대, 문화, 종교, 예술작품 따위)은 인간 삶의 가장 근원적인 유형이 반영된 것이며 집단무의식과 관련이 있다.

3) 『한국구비문학대계』(정신문화연구원)에 실린 「오세암」 설화는 총 7편으로 5편은 강원도 지역에 수록되어 있고, 2편은 경북편에 실려 있다. 경북편의 경우, 채록은 경북지역에서 이뤄졌으나 설화의 배경은 강원도이다. 이 밖에 『한국민족전설집』(최상수, 통문관, 1984), 『한국의 전설기행』(천소영, 한국문원, 1997), 『조선민간전설』(윤영, 조정현, 최웅범 편, 흑룡강 조선민족출판사 국단강, 1990 ; 한국문화사, 1994), 『향토의 전설』(강원도 발행, 1979), 『佛教說話大事典 下』(한정섭 편저, 어화문화출판사, 1992)에 실려 있다.

번호	출처	시대	스님 신분	아이 신분	스님이 산을 내려간 이유	스님이 산에 오르지 못한 이유	아이 생사 여부	아이가 살 수 있었던 이유	조력자의 정체	조력자가 준 것	조력자의 변신
1	오세암의 신동(1) (2-4)	X	설정 대사	양친 부모가 다 죽은 조카	늦가을에 비로소 월동준비를 해야 될 것 같아서.	그날 저녁부터 억수로 눈이 쏟아져서.	生	어머니가 밥, 떡 주고, 젖도 주고 해서.	어머니(미륵봉에서 내려온 백의선녀)	버리기 (일종의 경전)	청조 青鳥
2	오세암의 유래(2) (2-4)	X	설정 대사	부모 잃은 대사의 조카	(뒤늦게)월동준비를 하러.	그날 저녁 밤새 눈이 혹세게 와가지고.	生	어머니가 밥, 떡 주고 글도 가르쳐주고 얘기도 해줘서.	어머니(미륵불에서 내려온 소복한 여인)	가는 귀	청[illegible]
3	오세암 유래 (2-5)	고려	설총	자기 조카아이	10월 신흥사 큰 절에 왔다가.	눈이 와서.	生	부처님이 도술로 음식과 떡을 만들어주고 이불도 덮어줘서.	부처님	X	X
4	오세암 연기설화 (2-8)	X	중	아들 (마누라는 죽고없음)	낙산사에 양미를 타러갔다가.	주먹같은 눈이 쏟아져서. (※ 내려가는 길에 눈이 부실부실 옴)	生	어머니가 껴안고 자고 밥을 해줘서.	어머니(부처)	X	X
5	오세암 연기설화 (2)(2-9)	X	중 노릇	조카 (죽은 형의 아들)	일 년 먹을 것을 장만(구걸)하다가.	눈이 막 퍼부어서.	生	관세음보살이 우리 어머닌데 먹을 것과 덮을 것을 줘서.	어머니 (관세음보살)	X	X
6	인제읍 오세암의 유래(7-8)	X	오성 대감 삼촌	조카 (부모를 다 잃은)	삼동내 먹을 양식을 준비하기 위해.	밤에 눈이 콱 쌓여서.	生	어머니가 밥줘서.	어머니 (관세음보살)	X	X
7	오세암 전설 (7-14)	X	어느 사람	조카 (죽은 형의 아들)	겨울 먹을 식량을 준비하려고.	난데없이 눈이 몇일동안 와서. (걱정하다가 병이 남)	生	관세음보살님이 젖을 줘서.	관세음보살	X	X

출처	시대	스님 신분	아이 신분	스님이 산을 내려간 이유	스님이 산에 오르지 못한 이유	아이 생사 여부	아이가 살 수 있었던 이유	조력자의 정체	조력자가 준 것	조력자의 변신
오세암 (한국민족전설집)	고려	명승 설정 조사 雪頂 祖師	그의 조카	그 해 시월, 설정조사가 볼일이 있어서.	눈이 퍼내리어 산과같이 쌓이게 되자.	生	어머니가 젖을 먹여.	어머니(관음봉에서 내려온 흰옷입은 신선같은 젊은 부인)	관음지기 觀音之記	파랑새
매월당과 오세암 (한국의 전설기행)	옛날	설정 雪頂 스님	부모잃은 어린조카	조카가 5살 되던 해 겨울, 월동준비차.	눈사태를 만나.	生	소복한 여인이 조카를 돌봐서.	소복한 여인	X	파랑새
오세암 (향토의 전설)	고려	명승 설정 雪頂 스님	그의 조카	어느 해 10월, 겨울 날 양식을 마련하려고.	그날 밤에 눈이 내려 산과같이 쌓였다.	生	어머니가 늘 젖을 줘서.	어머니(관음봉에서 내려온 흰옷을 입은 선녀 같은 젊은 부인)	관음기 觀音記	파랑새
오세암 (조선민간전설)	고려	명승 설정 조사 雪頂 祖師	그의 조카애	그해 시월에 갑자기 일이 생겨서.	그날 밤에 마침 함박눈이 펑펑 쏟아져 고갯길을 싹 메워버리는 바람에.	生	어머님께서 매일 젖을 주서.	어머님(관음봉에서 내려온 흰옷입은 신선같은 젊은 부인)	관음지기 觀音之記	파랑새
5세 동자의 悟道 (불교설화 대사전下)	고려말	설정 스님	부모가 죽은 조카	5살 되던 해 늦은 가을, 겨우내 먹을 식량을 구하러.	밤길이 험해 하룻밤을 지샜는데 밤새도록 내린 눈이 지붕까지 쌓여서.	生	관음보살님이 돌봐줘서.	관음보살님	X	X

각 유화의 공통된 요소를 중심으로 「오세암」 설화의 서사구조를 정리하면 다음과 같다.

㉠ 고려 때의 (명승) 설정(雪頂) 스님(祖師, 대사)이 설악산의 한 암자(관음암)에서 부모가 없는 다섯 살 배기 조카를 데리고 기거하였다.

(혹은 암자에서 수행을 하던 설정스님이 부모를 잃은 조카를 데려와 키웠다)

㉡ 어느 날, 스님은 어린 조카만 암자에 놔두고 월동준비를 하러 산을 내려온다. 이때, 스님은 아이에게 '관세음보살'을 외우고 있으라고 일러준다.

㉢ 폭설이 내려 스님은 산을 오르지 못하게 된다.(동네 사람들의 만류에도 산에 가려하나 심한 폭설로 스님도 어쩌지 못한다)

㉣ 이듬 해,(혹은 이듬해 봄에, 초봄에) 눈이 녹고 나서야 스님은 (조카가 죽었을 것이라고 생각하며) 암자로 갔다. 그런데, 죽은 줄 알았던 조카는 살아 있었다.

㉤ 아이는 어머니(관세음보살)가 와서 젖(밥)을 주어서 잘 지냈다고 했다.

㉥ (얼마 지나지 않아 흰옷 입은 여인이 내려와 '관음지기'라는 책을 주고 파랑새가 되어 날아갔다)

㉦ 스님은 이후로 그 암자의 이름을 (관음암에서) '오세암'이라고 지었다.

* ㉥은 전체 유화 중 절반 정도에 소개되어 있다.
* ㉤의 경우, 아이를 보살핀 조력자는 12편 가운데 7편이 '어머니'이고, 3편이 관세음보살, 한 편이 부처님, 한 편은 '소복입은 여인'인데, 각 편마다 신분이 나눠지는 것이 아니고 한 편의 이야기에 어머니, 관세음보살, 소복입은 여인 혹은 백의의 선녀가 혼용된 경우(구술자에 의해 부연 설명됨)가 많다.
* 아이의 처음의 나이는 5세가 가장 많고 성불 후 5세라고 밝힌 경우가 두 편 있으며, 3살인 경우가 두 편 있다.
* 스님과 아이가 기거한 장소는 '암자'가 대부분이고, '관음암'(관세암)이라고 이름이 명시된 것이 네 편(결말에서 '관음암'을 '오세암'으로 바꿨다고 밝히는 경우 포함)이다.
* 구술자에 의해 매월당 김시습의 자전적 이야기일 수도 있다고 부연설명된 것이 4편(1, 2, 3, 9번)이며[4], 오성대감의 이야기로 소개된 것이 한 편(6번)있다.

이상의 내용을 토대로 설화의 의미를 탐색하기로 하겠다.

2) '스님과 조카'

다섯 살배기 아이가 산중암자에 기거하게 된 것은 '스님'의 조카이기 때문이다. 그런데 수도 정진을 위해 출가한 스님이 혈연과 함께 산다는 상황은 특이하다. 이 점을 의식한 듯 많은 유화에서 아이가 부모를 모두 잃었다는(그리하여 갈 곳이 없다는) 사실이 강조되어 있다. 스님은 고려 때 실존했던 '설정(雪頂) 조사(祖師)'라는 명승으로 소개된다.[5] 사실, 아이가 성불(成佛)하는 데에 스님의 조카라는 사실은 아무 상관이 없다. 더욱이 스님이 굳이 명승(名僧), 대사, 혹은 조사(祖師)일 필요는 없는 것이다. 그런데 설화의 도입부에 소개된, 스님을 가리키는 수식어들은 그가 보통 스님이 아니라는 것을 말해준다. 반면에 아이는 사람이라면 누구에게나 부여되는 이름조차 없다. 설화의 중심인물인데도 아이에게는 지나치게 호칭이 없는 것이다. 불교설화에는 미천한 신분이 성불을 한다는 내용의 이야기가 적지 않으므로 두 사람의 대조적인 상황을 통해 '깨우침에는 왕도가 없다'는 메시지를 전하

---

4) 이 가운데 세 편(1, 2, 9번)은 매월당이 어릴 때 '신동'으로 알려진 사실을 설화와 연관시키고 있다.

5) 전승된 설화에는 '고려 명승 설정(雪頂)'이라고 되어있으나, '오세암'을 소개하는 기타 자료에는 인조21년(1643)에 설정(雪淨)스님이 오세암을 중건한 뒤 사찰명을 오세암으로 바꾼 것으로 되어있기도 하다.(http://www.oseam.co.kr/story 참조) 한편, 만해(萬海)에 의하면 「봉정암칠창사적기(鳳頂庵七創事蹟記)」, 「오세암경각중건기(五歲庵經閣重建記)」등을 검토해 볼 때 '조선 영조' 때 오세암에 살았던 '설정'(雪淨)을 착각한 것 같다고 한다.(한국불교연구원, 『한국의 사찰 14』, 일지사, 1978, p.79 참조)

고자 한 것으로도 볼 수 있으나, '명승'의 조카라는 관계는 그런 시각을 무색케 한다. 「오세암」 설화는 어릴 때 신동으로 불렸던 '매월당(김시습)'의 일화로도 널리 알려져 있고, 혹은 '오성(이항복)'의 어릴 적 이야기로 보는 경우도 있는데, 실제로 그들은 실존인물인 설정스님과는 무관하다. 이런 점으로 미루어 볼 때, 설화 속의 '스님과 조카'라는 두 인물의 관계에는 다른 의미가 함축되어 있을 지도 모르겠다.

우선, 이 이야기가 실존했던 승려와 관련된 전설이라는 점에서 아이는 실제로 스님의 조카라고 생각할 수 있다. 혹은 영웅담의 전제조건인 '뛰어난 혈통'을 내세우기 위하여 명승의 조카로 설정된 것으로 생각할 수도 있다. 아니면, 일반적으로 '조카'라는 표현이 친숙함을 드러내기 위해 사용된다는 사실을 생각할 때, 실제로는 스님과 무관한데 대외적으로 그렇게 부른 것일 수도 있고, 반대로 한 유화에 소개된 것처럼 사실은 스님의 '아들'인데 그것을 가리기 위해 '조카'라고 한 것으로 생각할 수도 있다.[6] 이 중 어떤 경우이든 스님과 아이는 '같은' 집안이고, '같은' 곳에 기거하며, '같은' 길을 간다는 점에서 '같다' 혹은 '하나다'라는 의미를 유추할 수 있다. '스님의 조카'라는 '혈연관계'는 그것을 더욱 확고히 해준다.

앞에서 언급했듯, 두 인물은 함께 살지만 처한 상황은 전혀 다르다. '스님'이라는 표현은 승려의 높임말로서 호칭 자체에 이미 '존대'의 의미가 있다. 더욱이 스님은 단순한 스님이 아니다. 불교가 융성했던 '고려' 때의 '명승'(名僧)이며 스님의 구체적인 신분은 '조사'(祖師)이다. '조사'(祖師)란 불교에서 한 종파를 창시한 사람에 대한 존칭(尊

6) 그것은 애초에 스님 자신에 의한 것일 수도 있고 '불교' 설화라는 점을 고려할 때 전파하는 사람들에 의한 것일 수도 있다.

稱)으로 특별한 경우에만 부여되는 칭호이다. 설정(雪頂)이라는 이름은 더욱 범상치 않다. 한자를 그대로 풀면 '눈의 정수리'이다. 그것은 가장 '순수'한 상태를 의미하는 것으로, 더 이상 '석'이 아닌 '빛'의 상태이다. 「오세암」 설화에 '눈'(雪)이 많이 오고 공간적 배경이 '설악산'(雪岳山)인 것을 생각하면 스님의 법명이 '설정'(雪頂)인 점은 우연이라고 하기에는 필연적으로 다가온다. 설화의 주인공이 스님이 아닌 '아이'인 점을 고려할 때, 스님에게 따라다니는 호칭은 과도하게 많으며 화려하다. 이를 통해 유추할 수 있는 것은, 무명의 아이가 스님에게 '종속'되어 있다는 점과, 스님과 아이는 '같으나 다르다'는 점이다.

심리적 관점에서 두 인물의 '같으나 다른' 관계는 한 사람의 서로 다른 측면으로 볼 수 있다. 스님에게 부여된 많은 이름들, 그것은 융의 용어를 빌리면 자아(自我, ego)에게 따라다니는 외적인격, 즉 '페르조나'(persona)에 해당한다. '융에 의하면 '나(자아)'는 외부세계와 접촉하면서 생기는 '외적인격'과, 내적세계 즉 무의식과 관련을 맺고 있는 '내적인격'으로 이루어져 있다. 외적인격은 다른 말로 '페르조나'라고 하는데, 이는 본래 고대 그리스의 연극에서 배우들이 쓰던 '가면'을 말하는 것으로 '체면' '낯' '얼굴'의 의미를 가지며 외부와의 관계에서 생기는 '지위', '역할', '본분', '도리', '규범' 등이 이에 해당한다. 한편, 외적인격에 대응하는 내적인격을 '제엘레'(Seele, 마음)라고 하는데, 페르조나의 기능이 외부와의 관계를 맺는 것에 있다면 내적인격, 즉 '제엘레'는 자아를 무의식의 깊은 층으로 인도한다. 널리 알려진 '아니마'(Anima), '아니무스'(Animus)가 이 내적인격에 해당한다.'[7] 돌이켜보

7) 이부영, 『분석심리학-C.G.Jung의 인간심성론』, 일조각, 1998, pp.81-86, pp.97-98 참조. 한편, 융은 남성과 여성을 구분하여 남성의 내적인격은 여성적 성향을, 여성의 내적인격은 남성적 성향을 띤다고 보고 이를 각각 '아니마', '아니무스'라

면, 설화 속에서 스님이 '스님'으로서의 역할을 한 것이라고는 암자의 이름을 '오세암'이라고 지은 것 밖에 없다. 그런데 그것은 스님의 본분인 '수도'와는 무관한 것으로, 스님에게 부여된 권한을 활용한 것일 뿐이다.

융의 시각으로 볼 때 스님과 아이는 둘이 아닌 하나의 자아이다. 과도하게 많은 호칭이 부여된 스님이 자아의 '페르조나'라면, 무명의 아이의 '성불'은 의식과 무의식을 통틀어 진정한 자신의 전부를 이룬 '자기실현'이라고 할 수 있다. 분석심리학에서 '자아'(ego)와 '자기'(self)는 구분된다. '의식 속의 나'가 '자아'라면, 무의식의 깊은 층위에 자리 잡고 있는 그대로의 '본연의 나'를 '자기'라고 한다. 의식과 무의식을 통합하여 진정한 '자기'를 이루는 것을 '자기실현'(개성화, individualation)이라고 하는데, 융에 의하면 이 '자기실현은 인간내부에서 우러나오는 필연적 요구'[8]라고 한다. 인간에게는 근원적으로 '온전한 나', 즉 의식과 무의식의 합일을 지향하는 성향이 내재해 있다는 것이다.

융의 이론을 염두에 두고 다시 설화로 돌아와 보자. 사실, 스님은 처음부터 조카와 산 것이 아니다. '어쩔 수 없는 상황'에 의하여 부득이하게 함께 살게 된 것이다. 아이의 성불은 스님의 '부재'중에 이뤄진 것이며, 그것은 '예상치 못한 폭설' 때문이었고, 애초에 그것은 스님의 '때늦은' 월동준비 때문이었다. 결과적으로 스님은 아이를 방치함으로써 보호자로서의 기본적인 소임도 해내지 못한 것이다. 여기서 한 가지 의문이 든다. 스님은 본래 설악산의 암자에 기거하던 사람이다. '설악'(雪岳)이라는 이름은 '눈'이 많이 온다고 하여 붙여진 것이다.

고 하였다.(같은 책, p.87 참조) 아니마와 아니무스는 자아를 무의식의 깊은 곳으로 인도하여 인격의 통합, 즉 '자기실현'을 돕는다.(같은 책, p.96 참조)

8) 이부영, 앞의 책, p.60.

따라서 설악산에 살며 갑작스러운 눈으로 아이가 고립될 수도 있다는 사실을 예상치 못했다는 것은 납득하기 어렵다. 더욱이 겨울을 앞두고 깊은 산중에 어린 아이를 홀로 남겨두는 위험을 감수하는 스님의 행동은 이해하기 어렵다. 어찌 됐든, 스님의 하산(下山)으로 아이는 고립 되었고, 폭설로 길이 차단되면서 스님과 아이의 '분리'의 상태가 지속된다. 고승(高僧)인 스님에게 종속되었던 무명의 아이가 비로소 스님으로부터 분리된 것이다. 아이의 성불(成佛)은 이 상황에서 이뤄진다. 공교롭게도 아이가 깨달음의 과정에 있을 때 스님은 '마을'이라는 '속세'에서 "꼼짝달싹 못할" 상황에 있었다. 눈이 "산같이 쌓여서" "길이 차단" 되었기 때문이다.

스님과 아이는 '유명(有名)과 무명(無名)', '속(俗)과 성(聖)', '의식과 무의식'의 관계에 놓인다. 융의 시각을 접목하면, 스님의 하산(下山)은 자아로부터 페르조나가 분리된 것이라고 할 수 있다. 그것은 '자기실현'을 위한 첫 번째 조건이기도 하다. 스님이 아이를 '데려와' 살다가, 아이가 스님과 분리된 후 성불을 한다는 일련의 과정은, 외적인격이 내적인격과 접촉을 하고 다시 외적인격을 벗어버림으로써 무의식 속의 본연의 자기를 찾는 '자기실현'의 과정으로 해석할 수 있다.

3) '관세음보살'과 '어머니'

아이가 암자에 홀로 남겨졌을 때 아이는 혼자가 아니었다. 아이의 성불(成佛)은 '관세음보살(혹은 어머니)'의 도움으로 가능하였다. 불교에서 말하는 '관세음보살은 세간의 온갖 소리를 관(觀)하여 중생을 제도하는 존재이다. 관세음의 '관'은 참다운 관(眞觀), 청정한 관(淸淨觀), 크고 넓은 관(廣大觀), 지혜의 관(智慧觀)이며, 가엾이 여기고(悲觀) 사랑하는 관(慈觀)이다. 관세음보살의 근본체는 무엇으로도 이름지을 수 없는 법신덩어리로 진리의 눈이 있는 자만이 볼 수 있고 귀가 트인 자만이 들을 수 있다. 믿음 속에 살아있어서 아는 자는 언제나 알지만(顯護顯益), 모르는 자는 언제나 모른다(冥護冥益).'[9)]

관세음보살은 종교적인 원형상(原型像)이며 집단적 표상이다. 성불(成佛)을 돕는 그것은 내적세계로 안내하는 매개자로서의 '아니마'(Anima)이다. 서양의 '성모마리아'에 비견되는 그것은 거룩하고 숭고한 영혼의 인도자이다. 「오세암」 설화의 아이에게 그것은 모성과 같은 존재이다. 융은 '어머니'를 개인적인 관계에 한정된 것이 아닌, 보편성을 띤 '모성원형'(母性原型)으로 본다. 그에 따르면 '어머니'는 생성과 변환의 신비스런 근원이며, 자연의 모체, 영혼의 모체, 삶의 총체이며 우리는 어린이로서 그것에 우리를 내맡기고 있는 것이다.[10)] 폭설로 길이 차단된 깊은 산중에 홀로 남겨진 다섯 살 아이에게 '어머니'는 아이의 정신적 '요새'이다.[11)] 스님이 염(念)하라고 일러준 만인의 '관세음보살'이 아이에게는 '어머니'로 구체화된 것이다. 세상과 고립된, 그리하여 이승이라고 할 수 없는 비속(非俗)의 공간에서 저승의 어머니가 관세음보살에 투사되어 현신한 것이다. 아이에게 그것은 관세

9) 한정섭 편저, 『佛教說話大事典(下)』, 이화문화출판사, 1992, pp.646-650 참조.

10) 융(C.G.Jung), *Die psychologischen Aspekte des Mutter-Archetypus*, (in) Jung.C.G. : Von den Wurzeln des Bewusstseins, Rascher Verlag, Zürich, 1954, pp.111-112(이부영, 「Jung의 모성상과 모성콤플렉스론」, 『심성연구』2권 2호, 1987, p.75에서 재참조)

11) 폰 프란츠(Marie-Louise Von Franz)에 의하면 아이들은 의식의 정상적인 발달과정에서 방해를 받게되면 외적 혹은 내적 곤란을 피하여 자기의 내적인 요새로 도망쳐버린다고 한다. (「개성화의 과정」, 융 外, 『인간과 상징』, 이윤기 옮김, 열린책들, 1997, p.166)

음이건 어머니이건 상관이 없다. '이정도의 경지에 이르면 이름 따위는 대수롭지 않게 된다. 여기에 이르면 원형과 그 개인과의 '관계'가 가장 중요한 문제로 떠오르기 때문이다.'[12)]

설화 속에서 아이의 어머니는 '관세음보살'과 등격일 뿐만 아니라, "미륵불에서 내려온 백의선녀", "소복한 여인", "흰옷 입은 신선같은 젊은부인", "흰옷을 입은 선녀같은 젊은부인" 등의 신비스러운 인물로 표현된다. 어머니는 아이를 "젖"(혹은 "밥")을 주어 돌보고, 책(觀音之記)을 준 후 파랑새가 되어 날아간다. 어머니와 관련된 여러 장치들에는 공통점이 있다. "관세음보살", "미륵불", "신선", "선녀" 뿐만 아니라 "흰색", "경전(관음지기)", "파랑새"는 신성성을 강조한다.

유화를 살펴볼 때, 어머니(관세음보살)가 준 음식은 '젖'이 가장 많고 '밥'이 이에 버금간다. '밥'은 일반적으로 '끼니'를 뜻하기도 하므로 '먹을 것'의 비유로 볼 수 있으나 '젖'의 경우는 특이하다. 불교에서 젖(Milk)이 보리수 밑에서 명상하는 부처의 음식[13)]이라는 점을 생각할 때 종교적 상징으로 볼 수 있으나, 그것이 '아이'와 결합될 때 다른 의미를 찾을 수 있다. '젖'은 아이가 어리다는 사실을 드러내고, 젖 먹는 아이는 어머니의 젖가슴을 연상시킨다. 사실, '젖먹이'로서의 아이는 아이의 실제 나이인 5세보다 훨씬 이전의 유아 상태를 떠오르게 한다. 그것은 모든 사람들에게 잠재되어 있는, 그러나 더 이상 경험할 수 없는 원초적 모성, 낙원의 향수를 불러일으킨다. 한편, 젖(밥)을 주며 아이를 살렸던 어머니의 보살핌이 아이와 단 둘이 있을 때 일어난 일이라면, 신성한 여인(관세음보살)의 모습으로 현신하여 "경전"을 주고

12) 융, 「무의식에의 접근」, 『인간과 상징』, p.98.
13) 진 쿠퍼, 『그림으로 보는 세계문화 상징사전』, 이윤기 옮김, 1996, 까치, p.122.

"파랑새"가 되어 날아간 것은 스님과 함께 있을 때이다. '경전'을 주었다는 것은 아이가 그것을 습득할 정도의 능력을 갖췄다는 것을 뜻하는 것이기도 하다. 경전은 종교적 지혜와 가르침의 정수이다. 관세음보살의 현신은 스님에게 아이의 말이 사실이었다는 것을 증명한다. '젖'을 먹던 어린 아이가 '경전'을 읽을 정도로 '성숙'한 것이다. 그 순간, 아이와 스님은 '함께' 있었다. 더 이상 분리된 상태가 아니었다. '합일'의 경지에 있는 것이다.

한편, 관세음보살의 "흰옷(소복)"의 '흰색'은 아이를 둘러싼 '눈' 덮인 산의 이미지의 연장으로서, 색이 아닌 무채색으로 순수함을 상징하고, "파랑새"의 '파랑'은 '하늘'의 푸른색과 관련이 있을 뿐만 아니라 '새'는 '하늘'의 존재로서 하늘과 땅의 매개자로서의 기능을 부각시킨다.

4) '5'와 '아이', '눈'(雪)과 '암자'

분석심리학에서 '아이'는 본연의 나를 나타내는 대표적인 자기원형(自己原型)이다. 문화적으로 혹은 관습적으로 아이는 '순수함', '무구(無垢)함', '신성함'과 관련되어 왔다. 도덕경(道德經)에서 아이는 덕을 갖춘 자의 비유의 대상이며, 수련을 통해 비로소 도달할 수 있는 존재이다.[14] 아이는 사람의 처음이고 아이의 마음(동심)은 마음의 처음이다.[15] '아기예수'나 '동자승'은 자기원형의 한 예이기도 하다. 융에 의하면 아이는 의식적인 사고가 빈곤하지만 그의 마음에서는 원시심성

14) 노자(老子), "含德之厚 比於赤子"(도덕경, 55장), "專氣致柔 能嬰兒乎"(도덕경, 10장), 『老子』, 王弼 注, 新興書局 : 台北, 1964, pp.11-12, p.66.

15) 이지(李贄), "童子者人之初也 童心者心之初也", 「童心說」, 『분서I』(한길사, 김혜경 역, 2004)에서 원문(p.522) 참조.

(原始心性)이 기능하고 있다.[16] 자아의 이름을 벗어내고 지식을 거둬내는 것이 수도(修道)의 기본과정이라고 할 때, 깨달음의 궁극의 목표는 꾸밈이 없는 아이와 같은 상태일 것이다. 설화 속 아이의 무명성(無名性)은 그러한 자기원형으로서의 의미를 더욱 부각시킨다.

한편, 이름 대신에 불리는 '5세 아이'라는 호칭은 '5'라는 숫자를 드러낸다. 완전수로서의 '5'는 그것 자체로 이미 '전체'로서의 의미를 갖는다. 또한 사지를 뻗어 오각형의 별 모양을 이룬다는 점에서 소우주로서의 인간을 나타내며, 여성을 나타내는 짝수 '2'와 남성을 나타내는 홀수 '3'의 결합으로 성혼(成婚)의 숫자이기도 하고, 네 방향과 중심을 합한 수라는 점에서 '보편성'과 관련이 있다.[17] 뿐만 아니라 동양사상의 근간을 이루는 '음양오행'(陰陽五行)에서 '5행'은 만물의 척도요 기본원리로서 우주내의 모든 물체를 구성하는 원소를 다섯 가지로 분류한 것으로, 이때 하늘이나 땅의 기운으로 생겨난 모든 원소는 '5'의 수를 통과하지 않으면 완성될 수 없으며, 5는 10수 가운데 중간 수로서 모든 기운을 연결해주는 고리이기도 하다.[18] 또한, 5를 나타내는 한자(漢字) '五'는 본래의 형태가 위의 일획(一)은 양(陽)을 의미하는 '하늘'을, 아래의 일획(一)은 음(陰)을 의미하는 '땅'을, 그리고 가운데는 상호 섞임의 '결합'을 의미[19]하는 것으로, 이렇게 볼 때 '5'는 '하늘과 땅', '신과 인간'을 연결해주는 숫자로도 해석할 수 있다.

'오세암'은 작품의 제목이며 동시에 암자명(庵子名)이다. '오세암'에

16) 융, 앞의 책, p.99.

17) 진 쿠퍼, 앞의 책, p.240 참조.

18) 한동석, 『우주 변화의 원리』, 대원출판, 2003, p.57 참조 ; 권오호, 『우리 문화와 음양오행』, 교보문고, 1996, pp.19-20 참조.

19) 김중곤, 『道印』, 삼보출판사, 2005, p.325.

는 '5'와 '아이', 그리고 '암자'의 의미가 복합(5+아이+암자 =오세암)되어 있다. 그런데 결국 그것의 지향점은 '암자'라는 장소이다. '암자'는 속세와 단절되어 오직 수도(修道)정진만을 위해 만들어진 신성한 공간이다. '암자'는 절(寺)과 다르다. 절이 외부와의 접촉이 허용되는 곳, '스님'이라는 외적인격이 외계와 관계하는 곳이라면, 암자는 참된 나를 찾기 위해 외계를 차단하고 마음의 중심으로 깊이 파고드는 은둔과 몰입의 장소이다. 그곳은 인간의 세계, 의식이 차단된 무의식의 영역이다. 그곳은 외적인격인 페르조나는 범접할 수 없는 거룩하고 성스러운 곳이다. 이야기 속에서 암자는 깊은 산 속에 있다. '산'을 '모성성'을 지닌 '땅'의 연장으로 볼 때 '산중 암자'인 그곳은 모태 속의 자궁이며 '재생'의 공간이다. 암자 속의 아이는 자궁 속의 아이이며, 그곳에서 온전한 '자기'로 거듭난다. 암자의 이름이 '관음암'에서 '오세암'으로 바뀌었다는 것은 '아이'가 '관세음보살'을 능가했다는 것으로 볼 수 있다. 그것은 '관음암'에서 수행을 했던 설정스님을 능가한 것이기도 하다. 암자는 본래 스님이 기거하던 곳으로 스님에게 익숙한 장소였으나, 아이에게는 미지(未知)의 장소였다. '암자'의 주인으로서 오랜 수행생활을 거친 고승(高僧) 대신에 아무 것도 모르는 어린 아이가 성불(成佛)했다는 것은, '암자'에 걸맞는 자격조건이 무엇인가를 말해주는 듯하다. '자궁'이라는 '암자'의 공간적 특성에 이미 그러한 의미가 내포되어 있다.

설화에서 스님의 발을 묶고, 길을 차단한 '눈'은 암자의 의미를 더욱 가중시킨다. 아이가 암자에 고립될 수밖에 없었던 것은 지나치게 많이 내린 '눈' 때문이었다. 유화에서 눈은 "억수로 쏟아져", "혹세게", "펑펑 쏟아져", "퍼내리어", "폭설", "눈사태" 등으로 강조되어 있다. 공교롭게도 설화의 공간과 시간, 인물의 이름에 모두 '눈'(雪)이 있다. 「오세암」은 눈(雪)오는 겨울 설악산(雪嶽山)에서 설정(雪頂)스님이 겪은 일화이다. 그런데 정작 스님은 눈이 내리는 동안 산에 있지 못하였다. 스님은 눈이 녹은 후에야 비로소 산에 오를 수 있었다. '눈'(雪)이라는 공통점에도 불구하고 설산(雪山)과 설정(雪頂)스님은 융합될 수 없는 것처럼 보인다. 눈은 길을 차단시켜 스님과 아이를 분리하지만, 한편으로는 온 세상을 덮음으로써 하나가 되게 한다. 경계를 지으나 또한 경계를 없앤 것이다. '눈' 때문에 너와 나, 성과 속, 인간과 비인간, 의식과 무의식의 구분이 없는 '전체'가 된 것이다. 또한 '눈'으로써 만물이 정화되고 신성해진다. 눈의 이러한 기능과 상징은, 의식과 무의식의 합일을 통하여 온전한 '자기'를 지향하는 '자기실현'의 속성을 말해주는 듯하다. 우리의 '무의식'에는 자기의 인격을 통합하여 실제 삶 속으로 끌어들임으로써 자신을 성숙시키고자 하는 성향이 있다고 한다.[20] 오세암 설화가 오랜 시간 전승되어 오고, 닮은 콘텐츠로 변용되어 온 데에는 5세 아이의 자기실현의 과정이 우리의 무의식의 성향과 일치하기 때문일 지도 모르겠다.

이상으로, 융의 분석심리학적 시각으로 「오세암」 설화의 심층 의미를 분석하였다. 분석한 내용을 간추리면 다음과 같다.

먼저, 주인공 아이가 '스님의 조카'라는 점에 주목하여 스님과 아이를 자아의 두 측면으로 보고, 아이가 스님과 분리되어 '성불'하는 일련의 과정을 자아가 페르조나로부터 분리되어 '본연의 나'를 찾는 '자기실현'의 과정으로 파악하였다. 또한, 관세음보살로서의 어머니를 모

20) 폰 프란츠, 앞의 책, p.180 참조.

성원형이자 자기실현을 돕는 '아니마'로 보고, 완전수로서의 숫자 '5'와 무명의 '아이'에 함축된 '자기원형'의 의미를 찾고, '눈'(雪)을 의식과 무의식의 경계를 허문 절대적인 경지로, '암자'를 모태의 '자궁'으로서 고독과 몰입을 통한 '재생'의 장소로 파악하였다. 한편, 암자의 이름이 '관음암'에서 '오세암'으로 개명된 것을 오세 아이가 관세음보살을 넘어섬으로써 스님을 능가한 것으로 해석하였다.

부족하나마 이 글이, 우리 설화에 잠재된 보편적 가치를 인식하고 어린이들이 공감할 수 있는 다양한 콘텐츠를 개발하는 데에 도움이 되길 바란다.

제3부

원작(原作)과 변용(變容)

제1장

설화에서 창작동화로, 창작동화에서 애니메이션으로

-「오세암」과「엄마를 만나는 곳 오세암」

정채봉의 창작동화「오세암」이 발표이래 지금까지 어린이 독자들로부터 꾸준한 관심을 받고 있는 것에 비하면, 동화의 변용물들은 원작의 명성에 비해 이렇다 할 주목을 받지 못하였다. 특히 작가 사후(死後)에 상영된 애니메이션은 검증된 스토리, 한국문화콘텐츠진흥원의 우수콘텐츠 사전 제작지원, 영화진흥위원회의 극영화 사전 제작지원, 유명 가수의 OST 참여, 문화관광부의 추천 등 원작의 지명도와 호재에도 불구하고[1] 개봉 일주일 만에 조기 종영되었다가, 국제영화제 수상이후 단기간 재상영 되는 정도에 그쳤다.

정채봉의 동화와 그것을 원작으로 한 애니메이션은 '어린이'를 주

---

1) 2003년 5월에 상영된 애니메이션「오세암」은 이듬해에 프랑스 안시 국제애니메이션 페스티벌 장편부분 그랑프리와 칸 국제영화제에서 주니어심사위원상(Junior Jury Prize. 객석의 11세이하 아이들 15명이 '어린이 영화'들을 추려서 별도로 심사해 주는 상)을 수상하였고, 2005년 토론토 국제 어린이영화제 애니메이션부문에서 관객상을 수상하였다. 한편,「오세암」의 타이틀 곡('마음을 다해 부르면')은 2002년 한일월드컵 당시 월드컵 노래로 큰 인기를 모았던 가수 윤도현이 듀엣으로 참여하여 화제가 되기도 하였다.

요 대상으로 한 아동문화콘텐츠라는 공통점이 있다.[2][3] 한 편의 설화가 창작동화로 변용되면서 수용자의 관심의 중심에 놓였다가, 애니메이션에서는 주변으로 밀려난 데에는 그만한 이유가 있을 것 같다.[4]

---

2) '아동문화콘텐츠'라는 용어는, '아동'을 주요 수용자로 한다는 점을 드러내기 위하여 필자가 '아동'과 '문화콘텐츠'를 조합하여 만든 말이다.

3) 애니메이션이라는 장르 자체를 두고 볼 때, 그것의 대상은 '어린이'에 국한되지 않는다. 애니메이션 「오세암」 역시 "한국형 가족 애니메이션"을 표방하였다. 그런데 '가족극', '가족영화', '가족뮤지컬' 등에 자주 사용되는 '가족'이라는 수식어에는 '全연령층 관람가'의 의미가 함축되어 있으며 그것은 다분히 '어린이'를 염두에 둔 표현이다. 더욱이 '동화'를 원작으로 한 「오세암」의 경우, '가족' 가운데에서도 주요 대상은 어린이이다. 제작사는 (주)교학사와 공동마케팅으로 2003년 초등학교 4·5·6학년 1학기 全과목의 전과(학습서) 표지를 애니메이션의 비주얼로 하고, 책 내부에 동화 내용을 소개하였으며, 애니메이션 개봉에 맞춰 어린이를 겨냥한 '오세암 애니만화'(「오세암-만화로 엮은 오세암」, 전2권, 파랑새어린이, 2003. 3)와 '오세암 애니동화'(「오세암 : 엄마를 만나는 곳」, 샘터, 2003. 4)를 연이어 출간하기도 하였다.

또한, 애니메이션 소개와 관련 기사, 감독의 인터뷰 내용 역시 '동화' 혹은 '아이'가 강조되어 있는데, 일부를 옮기면 다음과 같다. "초등학교 교과서에도 수록된 명작동화, 수십만 독자를 맑은 동심의 세계, 가슴속 묻어둔 순수의 세계로 초대했던 그 「오세암」을 이제 스크린에서 만난다.", '오세암 소개 1' 중 ; "故 정채봉씨의 원작동화를 바탕으로 하고 맑고 깨끗한 동심의 세계를 서정적으로 담고있다.(…)하지만 컴퓨터에 익숙한 지금의 아이들에게 길손이의 천진난만한 모습과 엄마에 대한 애틋한 그리움이 얼마큼 공감을 줄지가 의문이다.", 코리아필름 김철연 기자, '영화리뷰' 중 ; "나는 세 명의 아이가 있다. 세 딸을 가진 아빠가 만드는 애니메이션은 분명 따뜻한 것이다. 아이와 함께 하는 아빠는 순수함을 잃을 수 없기 때문이다.", '연출의 변' 중.(이상 'http://www.koreafilm.co.kr/movie/anioseam/anioseam_main.htm' 참조)

4) '상영관'을 통해 관객을 만나는 애니메이션의 경우, 작품 성패의 이유는 홍보, 배급사의 문제, 상업성, 상영 당시의 다른 영상물과의 관계 등 작품 외적인 요인이 적지 않다. 다만, 「오세암」의 경우, 원작의 명성과 원작자의 지명도, 관객에게 어필하기 위한 '한국적인 캐릭터 개발' 등의 제작사의 노력을 고려할 때, 작품 자체의 문제에 대한 검증을 해볼 필요가 있을 것이다.

이 글에서는 이 책의 제2부 '옛이야기의 심연(深淵)'에서 살펴본 「오세암」 설화의 분석 내용을 염두에 두고 한 편의 설화가 설화에서 창작동화로, 창작동화에서 애니메이션으로의 변용과정을 거치면서 원화(原話) 혹은 원작의 본래의 의미가 어떻게 변화되었으며, 그것이 작품에 어떤 영향을 미쳤는가를 탐색하는 것에서 그 이유를 추적해보고자 한다.[5][6]

1) 서사구조

동화와 애니메이션이 설화와 다른 점은 '어린이'를 주요 수용자로 한다는 점이다. 설화에서는 스님에게 가려졌던 5세 아이가, 동화와 애니메이션에서는 '이름'을 부여받고 중심인물로서 전면에 드러난 이유는 이 때문일 것이다. 앞에서 언급했듯, 동화는 설화를 모티프로 재창작된 것이지만, 애니메이션은 동화를 원작으로 '각색'의 손질만 거친 것이다. 따라서 스토리상으로는 유사한 것처럼 보인다. 그러나 면면을 들여다보면 작품의 완결성과 관련하여 몇 가지 차이를 발견할

---

5) 이때 '동화'는 창작과비평사에서 나온 『오세암』(1990)을 텍스트로 하고, '애니메이션'은 시나리오(최민용, 이서경, 성백엽, 「엄마를 만나는 곳 오세암」, 《시나리오》 제3호, 연암사, 2003, pp.271-345)를 텍스트로 하되, DVD 『엄마를 만나는 곳 오세암』(마고21, (주)씨넥서스, 2003)도 참고하기로 한다.

6) 한편, 애니메이션의 경우, 동영상은 참고 정도로 하고 본격적인 분석 대상은 '시나리오'에 한정하기로 한다. 왜냐하면 애니메이션이 '영상물'인 점을 고려할 때, 이에 대한 연구는 영상기법, 이미지, 색채, 음향 등 다양한 각도에서 접근이 가능한데 이러한 분야는 애니메이션의 영상, 조형 등과 관련된 제작기법적인 측면에서 심도 있게 다뤄져야 할 몫으로, 본고와는 다른 전공의 것일 뿐만 아니라 동화의 변용에 따른 작품의 의미 변화를 탐색하게 될 이 글의 취지와도 맞지 않기 때문이다.

수 있는데, 설화를 염두에 두고 서사구조를 중심으로 동화와 애니메이션의 차이점을 살펴보기로 하겠다.

동화 「오세암」은 다음과 같이 구성되어 있다.

① 스님과 거지남매(길손이와 감이)가 눈 내리는 항구에서 만난다.
② 스님은 갈 곳 없는 길손이와 감이를 '조카들'이라고 하기로 하고 절로 데리고 간다.
③ 절 생활을 시작한 길손이는 마음의 눈을 떠서 감이에게 바깥세상을 더 잘 말해주기 위해 스님을 따라 관음암에 공부하러 가기로 한다. 한편, 감이는 절에 그대로 머문다.
④ 암자의 생활을 시작한 길손이는 우연히 발견한 '골방'에서 관세음보살의 벽화를 찾아내고 관세음보살을 '엄마'라고 부르게 된다.
⑤ 어느 날, 스님은 양식을 구하기 위해 길손이를 혼자 두고 하산한다. 스님은 길손이에게 어려운 일이 생기면 '관세음보살'을 찾으라고 당부한다.
⑥ 폭설로 길이 차단되어, 암자로 향하던 스님은 쓰러지고, 민가의 노인의 저지로 결국 산행을 포기한다.
⑦ 스님은 하산한 지 한 달 스무 날 만에 감이와 함께 암자로 가서 길손이를 만나고, 길손이로부터 어머니의 보살핌을 받았다는 말을 듣게 된다. 이때 관세음보살이 현신하여 길손이의 '성불'(成佛) 사실을 알려주고, 감이는 개안한다.
⑧ 길손이의 장례식에 사람들이 몰려들고, 스님들은 암자의 이름을 '오세암'으로 바꾸기로 한다.

설화와 비교할 때, 동화의 눈에 띄는 차이점은 첫째, 주인공으로서의 아이의 위치가 확고해졌다는 점이다. 그것은 화자의 시각이 설화에서는 드러나지 않은 아이에게 맞춰지고, '길손이'라는 이름이 부여되었으며, 아이다운 천진하고 장난꾸러기의 면고가 부각되는 것으로 나타난다. 둘째, 설화의 구조가 '암자 → 스님과 분리 → 성불(成佛)'로 이루어졌다면 동화에서는 도입부에서 아이들과 스님과의 만남의 장면이 삽입되고, 암자 이전에 '절'의 생활이 삽입되었다는 점이다. 셋째, '감이'가 등장하고, 넷째, 스님의 실제 조카이던 아이가 스님과 무관한 '거지'로 설정되었으며, 다섯 째, 결말이 아이의 '죽음'으로 처리된 점을 들 수 있겠다.

'동화'라는 장르의 특성에 맞게 '아이'가 중심인물로 부각되고, 구성과 인물의 변화가 있으나 전반적으로 동화의 서사구조는 설화와 크게 다르지 않다. 아이에게 '길손이'라는 이름이 부여되었으나 '떠돌이'라는 의미 이외의 특별한 성격이 반영된 것이 아니고, 더욱이 아이의 이름은 아이와 별 상관이 없는 "향교 문지기 아저씨"(161)가 지어준 것이므로, 이름이 있되 설화에 제시된 5세 아이의 '무명성'은 유지된 셈이다. 또한, 동화에서는 길손이의 누나 '감이'가 등장하나 이 이름 역시 단순히 '눈을 감았다'는 의미에서 길손이가 지어준 것으로, 감이는 길손이의 분신이자 보조자로서의 기능을 할 뿐, 개성이 드러나는 인물이 아니므로 감이의 존재가 설화의 기본적인 서사구조에 큰 변화를 주지는 않는다. 여기에, 동화에서 아이의 '죽음'은 관세음보살에 의해 '성불'(成佛)과 같은 의미로 밝혀지므로("이 아이는 이제 부처님이 되었다.", 182) 설화의 궁극적인 지향점인 '자기실현'의 의미와 다르지 않다. 오히려 '스님과의 만남'의 과정이 부각되고, '절'과 '감이'가 새로 삽입됨으로써, 길손이가 '감이', '스님'과 분리되는 과정이 차례차례 보여지고 이를 통해 '고립'을 통한 '자기실현'의 과정이 단계적으로 나타나는 효과를 가져왔다.

애니메이션 「엄마를 만나는 곳 오세암」은 다음과 같이 전개된다.

① 어머니와 아이들의 즐거운 정경으로 프롤로그.

② 바닷가에서 한때를 보낸 길손이와 감이는 바람이 불어오는 곳을 따라 산으로 이동한다.

③ 설정과 이지는 마을로 내려와 탁발을 한 후, 다시 산을 오르다 길손이와 감이 남매를 만난다.

④ 남매는 백담사에 기거하게 된다. 감이는 절의 허드렛일을 도와주고 길손이는 갖은 장난을 일삼는다.

⑤ 감이는 어머니와의 추억을 회상하고, 길손이는 감이에게 엄마 찾으러 언제 가냐고 한다.

⑥ 길손이는 감자를 준 아주머니를 어머니와 동일시하고, 감이를 놀리는 아이들과 한바탕 싸움을 벌인다.

⑦ 길손이는 마음의 눈을 떠서 감이에게 바깥세상을 더 잘 말해주고자 설정을 따라 암자에 가기로 한다.

⑧ 감이는 어머니와의 즐거운 한 때와 어머니의 죽음을 회상하고, 어머니에 대한 그리움으로 통곡한다.

⑨ 관음암에 도착한 길손이는 설정이 수행에만 전념하자 감이를 찾으며 운다. 온갖 장난으로 무료함을 달래던 길손이는 다시 감이를 그리워하며 감이와 행복했던 순간을 회상한다.

⑩ 설정은 길손이와 눈썰매를 타며 즐거운 시간을 보낸 후, 장터에 다녀오겠다고 한다. 이를 거부하던 길손이는 마침내 설정을 배웅한다.

⑪ 혼자 남은 길손이는 버려진 암자를 발견하고 그곳에서 탱화 속 관세음보살을 대면한다.

⑫ 장터에서 일을 본 설정은 서둘러 암자로 향하나 폭설로 벼랑 아래로 추락하여 의식을 잃는다.

⑬ 길손이는 탱화 속 관세음보살을 '엄마'라고 부르고, 스님이 오지 않자 울며 감이를 찾는다.

⑭ 이듬해 봄, 설정은 감이와 일지와 함께 관음암에 도착하여 길손이로부터 엄마의 보살핌을 받았다는 말을 듣는다. 감이의 시선을 통해

어머니와 관세음보살이 오버랩 되고, 어머니와의 즐거운 한때가 회상되며, 관세음보살이 나타나 길손이가 부처가 되었다고 말한다.
⑮ 감이는 잠자듯 누워있는 길손이를 껴안고, 어머니와 남매의 행복한 정경으로 에필로그.

설화나 동화와 비교할 때, 애니메이션은 작품의 중심축, 전개방식, 인물구도 등에서 적지 않은 차이를 보인다. 그것은 애니메이션이 지닌 문제점이기도 하다.

첫째, 가장 큰 차이점은 이야기의 중심축이 하나가 아닌 둘이라는 점이다. 설화와 동화가 '성불'('자기실현')을 중심축으로 하였다면, 애니메이션은 '어머니를 향한 그리움'이 또 하나의 축을 이룬다. 오히려 프롤로그부터 에필로그에 이르기까지 시종일관 극의 흐름을 주도하는 것은 길손이의 '성불'(成佛)이 아닌 '어머니'라는 존재 자체이다. 이 때문에 설화와 동화에서 '조력자'로서의 기능만 담당하던 '어머니'가 이 이야기에서는 '목적'이 되었다.

둘째, 애니메이션에는 '오세암'이라는 제목 앞에 '엄마를 만나는 곳'이라는 수식구가 붙어있는데 이는 '자기실현'으로서의 암자의 기능을 축소하고 '5세 아이의 성불'이라는 이야기의 지향점도 약화시킨다.

셋째, 설화에서는 길손이가 스님의 실제 조카이고, 동화에서는 '조카'로 부르기로 하지만 이러한 상황이 삭제되었다. 이 때문에 애초의 '자아'의 두 측면으로서의 스님과 아이의 관계의 의미가 희석된다. 또한, 스님의 이미지가 '명승'이나 '조사'(祖師)와는 동떨어진 젊은이로 그려지고, 존재감이 줄어들어 스님과 아이의 대립구도를 찾아보기 어렵게 되었다.

넷째, '감이'의 비중이 중심인물에 비견될 정도로 높아졌으며, 동화에는 감이의 나이가 거론되지 않았으나 애니메이션에서는 12세로 구체화 되었고, 설화와 동화에서는 '어머니'가 주인공 아이하고만 관련이 있는 반면, 애니메이션에서는 '감이'와의 관련이 더 크다는 점이다.

문학사적으로 볼 때 아동문학은 '설화'의 서사구조를 크게 벗어나지 않는다. 대개의 경우 주인공은 '집'을 떠나서 방랑을 하고 어려움을 극복하여 독립된 주체가 되는 과정을 거치는데, 그것은 '성숙'이라는 하나의 지향점을 향하고 있다. 그것은 성인문학과의 가장 두드러진 차이점이기도 하다. 아동문학의 서사구조에서 가장 공통적인 요소는 주인공이 '집을 떠나는 것'으로 이야기가 시작된다는 점이다. 어린 주인공은 집을 떠남으로써(그것이 자발적인 것이든 혹은 누군가에 의한 것이든) '소외'된 상태에 놓이게 된다. 이후의 주인공은 '소외'라는 결핍을 '독립'이라는 '성숙'으로 충족시키게 된다. '집'은 '모성'(母性)과 밀접한 관련이 있다. 집을 떠난다는 것은 어머니로부터의 분리를 의미하며, 어머니로부터의 분리는 '성숙'을 위한 첫 번째 조건이다.

「오세암」 역시 5세 아이가 '조실부모'라는 소외의 상황에서 '자기실현'이라는 성숙을 이룬다는 점에서 아동문학의 서사구조와 다르지 않다. 그런데 애니메이션에서는 '어머니'에 대한 그리움이 작품의 주조를 이루면서 '어머니와의 분리'를 전제로 한 '성숙'의 의미가 퇴색되었다. 더욱이 '어머니'의 부재를 강조하면서도 동시에 감이가 길손이의 보호자로서 어머니의 자리를 대신함으로써 주인공의 '소외'의 상황이 희석되었다. 이러한 문제는 설화나 동화와 달리, 애니메이션이 '성불'(成佛)과 '어머니'라는 두 개의 지향점을 갖는 것에서 비롯된 것인데, 그것은 이야기의 진행을 주도하는 '전제'의 문제와 밀접한 관련이 있다. 이에 대해 살펴보기로 하겠다.

2) 전제(前提) : 이야기를 이끄는 힘

애니메이션 「오세암」이 '가족극'을 표방하였다고 하지만, 사실 그것은 '어린이'를 대상으로 하는 모든 아동물의 공통된 특징이기도 하다. 발신자와 수신자라는 커뮤니케이션 측면에서 볼 때, 아동문학은 근본적으로 '어린이'와 '어른' 모두를 고려하는 두 가지 코드 시스템을 가지고 있다.[7] '어린이'를 주요 수용자로 하는 경우, 작가는 물론 제작에 참여하는 관계자들은 어린이의 보호자이자 선택의 결정권이 있는(혹은 영향력이 있는) '어른'의 존재를 염두에 두지 않을 수 없다. 정신적으로 아직 미숙한 상태에 있으며, '성장기'라는 과도기에 있는 '어린이'의 심리적 특성과 이중적 코드시스템, 소재와 인물, 언어 등을 선별해야 하는 제약적 환경은 결과적으로 아동문학을 '규범적 텍스트' 타입으로 정형화시켰다.[8] 전래동화이든, 창작동화이든 어린이를 대상으로 하는 대개의 동화는 '미숙에서 성숙으로', '결핍에서 충족으로', '어둠에서 밝음으

---

7) 이 때문에 아동문학의 수신자를 '양가적 수신자'(이중적 수신, 이원적 수신)라고 하고, 아동문학의 텍스트를 양가적 텍스트(ambivalent texts)라고 부르기도 한다. 아동문학의 두 가지 코드 시스템에 대해서는 마리아 니콜라예바, 『용의 아이들』, 김서정 옮김, 문학과지성사, 1998, pp.92-93 참조.

8) '규범적'이라는 말은 민담이나 신화, 중세의 아이콘, 교회나 사원의 의식과 같은 일정한 규칙과 관련이 있는 것으로 '제의적', '전통적'인 것과 유사한 의미로 쓰인다.(마리아 니콜라예바, 앞의 책, pp.81-82 참조) 아동문학은 소재나 인물, 언어 등에서 제약이 따르며, 전래동화에서 창작동화에 이르기까지 일정한 서사구조를 갖는다는 점에서 '규범적 텍스트'(canonical texts) 타입이라고 할 수 있다. 마리아 니콜라예바는 '규범적 텍스트'를 '아동문학의 본성'으로 보고, 그것 자체로 가치를 가지고 있으며, '규범적'이라는 성격 자체를 비판하거나 비예술적이라고 할 것이 아니라, 그것에 대한 어린 독자들의 열광이 아동문학의 역사에서 필요불가결하다는 사실을 깨달아야 한다고 주장한다. '규범적 텍스트'와 관련해서는 마리아 니콜라예바, 앞의 책, pp.76-90, pp.94-95 참조.

로'라는 전개방법을 크게 벗어나지 않는다. 이는 작품의 뻔한 결과를 지루해하는 어른과 달리 그것에 이르기까지의 과정을 즐기며, 그것을 '예측하고 알아보는 것에 기뻐하며'[9], '여러 번 반복하여 반추하고'[10], '배우기 위해 읽는다'[11]는 아이의 속성과도 밀접한 관련이 있는 듯하다.

「오세암」 애니메이션의 가장 큰 문제점은 이야기의 중심축이 두 가지로 분산되어있다는 점이다. 한 축은 주인공의 '자기실현'을 지향하되, 또 다른 축은 '어머니'를 향하고 있다. 그것은 다시 말해 두 가지의 전제(목적, 의도)를 가졌다는 의미이다. 여기서 '전제(premise)'란 등장인물의 모든 행위의 배후에 놓인, 등장인물을 움직이게 하는 힘이며, 이야기를 이끄는 힘을 말한다.[12] 시나리오에서 한 작품은 두 전제를 지향할 수 없다. 이 점은 '시나리오'라는 장르가 지켜야 할 가장 기본적인 창작기법이다. 사실, 그것은 모든 창작물, 특히 아동문학이 지켜야할 원칙과 같은 것이다. 전제가 분산될 경우, 이야기는 방향감각을 잃게 되어 작가는 시간과 공간을 알맹이 없는 대사나 행위로 채울 수밖에 없기 때문이다.[13] 그런 경우, 수용자는 이야기의 흐름을 따라갈 수도 없으며, 따라갈 필요를 느끼지 못하여 결국 작품을 외면하게 된다. 애니메이션에서 두 가지 전제의 부조화는 어렵지 않게 발견할 수 있다. 다음을 보자.

---

9) 마리아 니콜라예바, 앞의 책, p.88 참조.

10) 브루노 베텔하임, 『옛이야기의 매력 1』, 시공주니어, 1998, p.97 참조.

11) 조안 에이킨, 『꿈과 상상력을 담은 동화쓰기』, 이영미 옮김, 백년글사랑, 2003, p.18.

12) 레이조스 에그리, 『희곡작법』, 김선 옮김, 청하, 2003, p.37 참조.

13) 레이조스 에그리, 앞의 책, p.34 참조.

㉮ 길손 : (비상하는 갈매기를 지켜보던 길손이 부러운 듯 혼잣말로) 갈매기는 좋겠다!

감이 : 왜?

길손 : 날개가 달렸잖아. 그러면 바람을 타고 엄마 있는 데까지 갈 수 있을 텐데, 그치?(애니, p.273)[14]

㉯ 길손 : 엄마 찾으러 언제 가?

(중략)

감이 : 그래, 엄마한테 가자! 추운 겨울이 지나면… 지금은 많이 추우니까, 따뜻한 봄이 오면 그때 가자, 길손아.(애니, p.296)

㉰ 길손 : 스님, 나도 마음의 눈을 뜨고 싶어. 바다도 보고 싶고 하늘 뒤란도 보고 싶어. 그래서 우리 감이 누나한테 이 바깥세상을 더 잘 말해주고 싶어.

설정 : 그러려면 공부를 해야 해. 나는 내일부터 공부하러 다른 데에 가려고 하는데, 길손이 너도 날 따라갈래?(애니, p.306)

㉱ 설정 : 그래, 길손이는 암자에서 무슨 공부를 하고 싶으냐? 글을 좀 배워볼까?

(중략)

길손 : 음… 눈 감고도 세상을 보는 법을 공부할 거야. (무슨 뜻이냐는 듯 보는 설정에게) 그래서 감이 누나한테 알려줘야지. 그러면, 우리 누나도 하늘이랑, 나무랑, 새랑, 바람이도 볼 수 있잖아, 옛날처럼.(애니, p.318)

14) 이하 인용문의 출처 표시에서 애니메이션의 시나리오는 '애니'로 표기하기로 한다.

㉮는 도입부 첫 장면에서의 대화이고, ㉯는 절에 들어간 길손이가 여러 장난을 치다 무료해지자 ㉮이후 처음으로 엄마에 대해 언급하는 장면이다. ㉰와 ㉱에서는 길손이가 암자로 들어가게 된 이유가 밝혀져 있는데, 인용문 가운데 ㉰만 동화의 내용을 그대로 따른 것이고 나머지는 애니메이션에서 새로 삽입한 것이다.

설화와 동화의 '전제'는 '5세아이의 성불'이다. 인물, 사건, 구성 모두가 5세 아이의 성불에 맞춰져 있다. 그리고 그것은 애초에 스님과 아이와의 만남으로(설화에서는 스님이 아이를 데려온 이유를 밝히는 것으로) 시작되는 도입부에서 예고되어 있었다. 그런데 애니메이션에서는 스님과 길손이의 만남의 장면이 삭제되고, 프롤로그부터 어머니가 전면에 드러남으로써 마치 어머니와의 만남이 작품의 지향점인 것처럼 되었다. 그런데 ㉰와 ㉱에서 알 수 있듯, 그러한 '어머니'의 존재가 정작 이 작품의 가장 중요한 전환점이라고 할 수 있는 길손이의 '암자행'과는 관련이 없어 보인다. ㉰의 인용문 앞의 길손이의 대사에서 '바람'과 '어머니'가 동일시되고 길손이가 마음의 눈을 뜨고 싶다는 이유가 바람에서 연유한 것으로 되어있지만, 막상 길손이가 수행의 길을 결심하는 이유에는 '어머니'가 빠져있다. ㉰와 ㉱의 인용문에서 길손이는 수행의 목적이 '감이'에게 바깥세상을 알려주기 위한 것이라는 사실을 확인시키듯 반복하여 밝히고 있다. 한편, 길손이는 후반부에서 홀로 남겨졌을 때 처음으로 수행과 어머니와의 관련성을 암시하는 말을 하는데("(감이누나가) 엄마를 만나고도 알아보지 못하면 어떡해요? 그래서…눈을 감도고 볼 수 있는…그런…", p.337), 이는 처음 드러나는 사실로서, 이어질 아이의 '성불'(어머니의 도움에 의한 성불)을 의식하여 갑자기 삽입된 것처럼 느껴진다.

애니메이션은 '어머니'라는 인물에 비중을 두어 원작의 전제인 '자기실현'과, '어머니'라는 두 개의 축을 지향하였으나 서로 조화를 이루지 못하여 이야기의 흐름을 분산시키고 말았다. 또한, 원작동화의 내용과 애니메이션에서 새로 추가된 내용이 서로 어울리지 못한 채 꿰맞추듯 무리하게 연결되어 통일성을 이루지 못하였다. 이와 같이 불분명한 '전제'로 일관적 흐름을 방해하는 경우를 한 가지 더 보기로 하자.

> ㉮ 고개를 끄덕이는 감이, **불어오는 바람을 느끼려는 듯** 조용히 손을 든다.
> 감이 : 느껴봐, 부드러워!
> 방풍림 앞에 서서 양팔을 벌리고 서 있는 감이. 옷깃이 바람에 가볍게 날린다.(애니, p.273)

> ㉯ 길손 : 피― 거짓말. **엄마는 바람 같애**. 내 마음만 흔들어놓고 보이지가 않아.(애니, p.305)

> ㉰ 길손 : (강아지를 가리키며) 강아지 말야. 저 녀석은 언제나 바람을 몰고 온다고. 첨 만났을 때도 그랬고, 지금도 그래. **(강아지를 향해 소리친다) 넌, 이제부터 바람이야**. 그게 네 이름이라구.(애니, pp.289-290)

애니메이션에서 '바람'은 자주 언급된다. ㉮의 인용문은 도입부에서 보여준 감이의 최초의 행동이다. ㉮의 인용문에서처럼 바람은 종종 감이의 배경으로 쓰여 감이의 이미지와 관련된다. ㉯에서 '바람'은 길손이에 의해 '어머니'와 동일시된다. 이는 감이가 어머니와 유사한 성격으로 그려진 것과도 관련이 있다. 그런데 ㉰에서 '바람'은 길손이에 의해 '개(강아지) 이름'이 된다. 이렇게 되면 감이와 어머니에게 부여된 이미지는 훼손될 수밖에 없다. 그렇다고 '개'가 이렇다 할 역할을 하는 것도 아니다. 여기에 더욱 문제가 되는 것은 극의 전개상, ㉰가 ㉯에 앞서 일어났다는 점이다. 길손이가 '개 이름'을 바람이라고 지어 준 후에, '엄마'를 바람에 비유한 것이다. 이렇듯 '바람'은 비중있게 다뤄지면서도 무분별하게 아무 데나 쓰임으로써 의미 없는 장치가 되어버렸다.[15] 이러한 문제는 창작의 기본에도 위배되며, 일관성이 생명인 아동물의 경우에는 더욱 허용될 수 없다. 스토리 중심의 빠른 장면전환을 요구하는 아동물에서, 불분명한 전제는 어린이와 작품과의 소통을 방해하는 중요한 요인이다.

'전제'와 관련하여 세 장르를 비교해볼 때, 설화와 동화에서는 '자기실현'이라는 전제 아래에 '어머니'가 포함된 반면, 애니메이션에서는 '어머니'와의 만남의 과정 중에 '자기실현'이 이뤄진다. 최종의 목적이 '어머니와의 만남'이기 때문이다. '어머니'와의 만남이 '자기실현'을 능가한 것이다.[16] 이 때문에 애초에 '깨달음'과 관련된 '암자'의 의미가 '만남의 장소'로 축소되었다.

애니메이션에서, 프롤로그에서 에필로그까지 과도한 비중을 차지하는 '어머니'는 형식면에서는 전제를 분산시켜 작품의 일관성을 흐트러뜨리고, 내용면에서는 어머니와의 분리를 이뤄내지 못함으로써 주인공 아이의 '성숙'을 방해하였다.

---

15) 한편, 동화에서 '바람'은 '스님'의 이미지와 결부되는데, 스님과 관련하여 일관되게 표현되어있다. 이에 대한 자세한 내용은 이 책의 제1부 '제1장 '5세 아이의 '오세암' - 정채봉의 「오세암」'의 '2) '스님'의 정체, 혹은 '눈/눈:'의 실체' 부분을 참조할 것.

16) 한 가지 짚고 갈 것은 길손이는 어머니를 그리워할 뿐, 어머니를 만나기 위한 어떤 노력도 하지 않는다는 점이다.

3) 인물

(1) 스님과 길손이

심리적인 시각에서, 스님과 아이는 같은 길을 가지만 서로 어울릴 수 없는 다른 세계의 인물이다. 두 인물은 '자기실현'을 위하여 반드시 분리되어야 하는 관계에 있다. 설화에서는, 호칭이 많은 스님과 무명의 아이라는 상반된 상황으로 두 사람의 대립구도가 암시적으로 표현되었다면, 동화에서는 아이의 개성이 확실해지면서 그러한 관계가 더욱 부각되었다. 길손이는 스님을 "머리에 머리카락 씨만 뿌려져 있는 사람"(158), 혹은 "식은 나물국 스님"(160)이라고 부르고, 스님의 옷 색깔을 "맛없는 국 색깔"(158)이라고 하거나, 스님을 "답답"(168)해 하며, 솜다리꽃 하나도 피우지 못하면서 면벽만 하고 있다고 따지기도 하고(169), 스님이 금기시한 방을 몰래 뒤지거나(170-171), 저잣거리에 다녀오겠다는 스님에게 혼자 있지 않겠다고 말하는 등(175) 설화에서는 감춰진 '아이'의 존재를 분명하게 드러낸다. 스님에게 종속되지 않고 대등한 관계에 있는 것이다. 한편으로는 스님을 비아냥거리기도 하면서 자신의 생각을 거침없이 말하는 길손이의 성격은 스님과의 대립관계를 더욱 긴장감 있게 유지해준다.

반면, 애니메이션에는 스님의 성격이 약화되고 비중이 줄어들면서 아이와의 대립구도는 거의 찾아볼 수 없게 되었다. 애니메이션에서 '스님'은 '고승'이나 '명승'에 어울리지 않게 매우 젊게 설정되었는데, 스님의 이미지는 '조사'(祖師)는커녕 이제 막 수행의 길로 들어선 듯 보이는 젊은 청년의 모습이다. 여기에, 스님이 길손이의 이름을 묻고, '조카'로 삼으며, 절로 함께 가자고 제안("너희들 나를 따라가지 않을래?", 161)하는 동화의 장면들이 모두 생략되어 스님과 길손이 사이의 별다른 '관계'를 찾기 어려우며, 또한 설화와 동화에서 스님(혹은 스님들)[17]은 '관음암'에서 '오세암'으로 암자명을 바꾼 당사자인데도 애니메이션에서는 이 사실이 생략되는 등,[18] 주인공 아이의 상대역을 담당하기에는 스님의 역할과 비중이 지나치게 축소되었다. 이렇듯 길손이와의 관계에서 존재감이 약화된 스님의 성격은 몇 가지 중요한 문제를 야기한다. 우선, 스님과 길손이의 대립관계가 무너져 두 인물 사이의 '긴장'이 사라졌다. 둘째, 본래 스님과 아이는 한 '관계'에 있다가 분리되어 아이가 성불을 이룬다는 구도인데 스님과 아이가 특별한 관계에 있지도 않을뿐더러, 지위나 위엄과는 거리가 먼 스님의 이미지 때문에 스님에게 잠재된 '페르조나'라는 상징성도 상실되었으며 이 때문에 '자기실현'을 위한 '분리'의 의미가 사라졌다. 셋째, 스님(혹은 스님들)이 암자명을 바꾸었다는 것은 '아이'의 승리를 인정한다는 것으로 볼 수 있는데 이것마저 생략됨으로써 아이의 '승리'의 의미도 반감되었다.

애니메이션에서, 스님과 길손이의 친숙함이 드러나는 것은 암자에서 함께 눈썰매를 탈 때이다. 이 장면은 동화에는 없으나 애니메이션에 새로 삽입된 것이다. 그런데, 이미 살펴보았듯, '암자'는 여러 사람이 함께 생활하는 '절'과 구분되는 '수행'의 장소이며, '몰입'과 '은둔'의 장소이다.[19] 따라서 '눈썰매' 장면은 그곳이 고행을 수반한 수행의 장

---

17) 본래 설화에서는 '스님'이 암자명을 바꾸지만, 동화에서는 '스님들'이 암자명을 바꾼다.(동화에는 '스님들'이 누구인지 구체적으로 명시해놓지 않았으나, 동화의 문맥상으로 보아 '스님들'은 설정스님을 포함하여 길손이와 함께 생활했던 스님들로 판단된다)

18) 시나리오상으로는 아예 이 사실이 생략되었으며, 동영상에서만 엔딩 후, 자막으로 스님에 대한 언급 없이 암자명이 바뀐 사실만 소개된다.

19) 이에 대해서는 이 책의 제2부 '제3장 '스님과 아이', 혹은 '페르조나(persona)와 자기원형' -「오세암」 설화의 심층의미'의 '4) '5'와 '아이', '눈'(雪)과 '암자' '부분

소로서, 절 보다 한 단계 높은 곳이라는 의미를 구색케 한다. 주목할 점은, 동화에서는 스님과 길손이가 각각 '수행'으로, 또 '골방'에 몰입하는 것으로 암자에서 이미 '분리'되기 시작하였다는 점이다. 동화 속 '골방'의 장치는 '암자'의 의미를 더욱 확고히 한다. 이러한 상황은 절에서 장난만 일삼던 길손이의 '성숙'된 면모를 보여주는 것이기도 하다. 그런데 애니메이션에서는 이러한 공식이 무너졌다. '암자'에서의 생활이 '절'과 다르지 않기 때문이다. 길손이는 이전에 '어머니'를 그리워하듯 '감이'를 그리워하고, 절에서 스님들에게 장난을 치듯 "토끼", "꿩", "다람쥐"를 쫓는다.(애니, 324-326) 동화에서도 길손이는 암자에서 "벌집"을 찾고 "다람쥐굴"을 파헤치고 "뱀굴"을 건드리고(47-48), "암자의 구석진 곳을 뒤지는 것으로 재미를 삼지만"(170) 결과적으로 그것은 '골방'을 발견하는 것으로 연결된다.[20] 그런데 애니메이션에서는 장난의 내용도 바뀌고, 스님이 하산한 후에야 골방(애니메이션에서는 "버려진 암자"로 바뀜)을 발견하는 것으로 변형되어 '골방'과의 관련이 퇴색되고, 절에서 보여준 것의 '연속'에 불과한 것이 된 것이다.

어린이를 대상으로 하는 동화의 경우, 독자로 하여금 책을 끝까지 다 읽게 만드는 첫 번째 요인은 '줄거리'이며 그 줄거리는 '등장인물'과 함께 뻗어간다.[21] 동화에서 약자가 강자를 물리치는 결말구조는 일반적이고 원칙적인 것이다. 「오세암」 역시 이와 유사한 점이 있다. 「오세암」에는 이렇다 할 악역이 없다.[22] 그러나 겨울을 앞두고 다섯

참조.

20) 이때, "벌집", "다람쥐굴" "뱀굴", "골방"이 '**밀폐된 곳**'으로서의 공통된 이미지를 갖는 반면, "토끼"와 "꿩"과 "다람쥐"를 쫓는 것으로 변형된 애니메이션의 장치는 그것을 찾기 어렵다.

21) 조안 에이킨, 앞의 책, p.96, p.136

22) 애니메이션에서 길손이가 동네아이들과 갈등을 일으키지만 일시적인 것일 뿐,

살배기 아이를 산중 암자에 홀로 남긴 스님의 행동은 충분히 반감을 살 만하다. 설화와 동화에서 아이의 성불(成佛)이 감동을 주는 이유는 '자기실현' 자체의 의미 때문이기도 하지만, 그것은 보잘 것 없는 어린 아이가 '수행'을 업으로 하는 '스님'이라는 지위의 인물을 능가하였기 때문이기도 하다. 말하자면, 스님에 대한 아이의 승리인 것이다. 그런데 애니메이션에서는 스님이 길손이가 극복해야할 대상으로서의 의미를 갖지 못함으로써 설화와 동화의 결말이 주는 극적인 효과를 상실하였다.

(2) 감이

동화에서, 주인공이 해결해야 할 과제를 갖지 않는다면 그 글은 초점이 없는 셈이다.[23] 동화와 애니메이션에서 길손이의 과제는 '마음의 눈을 뜨는 것'이며, 그것은 감이 때문이었다. 마음의 눈을 떠서 감이에게 바깥세상을 더 잘 말해주기 위해서이다. 감이는 설화에는 없으나 동화에서 새로 창조된 인물이다. 그런데 동화와 애니메이션의 감이는 큰 차이를 보인다.

동화에서 '감이'의 이름은 길손이가 지어준 것이다. 반면, 애니메이션에서는 이에 대한 언급이 없다. 이는 길손이와 감이의 관계의 의미를 희석시킨다. 동화에서 길손이와 감이는 "우리", "너희", "어린것들", "조카들"식으로 '한' 인물로 표현된다. 본래 감이는 길손이의 분신과 같은 존재이다. ("누난 내 곁에도 지금 있는 거야. 감이 누나가 그랬어. 내가 있는 곳엔 어디고 감이 누나 마음도 따라와 있겠다고.", 168) 눈을 감은 감

주인공과 대립구도를 형성하지는 않는다.

23) 리 와인담, 『동화 쓰는 법』, 이상금 옮김, 보성사, 1994, p.75.

이는 길손이의 무의식 속의 '나'와 관련이 있다. 실제로 길손이가 성불하였을 때 감이도 '개안'한다. 애초에 감이는 '누나'로서, 길손이보다 성숙된 면모를 보이기는 하지만 내용상으로는 길손이의 성불을 돕고, 형식적으로는 길손이를 보조하는 보조자(confidant)로서의 기능을 할 뿐, 개성적인 성격을 지닌 인물이 아니다. 길손이가 감이를 향해 지속적으로 하는 말은 동시에 독자에게 하는 말이기도 한 것이다. 그런데, 애니메이션에서 감이는 성격이 강하게 부여되고 중심인물만큼이나 비중이 높아졌다.

동화에서는 감이의 나이가 밝혀져 있지 않지만, 애니메이션에서 감이는 12세로서 길손이와 많은 차이가 난다.[24] 거다가 애니메이션에서 감이는 나이에 비해 지나치게 성숙하게 그려진다. 감이의, "그래, 우리 길손이 빨리 컸으면 좋겠다."(279), "그렇고말고. 우리 길손이 다 컸네?"(297), "우리 길손이, 공부 많이 하고 와야 한다."(308), "있잖아요, 우리 길손이 잘 보살펴 주세요. 아시지요? 우리 길손이 착한 거…제가 없어도 말썽 안 부리고 잘 지낼 수 있도록 지켜봐 주세요. 꼭이에요."(312) 하는 식의 말투나, "품에 안겨 자는 길손이를 꼭 끌어안"고 "그 얼굴을 사랑스럽게 어루만진다"거나(297), "길손이를 끌어안으며 팔베개를 해주"(310)고 "조용히 그(석탑) 주변을 돌며" "합장하는"(312) 감이의 행동은 12세 소녀라기보다 마치 '어머니'를 대신하고 있는 듯하다.

애니메이션에서 어머니에 대한 회상은 대부분 감이에 의해 이뤄진다. 추억속의 어머니가 과거의 어머니라면 길손이의 보호자로서의

24) 길손이가 감이의 이름을 지어주었다는 사실이 애니메이션에서 생략된 이유는 이 때문인지도 모르겠다.

감이는 '현재의 어머니'이다. 동화에서 길손이는 감이와 헤어진 후, 감이를 그리워하지 않는다. 옆에 있는 듯 대화를 할 뿐이다. 그런데 애니메이션에서 길손이는 암자에서 거듭 감이를 그리워한다. 그리움의 대상이 어머니에서 감이로 전이된 것이다.

동화와 달리 애니메이션에서의 감이의 성격은 매우 감상적이다. 감이는 외롭고 슬픔에 차있으며 자주 눈물을 흘리는 모습을 보인다. 예컨대, "감이의 눈에 촉촉이 맺혀있는 눈물, 뺨을 타고 흐른다."(296), "그 말에 참고 참았던 눈물을 쏟아낸다"(304), "나무에 몸을 기대며 통곡하는 감이의 모습"(304), "쓸쓸한 미소로 먼 심연을 보는 듯한 감이의 눈에 이슬이 맺힌다."(309), "얼굴을 가리고 흐느끼는 감이"(310), "아궁이 앞에서 쪼그리고 우는 감이"(310), "쓸쓸한 미소를 담고 있다."(314), "감이의 눈은 한층 더 깊어졌다."(317)와 같이 연민을 자극하는 묘사나, "누나가 보고 싶은 건, 옆에 있어도 볼 수 없는…우리 길손이 모습이야…"(311), "스님, 저 새는 왜 저렇게 슬피 울까요?"(341)와 같이 자신의 슬픔을 드러내는 대사는 감이의 이미지를 더욱 감상적으로 몰고 간다. 감이가 작품내 차지하는 비중을 고려할 때 감이의 이러한 이미지는 어머니에 대한 잦은 회상과 결부되어 작품의 분위기가 '감상적'으로 흐르는 데에 결정적인 영향을 미친다.

이와 같이 설화에는 존재하지 않고, 동화에서는 길손이의 보조자로서의 기능만 하던 '감이'가 애니메이션에서는 지나치게 비중이 높아지면서 길손이의 분신으로서의 의미를 잃어버리고, 길손이의 '결핍'의 상황을 약화시켰으며, 작품의 흐름과 분위기를 '감상적'으로 이끄는 주된 원인이 되었다.

(3) 어머니

「오세암」에서 '어머니'는 관세음보살과 동일시 됨으로써 신격화되고 이상화 된다. 설화에서 아이는 생존 이유를 밝히는 것에서 처음으로 '어머니'를 언급한다. 동화에서는 길손이가 암자의 골방에서 벽화 속 관세음보살을 '엄마'라고 부르는 것으로 어머니의 존재가 처음 언급된다. 설화와 동화 모두 작품의 후반부에서야 비로소 아이에 의해 어머니의 존재가 드러나는 것이다. 이전까지는 단지 부모없는 아이의 상황만 소개되었을 뿐이다.

설화와 동화에서 어머니는 아이가 절대적인 고독의 상황에 있었을 때 등장하였다. '암자' 혹은 암자의 깊은 곳의 '골방'은 몰입의 공간으로서 아이의 무의식과 깊은 관련이 있다. 융에 의하면, 무의식은 마음이 그 발전도상에서 버렸던 온갖 옛것들을 되찾으려고 한다.[25] 동화에서 골방의 관세음보살 그림을 본 길손이는 "이 얘기 저 얘기를 하고"(172), "그림 속에 계시는 분을 소리내어 웃겨 하고 싶어 토끼흉내를 내거나, 염불하는 스님흉내를 내거나, 슬며시 방귀를 뀌기도 한다."(172-174) "그림 속의 보살님이 길손이는 마냥 좋았"(174)기 때문이다. 동화에서 길손이에게 어머니는 암자의 골방에서나 비로소 만날 수 있는 무의식 속의 존재이며, 사람들 앞에서는 한 번도 언급된 적이 없으나 길손이가 '아무도 모르게' 비밀스럽게 소망하는("아무한테도 말하지 말아요. 약속하지요?", 174) 결핍의 존재이며, 길손이의 마음 깊은 곳의 '아니마'이다. 길손이가 그림속의 관세음보살에게 말을 걸고 '엄마'라고 부른 이유는 관세음보살의 이미지가 길손이의 아니마상과 일치하였기 때문이다. 이러한 경우 '남자는 그 여자를 오랜 옛날부터 가까

25) 융, 『인간과 상징』, p.98.

이 지내온 사람으로 여기게 된다.'[26] 이후 길손이는 관세음보살과 '어머니'를 구분하지 않는다.

「콩쥐 팥쥐」에서 콩쥐를 도와준 '검은소'와 그림(Grimm)동화 「재투성이 아셴푸텔」(신데렐라)에서 주인공을 돕는 '나무'(요정)는 죽은 친모(親母)의 현신으로서, 모두 주인공이 더 나은 단계로 나아갈 수 있도록 돕는다. 신과 인간의 가교역할을 하는 '성모마리아'나 인간의 왕생극락을 돕는 '관세음보살' 역시 인간이 절대적 경지로 나아가는 것을 돕는다. 앞에 열거한 조력자들의 공통점은 신이한 존재라는 점이다. 설화나 동화 「오세암」의 어머니 역시 이와 다르지 않다. 아이의 '성불'을 돕는 어머니는 친모의 의미를 넘어 이상적이고 초월적인 존재인 관세음보살과 동격화되었기 때문이다.

한편, 애니메이션의 '어머니'의 이미지는 두 가지로 나뉘어 있다. 한 가지는 아이들과 행복한 한 때를 보내는 추억속의 실제 어머니이다. 나머지는 길손이의 성불을 알리는 관세음보살로서의 어머니이다. 이때, 애니메이션에서 지배적인 어머니의 이미지는 전자 쪽이 강하다. 뒷부분의 관세음보살과의 동일시는 원작동화의 내용을 그대로 삽입하였기 때문으로, 이전까지 나타났던 어머니상과는 차이가 있다. 애니메이션의 문제는 길손이에 의해 관세음보살이 '엄마'로 불렸음에도 불구하고 어머니와 관세음보살이 서로 융화되지 못하였다는 점이다. 더 큰 문제는 어머니를 간절히 그리워하는 그리움의 주체가 길손이보다는 감이라는 사실이다. 어머니는 주로 감이의 기억을 통해 등장한다. 길손이는 결코 감이만큼 어머니를 그리워하지 않는다. 이런 경우, 감이의 결핍은 그대로 남아있게 된다.

---

26) 폰 프란츠, 앞의 책, p.180.

또한, 설화와 동화에서는 후반부에서야 비로소 어머니의 존재가 언급되는 반면, 애니메이션에서는 어머니가 처음부터 자주 드러난다. 어머니의 부재는 종종 다른 등장인물들에 의해 강조된다. “바다에 사는 갈매기라는 새야. 엄마가 말해주었어.”(272)라든가 “엄마 얘기 해줄까?”(308)식의 감이의 말이나, “길손이가 엄마가 보고 싶어서, 기운이 없구나.”(305)식의 설정스님의 대사는 길손이의 자립을 돕는 것이 아니라, 오히려 길손이에게 ‘어머니의 부재’를 인식시키고자 하는 듯하다.

본래, 동화에서 길손이에게 어머니는 비밀스럽게 간직된 길손이 자신만의 존재이다. 이 때문에 길손이와 어머니의 관계가 더욱 친밀해 보인다. 또한, 이로 인해 어머니의 존재 자체가 신비스럽게 느껴지고, 절대적인 상황에서 길손이의 ‘성불’을 돕는 조력자로서의 역할도 타당하게 여겨진다. 이는 설화에서 어머니가 ‘아이’의 무의식속의 ‘아니마’로서의 의미를 갖는 것과 일치한다. 그런데, 애니메이션에서는 어머니에 대한 등장인물들의 잦은 언급과 반복되는 회상으로, 길손이의 아니마이자 초월적이고 이상적인 존재로서의 관세음보살과의 관련성을 약화시켰다.

애니메이션의 프롤로그와 에필로그는 모두 어머니와 남매의 즐거운 한때로 이뤄져있다. 여기에서 어머니는 추억속의 어머니, 그리움의 어머니이다. 에필로그에서 돌아가신 어머니와의 행복한 장면은 길손이의 ‘자기실현’의 의미보다는 ‘죽음’과의 관련성을 연상시킨다. 그것은 애니메이션이 다섯 살 아이의 ‘성불’을 다루고 있으면서도 끝까지 ‘감상적’ 분위기에서 벗어나지 못하는 이유 가운데 하나이기도 하다.

이 글은 「오세암」 설화의 분석 내용을 토대로 설화가 창작동화로, 창작동화가 다시 애니메이션으로 변용되는 과정에서 본래의 의미가 어떻게 변화되었으며 그것이 작품에 어떤 영향을 미쳤는지를 살펴보기 위해 쓰였다. 연구 결과, 동화는 설화의 원형을 보존하면서도 주인공 아이의 성격을 확고히 하여 스님과의 대립구도를 형성함으로써 '긴장'이 유지되어 극적 재미를 유발한 것으로 파악하였으며, 반면에 애니메이션에서는 '어머니'를 향한 그리움의 비중이 높아지면서 '자기실현'이라는 중심축이 모호해지고, '감이'의 성격이 결부되어 '감상적'인 분위기가 작품의 주조를 이루게 된 것으로 보았다. 또한 스님의 젊은 이미지와, 성격의 약화로 존재감이 줄어들어 길손이와의 대립구도가 무너졌으며, 이 때문에 '스님과 아이' 사이에 함축된 심리적 의미를 상실하고 극적인 효과가 반감된 것으로 파악하였다. 무엇보다 주요 향유층이 어린이라는 점과 관련하여, 동화에서는 설화의 '자기실현'의 과정을 '소외에서 독립', '결핍에서 충족'이라는, 아동문학이 지향하는 '성숙'의 과정으로 구체화시킨 반면, 애니메이션에서는 '어머니'라는 또 하나의 중심축이 추가됨으로써 이야기의 흐름이 분산되어 일관성을 상실하고, 어머니와의 분리를 전제로 '성숙'을 이루는 아동문학의 규범적인 서사구조가 구현되지 못한 것을 확인하였다.

애니메이션과 관련하여, 이 글에서는 시나리오만을 대상으로 한 탓에 애니메이션의 다른 특징은 돌아보지 못하였다. 다만 시나리오상으로는, 원 소스인 설화와 원작의 가치를 훼손하는 몇 가지 문제점들을 확인할 수 있었다. 그것은 '성숙기'라는 과도기에 있는 어린이들과의 소통을 방해하는 것일 수 있을 것이다. 오랜 세월동안 전승되어 온 설화와, 여러 사람으로부터 꾸준한 사랑을 받아온 창작품의 공통점은 '보편적 호소력'을 지니고 있다는 점이다. 융에 의하면 보편적인 모든 것은 '집단적 무의식'과 관련이 있다. 융은 우리의 무의식에는 누구나 인격을 통합하여 진정한 나를 찾으려는 '자기실현'의 성향이 있다고 한다. 앞에서 살펴보았듯, 오세암 설화는 기본적으로 그것을 추구하였으며, 동화 역시 그러한 설화의 가치가 그대로 보존되어 있다. 공교롭게도 그것은 '성숙'을 전제로 하는 아동문학의 특성과도 유사하다. 이 글이 어린이 수용자의 특성을 고려한 아동문화콘텐츠의 개발에 도움이 되길 바란다.

제2장

고전소설에서 애니메이션으로

–「심청전」과 「왕후 심청」

「심청전」은 이본(異本)이 150여 편에 달하며 판소리, 소설, 가사, 무가 등의 다양한 양식으로 향유되었을 뿐만 아니라,[1] 현대에 이르러서도 신소설을 비롯하여 희곡, 영화, 소설, 창극, 뮤지컬, 무용 등 여러 형태의 장르로 지속적으로 변용되어 왔다.

오랜 옛날의 '고전'이 변용을 반복하며 오늘날까지도 관심의 중심에 있다는 것은 원전 자체에 시공을 초월한 보편적 정서가 함축되어 있다는 것을 의미하는 것이기도 할 것이다.

본래 「심청전」은 청중이나 독자, 관객 등 대상에 제한이 없으나 '효녀'로 표상되는 심청의 이야기가 교육적 효과의 기대에 부응하면서 오늘날 「심청전」의 주된 향유층은 어린이에게 집중되어 있다. 어린이 대상의 동화, 그림책, TV만화, 아동극 등으로 각색되었던 「심청전」은 2005년 8월 처음으로 「왕후 심청」이라는 제목의 극장용 애니메이션으로 상영되었다. 애니메이션은 그동안 아동용 각색물의 제목에 가장

---

1) 정출헌, 「〈심청전〉의 전승양상과 작품세계에 관한 고찰」, 『한국민족문화』 22, 부산대한국민족문화연구소, 2003, pp.142-143 참조.

흔하게 사용되었던 '효녀' 대신 '왕후'라는 수식구를 사용함으로써 심청의 영웅으로서의 이미지를 부각시켰다.

애니메이션 「왕후 심청」은 최초의 남북합작 애니메이션이자 세계적인 애니메이터인 넬슨 신(Nelson Shin)이 감독을 맡았다는 사실만으로도 제작 단계부터 주목을 받았으며, 상업적 성금에 대한 감독의 포부가 소개되고,[2] 7년이라는 긴 제작기간, 70억 원의 제작비, 광복절에 맞춘 최초의 남북 동시개봉, 국내외 애니메이션 영화제에서의 수상경력[3]으로 한국적인 것의 세계화 가능성을 기다하며 상영이전부터 꾸준히 다양한 언론매체의 관심을 받았다.

그런데, 주변의 관심과 기대에도 불구하고 「왕후 심청」은 조기종영 되었다.[4] 관객의 호응이 기대에 크게 미치지 못한 것이다. 본 연구는 이에 대한 의문에서 출발하였다. 개봉이전브터 "전통적 캐릭터의 현대적 변화는 성공적이다."[5]라거나, "미국이나 일본의 블록버스

---

2) "「왕후 심청」은 한국의 문화적 우수성을 현대적 감각과 접목시켰으며, 이에 대해 넬슨 신 감독은 상업적으로의 성공도 이루어내겠다는 강한 포부를 가지고 있다.", '제작자 소개', http://www.empresschung.com

3) 2003년 프랑스 안시페스티벌 '프로젝트 경쟁' 부문 특별상, 2004년 서울 국제만화애니메이션 페스티벌 장편부문 대상 수상, 2004년 일본 히로시마 국제애니메이션 페스티벌 초청, 2005년 캐나다 오타와 애니메이션 페스티벌 본선 진출.

4) 상영관에 따라 개봉일자와 상영기간이 상이하여 구체적인 상영기간은 확인하기 어려우나, 한 보도 내용을 보면 2005년 8월 12일 전국 62개 극장에서 개봉 되었으나 기록 당시인 8월 29일에는 10여개의 극장으로 대폭 줄어있었으며, 이틀 후인 9월 1일자에는 상영관이 두 곳으로 줄어들 예정으로 되어 있다.(참고로 한 개봉관의 상영 회수는 하루 두 번 정도이다) 이 보도는 과거 국산 애니메이션이 상영 일주일을 넘기지 못한 것과 비교하여 「왕후 심청」의 성과는 미흡하지만 선전한 편으로 보았다.(정진영, '애니 「왕후 심청」 예상 밖 롱런', 『전자신문』, 2005. 8. 30)

5) 박애리, '애니 「왕후 심청」, 고전의 성공적 현대화', 『CBS노컷뉴스』, 2005. 7. 28.

터급 애니메이션과 비교해도 손색이 없다."[6], "화려한 용궁과 바다 속 장면이 색다른 재미를 안겨준다."[7], "동물 캐릭터들도 비중있는 역할을 맡으며 극의 재미를 더해 준다."[8], "한국의 울타리를 넘어 세계의 주목을 받고 있다."[9], "한국적 색채와 여유를 강조한 영상이 돋보였다."[10] 등의 찬사를 받던 작품이 실제 어린이 관객에게는 별다른 호응을 얻지 못한 데에는 여러가지 이유가 있을 것이다. 이에, 본 연구는 시나리오에 집중하여 애니메이션의 작품성을 검증해보고자 한다. 그 과정에서 작품의 완성도와 관련된 몇 가지 문제점들을 살펴볼 수 있을 것이며, 수용자 반응의 문제도 짚어볼 수 있으리라 생각한다.[11]

우선, 「심청전」의 주요 의미를 개괄하는 것으로 논의를 풀어나가고자 한다. 변용물의 가치를 제대로 평가하기 위해서는 보편성이 입증된 '원작'에 대한 검토가 전제되어야 한다고 생각하기 때문이다. 애니메이션의 경우, 연구대상은 시나리오에 한정한다.[12] 이때, 「왕후

6) 한승주, '「왕후 심청」…심청, 괴물 인당수를 무찔러라.', 『국민일보』, 2005. 7. 26.
7) 서원극, '여름방학 스크린 속으로 피서 떠나자.', 『소년한국일보』, 2005. 6. 27.
8) 노현, '극장용 애니 첫 남북합작', 『매일경제』, 2003. 4. 9.
9) 김민성, '「왕후 심청」, 세계영화제서 잇단 초청', 『마이데일리』, 2005. 7. 26.
10) 이경호, '섹시한 심청, 충심 심봉사-「왕후 심청」', 『마이데일리』, 2005. 7. 27.
11) 이때, 흥행저조라는 결과를 작품성을 판단하는 기준으로 삼는 것이 아니라는 사실을 밝혀둔다. 그것은 단지 애니메이션 「왕후 심청」에 관심을 갖게 된 '동기'일 뿐이며, 구체적인 분석을 통해 작품성을 검증해보고자 하는 것이다.
12) 연구 대상 텍스트는 제작사에서 제공받은 애니메이션 대본 「황후 심청」이다. 애니메이션의 제목은 '**왕후**' 심청이지만, 대본상의 제목은 '**황후**'로 명시되어 있다. 제작과정에서 '황후'를 '왕후'로 바꾼 것으로 보인다. 참고로, 본 연구자는 제작사에서 직접 애니메이션을 관람하였으나 「왕후 심청」은 2005년 개봉이후 아직까지 DVD로 제작되지 않았다. 감독에 의하면, DVD를 제작하지 않는 이유는 「왕후 심청」을 언젠가 다시 극장에서 재개봉 할 계획이 있기 때문이라고 한다. DVD가 시중에 유통되면 더 이상 극장상영을 할 수 없기 때문이다.(2007

심청」이 '어린이'를 대상으로 한 것임에도 불구하고[13] 그간의 연구에서 '어린이'가 간과된 점에 주목하여, 애니메이션의 분석시각에 아동문학으로서 관점을 유지하면서 시나리오 작법상의 문제들을 짚어나가고자 한다.

이 글은 고전소설 「심청전」이 애니메이션으로의 변용을 거치면서 원작의 의미와 가치가 어떻게 변화되었으며, 결과적으로 그것이 작품성에 어떤 영향을 미쳤는지 탐색하는 것을 목적으로 한다. 나아가 고전을 원작으로 한 다양한 아동문화콘텐츠의 개발과 발전에 일조하는 것에 궁극적인 목적이 있다.

1. 고전소설 「심청전」의 서사구조와 주요 의미

1) 서사구조

「심청전」은 이본에 따라 내용이 대동소이하나 조운식(1982)에 따르

년, 3월 9일 넬슨 신 감독과 대담, (주)애이콤프로덕션 사무실에서) 앞으로 DVD가 제작되면 애니메이션 관련 전공에서 영상, 기술, 음향 등의 제반 문제에 대한 다양한 연구가 이뤄지리라 생각한다.

13) 먼저, 「왕후 심청」이 '어린이'를 주요대상으로 한 것이라는 사실은 필자가 넬슨 신 감독으로부터 직접 확인한 것이며(2007년, 3월 9일 대담, 같은 장소), 실제로 개봉 즈음에 초등생을 대상으로 한 동명의 동화책(샘터사)과 만화책(홍진P&M)이 발간되기도 하였다. 참고로 감독은 "「왕후 심청」의 스토리 중 '효'를 손에 꼽는다."(http:// www.empresschung.com, '제작자 소개')라고 하고, 언론과의 인터뷰에서도 "효심을 얘기하고 싶었다."(연합뉴스, 2005. 7. 25)라고 밝힌 바 있다.

면 모든 이본들의 공통된 내용단락은 다음과 같이 구성되어 있다.[14)]

가. 심청의 출생
　① 고귀한 가계의 만득독녀(晩得獨女)이다.
　② 선인적강(仙人謫降)의 태몽을 꾸고 잉태되어 출생한다.
나. 심청의 성장과 효행
　① 심청은 일찍 모친을 잃고 봉사인 부친의 양육을 받는다.
　　a. 심청의 모친이 일찍 죽는다.
　　b. 심봉사가 젖, 곡식을 동냥하여 심청을 양육한다.
　② 심청의 비범성이 나타난다.
　③ 심청이 동냥, 품팔이를 하여 부친을 봉양한다.
　④ 심청은 아버지의 눈을 뜨게 하려고 공양미 300석에 몸을 판다.
　　a. 심봉사가 물에 빠진다.
　　b. 화주승에게 구출을 받는다.
　　c. 눈을 뜰 수 있다는 말에 백미 300석 시주를 약속한다.
　　d. 심청이 공양미 300석에 선인(船人)들에게 팔려간다.
　　e. 선인들이 심봉사의 생활대책을 마련해준다.
다. 심청의 죽음과 재생
　① 심청이 인당수(인단소, 임당수)에 몸을 던진다.
　② 심청이 용궁에 갔다가 용왕의 도움으로 꽃을 타고 돌아온다.
　　a. 심청이 용궁에 간다.

---

14) 이하 소개되는 내용은, 최운식이 「심청전」의 현전하는 모든 이본에 대해 각 계열별 특색을 정리하고 공통된 화소를 면밀히 분석하여 파악한 「심청전」의 핵심 구조로서, 이본이 다양한 「심청전」의 서사구조를 이해하는 데에 기본이 되는 자료이다.(『심청전연구』, 집문당, 1982, pp.18-124) 이는 「심청전」의 전체 이본 가운데 세 개 본을 제외한 모든 이본에 공통된다.(자세한 사항은 같은 책 pp.111-112 참조) 한편, 각 화소에 부여된 숫자와 영문자는 본래 최운식의 책에서는 이본의 계열별 화소의 차이를 드러내기 위해 이와 다르게 표기되어있는 것을 필자가 이해를 돕기 위해 바꿔 쓴 것이다.

b. 심청이 장래를 예언 받는다.
c. 심청이 꽃을 타고 용궁에서 돌아온다.

라. 부녀상봉과 개안(開眼)
① 심청이 황후(皇后)가 된다.
a. 선인(船人)들이 해상에서 꽃을 발견한다.
b. 선인들이 황제에게 꽃을 바친다.
c. 황제가 꽃속의 심청을 발견한다.
d. 심청이 황후로 책봉된다.
② 심황후가 부친을 만나기 위해 맹인연(盲人宴)을 소청(訴請)한다.
③ 부녀가 상봉하고 심봉사가 개안한다.

이본을 크게 경판과 완판 계열로 나눌 때 앞의 내용은 세부적인 화소까지도 문장체 소설 형식의 경판본(24장본)과 흡사하다. 「심청전」의 변용물 역시 이 구조를 기본으로 다양하게 재구성된 것으로 보인다. 아동용 전래동화로 각색된 심청전의 경우, 대개 서사구조는 경판본을, 등장인물의 이름은 완판본을 따르고 있다.[15)]

기본구조와 함께 「심청전」의 공통된 특성으로 꼽을 수 있는 것은 심청전이 몇 가지 설화를 토대로 형성되었다는 사실이다. 선행연구를 검토해볼 때, 이에 대해서는 이견이 없는 듯하다. 정하영(1990)에 따르면, 「심청전」의 핵심적 요소는 개안(開眼)설화, 인신공희(人身供犧)설화, 영웅설화를 근간으로 한 것이며, 여기에 태몽설화, 용궁설화, 불전(佛典)설화 등이 부수적으로 수용된 것으로, 앞의 세 가지 설화는 고

15) 부분적으로는 완판의 내용을 취한 경우도 있는데, 경판의 내용 중 심청이 국왕을 만났을 때 왕비가 아직 살아있었던 상황을 완판의 내용을 따라 국왕이 상처(喪妻)한 상황으로 하였다거나, 경판에는 없으나 완판에는 등장하는 뺑덕어멈이 삽입된 정도이다. – 졸고, 「한국 전래동화의 심층의미 분석 - 정신분석적 접근」, 박사학위논문, 2003, p.90 참조.

정적 성격을 띠는 반면 부수적인 설화의 내용들은 가변적 성격을 띤다.[16] 이때, 개안설화 중에서 효녀자기희생(孝女自己犧牲) 설화가 해당되며 아동용으로 각색된 「심청전」은 주인공의 효행 부분이 강조되어 있다.

선행연구자들은 「심청전」이 많은 이들의 공감대를 형성하며 오랜 세월동안 보편성을 유지하는 이유를 나름대로 추적한 바 있는데 이를 살펴보면 다음과 같다. 먼저 심청의 삶을 개인적 차원을 넘어 만인과 관련된 것으로 보고 그 근원을 집단무의식이나 원형(原型)적인 요소에서 찾은 경우[17]가 있고, 감동의 원동력이 '효(孝)'라는 윤리적 가치 자체와는 무관하며 그것이 '문학적'으로 형상화 된 것에 있다고 보거나[18], 설화를 수용하여 재구성함으로써 작품의 효과를 거두게 되었다고 본 경우도 있다.[19] 또, 딸을 팔아 연명하는 내용이 조선시대에 횡행했던 '인신매매'와 관련하여 향유층에게 강렬한 현실인식을 심어준 것으로 파악하거나[20], 눈물과 웃음의 절묘한 대비와 어둠에서 광명으로의 극적 전환이 사람들을 열광하도록 이끌었을 것이라고 추측한 경우도 있다.[21] 또한, 비장과 골계의 공존 속에 보수적인 관념론과 진보적인 현실주의의 논쟁이 결론을 내리지 않고 진행된 것(완판본)이 남다른 가치가 있다고 보거나,[22] 인간 보편의 본질의 문제에 대해 시

---

16) 정하영, 「심청전」, 『한국고전소설 작품론』, 김진세 편, 1990, 집문당, pp.543-545.
17) 정상균, 「심청전의 심리적 신화적 해명」, 『국어교육』 23, 한국국어교육연구회, 1975, p.107 ; 설중환, 「심청전再考」, 『국어국문학』 85, 국어국문학회, 1981, pp.621-622.
18) 황패강, 「심청전의 구조」, 『한국학보』 3권 4호, 일지사, 1977, p.212.
19) 최운식, 앞의 책, p.179.
20) 유영대, 『심청전 연구』, 문학아카데미, 1989, pp.172-179.
21) 정출헌, 앞의 글, pp.5-6.

비(是非)나 호오(好惡)의 판단을 강요하지 않은 것이 수용자와의 관계를 용이하게 했을 것으로 파악하기도 하였다.[23)]

「심청전」의 보편적 호소력과 관련된 선행연구자들의 이러한 추측은 작품의 드러난 주제[24)]에 연유한 것이 아니라 근원적이고 이면(裏面)적인 부분까지 고려하여 나온 것으로 판단된다. 이에 본 연구는 「심청전」의 공통 구조를 연구대상의 기본으로 하되[25)] 이러한 점을 염두에 두고 소설의 주요 의미를 개괄하고, 이를 토대로 애니메이션으로의 변용의 문제를 살펴보기로 하겠다.[26)]

2) 주요 의미

「심청전」의 주인공인 심청은 '효녀'의 표상으로 인식되어 왔다. 전

---

22) 조동일, 「〈심청전〉에 나타난 비장과 골계」, 『심청전연구』, 최동현 · 유영대 편, 태학사, 1999, pp.283-307.

23) 김나영, 「장르별 심청이야기가 지니는 의미 지향」, 『판소리연구』19, 판소리학회, 2005, pp.213-214, p.240.

24) 예컨대, 시각장애인 아버지를 봉양하는 '효녀'로서의 심청, 인신공희라는 극단적 희생, 아버지를 찾기 위한 맹인잔치 등이 이와 관련이 있다고 할 수 있겠다.

25) 이때, 세부적인 내용은 공통 구조와 서사구조가 유사한 경판본을 참고하고, 심청전의 근간이 된 주요설화와 완판본의 내용도 고려할 것이다. 경판(24장본)과 완판(71장본)의 내용은 고려대학교 민족문화연구소에서 발간한 『심청전』(정하영 역주, 한국고전문학전집 13, 1995)을 참고하기로 한다.

26) 본 연구의 목표는 애니메이션으로의 변용의 문제를 탐색하는 것에 있으므로 원작 「심청전」에 대해서는 주요 의미를 개괄하는 정도가 될 것이다. 이때 '(2) 주요 의미'에 관한 부분은 졸고 '아버지 콤플렉스와 효녀 토템 - 「심청」'(「한국 전래동화의 심층의미 분석 - 정신분석적 접근」, 박사논문, 2003, pp.89-130)의 내용에 근거한 것임을 밝혀둔다.

래동화의 제목으로 흔히 사용되는 '효녀 심청'이라는 표현은 심청의 '효행'을 강조한 것이다. 그런데 「심청전」이 오랜 세월 동안 보편성을 확보할 수 있었던 이유는 '효' 자체 때문은 아닌 듯하다. '효'는 윤리적으로 지켜야 할 도덕적 법규로서, 당위적이며 의무적인 것이지 그것 자체로 보편적 호소력을 갖는 것은 아니기 때문이다. 「심청전」의 진정한 가치를 파악하기 위해서는 '효'라는 강조된 주제에 가려진 이면(裏面)의 의미를 탐색해야 할 듯하다.

심봉사는 주인공인 심청의 아버지이자, 효(孝)의 대상으로서 절대적 위치에 있는 인물이다. 그는 애초에 이름이 있었으나 실명(失明) 이후 '심봉사'로 불린다.[27] 작중인물의 호칭은 그 인물의 됨됨이를 단적으로 표현한 것이다. 그런데 실명 사실을 드러내기 위한 '심봉사'라는 호칭에는 누구에게나 부여되어 있는 이름이 없다. 이름을 잃었다는 것은 정체성을 잃었다는 것으로 해석할 수 있다. 또한, '심봉사' 만으로는 성별도 구분할 수 없다. 남성성도 사라진 것이다. 「심청전」에서 심봉사의 역할은 심청의 '아버지'이다. 사람의 감각기관 중 '눈'은 '이성'(異性), '분별력', '판단력' 등의 상징적 의미를 갖는데, 심청과의 관계를 고려할 때 '눈 먼 아버지'로서의 심봉사는 분별력을 잃은 아버지, 부성성(父性性)을 상실한 아버지이다. 심봉사의 '공양미 삼백 석'에 대한 시주 약속은 경솔하고 무책임한 아버지의 모습을 단적으로 보여준다. 비유적으로나 내용상으로나 沈봉사는 '心봉사'인 셈이다.

경판에는 없으나 널리 알려진 삽화 가운데 심봉사의 '젖동냥'이 있다. 이는 심봉사의 양육 방법을 구체화한 것이다. '젖'은 모성성의

27) 경판에서는 '심봉사' 대신에 '공(公)'으로 불리나, 공통된 호칭은 '심봉사'이다.

대표적인 상징이다. 심봉사의 '젖동냥'은 상실된 부성성 대신 모성성을 강조한다. 전래동화부터 현대 창작물에 이르기까지 아동문학은 주인공이 '집'을 출발하는 것으로 '전개'가 이뤄지는데, 이때 집을 떠나게 하는 당사자는 '어머니'인 경우가 많으며 아버지는 유명무실하거나 부재(不在)한다. '효'라는 윤리적 가치를 제외한다면, 이름을 잃고 남성성은 물론 부성성을 상실한 채 모성적인 면모만 드러난 심봉사는 자식을 집밖으로 내쫓는 동화속의 부정적 모성상과 다르지 않아 보인다.

한편, 주변으로부터 '하늘이 내린 효녀'(경판), '지극한 효성'(완판) 등 '효녀'로 칭송받는 심청은 다른 효행설화에서처럼 부모의 생명을 구하고자 자신을 희생하는 것이 아니라 단지 아버지의 '개안'을 위해 목숨을 바친다. 이런 점에서 「심청전」의 효는 가학적이다. 홀로 될 아버지를 걱정하던 심청은 용궁에서 "제가 인간세상에서 고초를 겪던 일을 생각하니 마음이 두렵습니다. 이제 여기 들어왔으니 도로 나가지 말고 여기 머물기를 원합니다."(경판, 47)라고 처음 속내를 드러낸다. 또한 왕후가 된 후 "눈이 밝아야 세상 만물을 다 보면서 좋고 나쁜 것을 분별하는데, 맹인은 그러지 못하니"(경판, 63)라고 맹인에 대한 견해를 밝히기도 한다.

「심청전」의 고유명사처럼 널리 알려진, '공양미 삼백 석'과 '맹인잔치'는 서로 불가분의 관계에 있다. '공양미 삼백 석'은 심청을 죽음에 이르게 한 원인이며, '맹인잔치'는 심청의 부활을 만천하에 드러내는 계기가 된다. '공양미 삼백 석'에서 300석[28]은 한 사람이 300년 정

28) 앞에서 살펴본 공통 구조에는 '백미 삼백 석'(④-c)으로 명시되어 있는데, 이 경우는 도정을 거친 것이므로 실제 양은 더 많아진다.

도를 먹을 수 있는 양이고, '맹인잔치'에는 '온 나라의 모든' 맹인들이 동원된다. 두 가지 모두 '지나치게 많다'는 점에서 유사한 점이 있다. 공양미 삼백 석은 심청의 몸값이므로 '쌀＝심청의 몸'이라는 등식이 성립된다. 뱃사람들은 심청의 몸값으로 300석 외에 쌀을 더 얹어주므로[29] 심청의 실제 몸값은 300석 이상의 가치가 있는 셈이다. 그것은 '무한대'의 의미를 갖는다. 공양미의 '공양'은 심청의 '인신공양'을 연상시킨다. '공양'의 사전적 의미는 '웃어른을 모시어 음식을 이바지한다'는 뜻이며, 불교용어로서는 '공덕을 남에게 베푼다'는 뜻으로, '공양미'에 담긴 '공양'의 의미와 목적이 실현되는 것은 '맹인잔치'에서이다.

맹인잔치는 왕후가 된 심청이 "온 나라의 모든 맹인들을 모아 맛있는 음식으로 그 마음을 위로"(경판, 63)하기 위해 연 것이다. 음식의 기본이 '쌀'이고, '쌀'은 곧 심청의 '몸'을 대신하므로 맹인잔치의 '잔치'는 심청의 몸(살)을 나누는 의식으로 해석할 수 있다. 그것은 고대 원시 부족사회에서 아버지를 대신하여 일정 기간 신으로 숭상하던 동물(토템)을 죽여 그 고기를 나눠 먹는 풍속이나, 햇곡식으로 만든 빵을 나눠 먹음으로써 곡물정령의 몸을 공유한다고 믿었던 농경사회의 성찬식, 그리고 만인을 위해 희생된 그리스도의 몸과 피를 나눠먹는 기독교의 종교의식과도 관련이 있다. 왕후가 된 후 "덕과 은혜가 지중하여 해마다 풍년이 들어" "태평성대가 되고"(완판, 171), 맹인잔치에서 "오봉루가 높아서 구름 위에 아득하여" "온갖 일을 다 보실 수 있게"(경판, 65) 된 심청은 성찬의 대상인 신(神)적 존재와 비슷한 지위에 놓인다. 실제로 심청은 맹인잔치를 통해 공양미 삼백 석이 해내지 못한

29) 경판에서는 50석을, 완판에서는 2백 석과 돈 3백 냥을 더 준다.

일을 해냄으로써 부처님(神) 이상의 능력을 보여준다.

겉으로는 드러나지 않으나 「심청전」은 두 사람의 대립을 축으로 전개된다. 심청의 '인신공양'의 궁극적인 대상은 용왕이 아니라 '아버지'이다. 심청을 죽음으로 몰고 간 '심봉사'는 심청에게는 갈등의 대상이며 반동적(反動的) 인물이다. 심봉사와 심청의 관계는 '쫓아내는 자와 쫓겨난 자', '부정적 부모와 착한 자식', '무지한 어른과 똑똑한 아이'라는 동화의 전형적인 대립구도와 유사하다. 또한, 인신공희의 희생양이던 어린 심청이 '개안'으로써 아버지를 깨우치고, '맹인잔치'를 통해 그것을 알림으로써 자신의 위상을 드러내는 일련의 과정은, 소외되고 억압받던 주인공이 갈등의 대상보다 높은 존재가 됨으로써 애초의 갈등을 해결하고 결핍을 충족하는 아동문학의 기본 구조와 유사하다. 이는 '아버지에게 최대한 보상하고 화해하는 바로 그 순간 아들은 아버지에 "대항한다"는 소망을 달성한다.'[30]는 프로이트의 주장과도 무관하지 않을 듯하다. 그렇다면 심청의 궁극적인 소망은 아버지의 '개안'이 아닐 수도 있을 것이다.

어리다는 이유만으로 사회적 가치관과 윤리의식에 무조건 종속해야 하는 아이들에게 부모에 대한 감정은 양가적(兩價的)이다. '효'라는 강력한 도덕적 신념의 이면에는 바로 그 문제가 숨겨져 있다. 「심청전」이 어린이의 관심의 대상이 될 수 있었던 이유는 그 문제를 다루고 있기 때문이기도 할 것이다.

---

30) 프로이트, 「토템과 타부」, 『종교의 기원』, 이윤기 옮김, 열린책들, 1997, p.421.

2. 애니메이션 「왕후 심청」으로의 변용

1) 서사구조

애니메이션 「왕후 심청」은 '효녀 심청이 소경인 아버지를 위해 인신공양을 하고, 숭고한 존재로 재생하여 아버지가 개안 한다'는 기본 골격은 원작과 유사하나, 주요 사건과 주변인물이 첨가되고, 중심인물의 성격이 변형되면서 서사구조에서 적지 않은 차이를 보인다. 「왕후 심청」의 내용을 주요 화소를 중심으로 정리하면 다음과 같다.

① 임금을 폐위하고자 역모를 꾸미는 이러니 대감과 이에 반대하는 심학구 대감의 갈등. 이러니에 의해 심대감의 집이 불타고 심학구는 자객이 쏜 독화살에 실명하며, 부인 곽씨는 죽고 강보에 싸인 심청과 삽살개 단추만 살아남는다.

② 14년 후, 아름다운 처녀의 모습으로 자란 심청. 심청은 밝고 쾌활한 성격에 삯바느질로 심학구를 부양하며 살아간다. 바느질 솜씨도 좋고, 마을 도령들의 관심을 한 몸에 받으며, 글도 잘 읽고, 효성이 지극한 것으로 소개된다.

③ 뺑덕어멈은 주막집의 넉살좋은 주모로 등장하고, 심청과 소풍을 간 심학구는 실명한 사연과 숨어사는 이유를 심청에게 말한다.

④ 풍랑으로 고생을 하던 선인들, 주막에 모여 무슨 수를 써야겠다고 의논 한다.

⑤ 시끌벅적한 장터의 정경. 심학구는 대바구니를 만들어 내다 팔고 심청의 꽃신을 산다. 뺑덕이 개구쟁이로 등장한다.

⑥ 승상부인이 심청에게 수양딸이 되어줄 것을 제안하나 심청은 이를 거절한다.

⑦ 장터에서 돌아오는 길, 나무다리를 건너던 심학구는 자신의 지팡이

를 들고 앞장서던 가희(거위)가 미끄러지는 바람에 개울에 빠지나, 화주승에 의해 구출 된다. 마침 심청이 이를 보고 화주승에게 감사 인사를 한다.

⑧ 몽은사로 화주승을 찾아가는 심청. 공양미 삼백석이면 아버지의 눈을 뜨게 할 수도 있다는 화주승의 말을 듣고 그 자리에서 공양미 삼백 석 시주를 약속 한다.

⑨ 품삯 대신 쌀을 받아 모으는 심청. 불공을 드리며 화주승에게 공양미 삼백 석 시주를 거듭 다짐 한다. 뺑덕이가 이 말을 엿듣고, 뺑덕어멈에 의해 소문이 퍼진다.

⑩ 선원들, 바다에 산 제물을 바치기로 하고 뺑덕어멈의 중재로 심청은 공양미 삼백 석을 받고 제물이 되겠다고 결정한다.

⑪ 심청은 심학구에게 장승상댁 수양딸로 가게 됐다고 거짓말을 하고, 심청의 집으로 쌀가마가 실려 온다. 뺑덕어검은 심학구를 보살펴 주겠다고 하고, 심청은 곧장 선인들을 따라간다.

⑫ 심청은 배에 오르고 뒤늦게 모든 사실을 안 장승상 부인이 공양미 삼백 석을 대신 내주겠다고 하지만 상황을 되돌리지 못한다. 심청을 태운 배는 떠나고 거북이 터벙이가 심청이 탄 배를 따라간다.

⑬ 인당수 바다에 투신하는 심청. 바다 밑에서 심청은 의식불명 상태이고 인당수괴물이 등장한다.

⑭ 터벙이가 수많은 물고기들을 동원해 인당수괴물에 대적한다. 괴물은 행패를 부리다 천둥 번개를 맞고 폭발하여 죽는다.

⑮ 심청은 연꽃마차에 실려 용궁으로 이동. 연꽃 속에서 깨어나는 심청.

⑯ 심청의 집. 쌀을 가져가려는 화주승과 내주지 않으려는 뺑덕어멈의 실랑이가 벌어진다. 화주승은 심청이 시주 약속을 한 증서를 보여주고 쌀을 모두 가져간다. 심청에게 일어난 모든 일을 알게 된 심학구는 괴로워하며 단추와 가희를 데리고 길을 떠난다.

⑰ 심청은 용왕을 만나 귀한 대접을 받은 후 다시 연꽃에 태워져 지상으로 보내진다.

⑱ 평산 땅에 도착한 심학구는 환청으로 들리는 심청의 말에 심청이 꼭 살아있다고 믿고 있다고 대답한다.

⑲ 바다에서 큰 연꽃을 발견한 어부. 연꽃 속에는 깊이 잠든 터벙이와 심청.

⑳ 대궐에서는 왕, 왕비, 세자가 대신들과 세자비 간택을 논의 중이다. 이러니 대감의 여식도 거론 된다. 어부들이 진상한 연꽃 도착. 심청을 본 왕자는 감탄하고 심청은 깨어난다.

㉑ 왕은 심청의 집으로 전령을 보내나 심학구를 찾지 못한다. 어명으로 맹인을 소집하는 방이 붙고 맹인잔치가 열린다. 심학구가 오지 않자 왕자는 심청에게 심학구를 꼭 찾아주겠다고 다짐한다.

㉒ 주막에서 맹인소집 소식과 그 이유를 듣게 된 심학구는 대궐에 있는 이러니 대감을 생각하고 심청이 위험하다고 걱정한다.

㉓ 심청의 소식을 듣고 심학구의 존재를 알게 된 이러니 대감은 심학구를 처치하라고 명령하지만 심학구는 자객을 무사히 피한다. 가희는 하늘을 날아 한양으로 간다.

㉔ 맹인잔치 마지막 날. 잔치가 끝났다는 말에 돌아가려는 심학구를 심청이 발견하여 마침내 부녀가 상봉하고 심학구는 개안한다. 어명으로 이러니 대감은 잡힌다.

㉕ 심청이 세자비가 되는 성대한 가례식.

원작과 비교할 때, 애니메이션의 눈에 띄는 차이점과 다음과 같다.

첫째, '이러니 대감'이라는 새로운 인물이 등장하여 심학구와 갈등을 일으킨다.

둘째, '심봉사'라는 호칭 대신 '심학구'라는 이름이 사용된다.

셋째, 심청은 생기발랄하고 쾌활한 처녀의 모습으로 등장하며 심학구를 '아빠'('아버지'와 혼용)라고 부른다.

넷째, 심학구는 충신이자 강직한 선비의 성격으로 딸을 위해 대바구니를 만들어 파는 등 아버지 역할을 한다.

다섯째, 공양미 삼백 석 약속은 심학구가 아닌 심청이 한다.

여섯째, 심학구는 개안(開眼)을 바란 적이 없다.

일곱째, 심학구는 본인 때문이 아닌 거위인 가희의 실수로 물에 빠진다.

여덟째, '인당수'라는 명칭은 바다 이름으로써 뿐만 아니라 '괴물'로 인격화되어 중의적으로 사용된다.

아홉째, 심학구는 심청이 인당수에 투신한 후에야 공양미 삼백 석에 딸이 희생된 사실을 알게 된다.

열째, 심학구는 딸의 인신공양 소식을 안 직후 마을을 떠난다.

열한째, 뺑덕이, 삽살개 단추, 거위 가희, 거북이 터벙이 등 새로운 인물들이 첨가되고 화주승의 비중이 높아졌으며, 뺑덕어멈이 주막집 주모로 등장한다.

열두째, 원작에서는 심청이 뱃사람들의 소문을 듣고 자청하여 자신을 팔지만, 애니메이션에서는 뺑덕어멈의 권유로 이뤄진다.

열셋째, 맹인잔치를 심청이 제안하는 것이 아니라 왕자가 나서서 왕의 명령으로 이뤄진다.

열넷째, 심청은 왕이 아닌 왕자와 혼인함으로써 '왕후'가 아닌 '세자비'가 된다.

열다섯째, 부녀상봉은 맹인잔치에서가 아니라 맹인이 모두 가버린 후, 심청과 두 사람 뿐인 상황(단추와 가희 동석)에서 이뤄지며, 개안도 이때 이뤄진다.

열여섯째, 심학구의 '개안'이 아닌 심청의 '혼례'로 대단원을 이룬다.

이러한 차이점으로 작품의 성격과 의미도 변화되었다. 우선, 갈등의 축이 '심청 대 심봉사'에서 '심학구 대 이러니'로 바뀌었다. '심봉사'

대신 이름으로 불리는 '심학구'는 충신으로서의 강직한 성격과 함께 정체성을 드러내며, 심청의 보호자이자 든든한 버팀목으로서 아버지 역할에도 부족함이 없다. 또한 '시각장애'가 원작만큼 큰 문제로 부각되지 않는다. 원작에서, 심봉사의 '개안'에 대한 바람과 무책임한 성격을 엿볼 수 있는 '공양미 삼백 석'의 약속을, 애니메이션에서는 심청이 함으로써 원작의 심봉사의 경솔한 성격이 심청에게 전가되었다. 죽음과 재생의 장소인 '인당수'가 '괴물'로 형상화됨으로써 인당수에 함축된 삶과 죽음의 '정화수'로서의 기능은 상실되었다. 맹인잔치가 심청의 권유가 아닌 왕자의 적극적인 노력으로 이뤄지고, 애니메이션의 제목과 달리 심청이 '왕후'가 아닌 '세자비'가 됨으로써 영웅으로서의 심청의 이미지는 희석되었다. 심학구의 개안이 맹인잔치가 끝난 후 심청과 둘 만의 상황에서 이뤄짐으로써 심봉사의 어리석음을 '만인 앞에서 깨우친다'는 숨은 의미는 퇴색되었다. 또한, 심학구의 개안이 아닌 심청의 혼례로 대단원을 이룸으로써 작품 전개의 중심축이었던 심학구의 '개안'의 의미는 축소되었다.

애니메이션 「왕후 심청」은 심청의 효행과 완벽한 성격에 치중하고, 이면(裏面)적 의미에 대한 고려 없이 무리하게 부분적인 변형을 시도한 탓에 작품성과 관련하여 몇 가지 문제점을 노출시켰다. 이제 시나리오의 기본요소인 '인물'과, 스토리를 전개하는 핵심요소인 '갈등', 그리고 모든 서사물의 전제 조건인 '개연성'을 중심으로 이에 대해 살펴보기로 하겠다.

2) 인물

(1) 심청

전래동화부터 창작동화에 이르기까지 아동문학의 공통된 화두는 '성숙'이다. 집을 나와 방랑을 한 후 귀향하거나 혼인을 하는 아동문학의 일반적인 서사구조는 이와 밀접한 관련이 있다. 앞에서 살펴보았듯이 고전소설 「심청전」 역시 이와 유사한 구조로 이루어져 있다. 세계적인 애니메이션 제작사 일본 지브리(ジブリ) 스튜디오의 스토리 구조 역시 '가출(익숙한 세계에서의 탈출) → 낯선 세계에서의 방황과 부적응 → 부조리한 세계의 변화를 통한 성장 → 귀환' 으로 '순진한 소녀(혹은 소년)가 부조리한 세계를 감화, 변화시키는 것'을 기본적인 서사패턴으로 한다.[31] 작품이 추구하는 '성숙'이라는 지향점은 향유자인 어린이들의 실제 화두이기도 하다. 아동문학이 오랜 세월 동안 이러한 한 가지 패턴을 반복할 수밖에 없었던 이유는 '성숙기'라는 과도기에 있는 어린이들의 심리적 특성과도 관계가 있을 것이다. 어린이는 주인공과 함께 성숙한다. 따라서 아동문학 창작에서 주인공과의 '동일시'는 인물 창조의 가장 중요한 문제이다. 동일시를 위한 가장 기본적인 방법은 주인공을 어린이와 비슷한 환경에 처하게 하는 것이다.

어린이들에게 세상은 물음표로 가득 차 있다. 어린이들은 심리적으로 소외와 압박을 느끼며 그들에게는 독립에 대한 호기심과 두려움이 공존한다. 동화 속 주인공들은 '어둠에서 광명으로', '음지에서 양지로', '억압에서 자유로', '비천한 존재에서 위대한 존재로' 성숙의 과

---

31) 배주영, 『디지털 애니메이션 스토리텔링』, 살림, 2005, pp.55-56 참조.

정을 보여준다. 이야기는 주인공을 중심으로 '결핍에서 충족으로' 전개된다. 「심청전」의 심청 역시 예닐곱 살부터 동냥을 다니며 눈먼 아버지를 봉양해야 하는 궁핍하고 고달픈 환경에 처해 있었다. 공양미 삼백 석에 몸을 팔았던 무력한 소녀는 만인의 국모(國母)가 됨으로써 초기의 '결핍'을 '충족'시킨다. 심청은 처음부터 영웅이 아니라, 영웅으로 '성장'한 것이다. 어린이 독자에게 '주인공의 결점들은 인간적이고 마음이 끌리는 요소로 보이게 되는데, 이로써 독자는 불완전한 면을 갖는 주인공과 자신을 동일시하게 되어 그의 곤경에 공감할 수 있게 된다.'[32] 원작에서 '왕후'로서의 심청의 모습이 극적 효과를 볼 수 있었던 이유 중 한 가지는 애초에 열악한 환경에 처해 있었으며, 이야기 초반부터 어린 소녀로서는 감당하기 힘든 과제가 주어졌고, 스스로 몸을 팔 수 밖에 없는 절박한 상황에 놓여있었기 때문이다.

그런데 애니메이션의 경우, 심청의 성격은 처음부터 완벽한 것으로 설정되어 있다. 아버지가 시각장애인이라는 점을 뺀다면 심청은 부족한 것이 없어 보인다. 시각적 이미지로도 이미 성숙미가 완연한 심청에게 어머니의 빈자리는 크게 느껴지지 않는다. 심청을 향한 사람들의 찬사는 도입부에서나 결말에서나 한결같다.[33] 한 인물에 대한 주변의 반응은 그 인물의 성격을 대변한다. 주변인물들의 반응이 시

32) 리 와인담, 『동화 쓰는법』, 보성사, 1994, p.50.

33) 심청에 대한 사람들의 반응은 다음과 같다. 도령B: "어쩌면 저렇게 아리따울까?"(p.B-11), 도령A: "저렇게 아름답고 날렵한 모습이라니"(p.B-16), 황주댁: "바느질뿐만 아니라 성품도 아주 착한 아이라고 들었습니다."(p.B-17), 승상부인: "예절 바르고 재능이 뛰어나서 볼수록 탐이 나는 아이랍니다."(p.B-12), 승상부인: "놀랍구나, 그 어려운 한문을 읽다니…."(p.B-18), 아주머니: "어쩌면 저렇게 기특할 수가…."(p.F-2), 손님1: "아 그런 효녀가 있나?"(p.F-13), 왕자: "저렇게 아름다울 수가!"(p.4J-7)

종일관 같다는 것은 대상 인물의 성격이 정체되어 있다는 것을 뜻하는 것이기도 하다.

심청은 힘겹게 노동을 하는 것이 아니라 즐겁게 사람들과 어울리는 것으로 등장한다. 출중한 외모에 다재다능하고, 효성이 지극하며 학식도 있는, 부족함이 없는 인물로서 부러움의 대상이다. 심청을 질시하거나 시기하는 적(敵)도 없다. 아버지도 모르게 심청이 자발적으로 공양미 삼백 석을 약속하는 상황 역시 심청의 '효녀'로서의 완벽한 이미지를 강조한 것이다. 그런데 이러한 주인공의 완벽함은 어린이 향유자의 '동일시'에 장애가 된다. 어린이에게 '완벽한 주인공은 활기 없고, 따분하게 느껴지며 발전 가능성도 없기'[34] 때문이다. 애초에 결핍이 없기 때문에 성장을 기대하기 어렵다. 성격이 발전되지 못하고 정체될 수밖에 없는 것이다. 주인공의 '고정된 성격'은 작품성을 훼손한다. 극작가 레이조스 에그리(Lasos Egr.)는 '주인공이 작품이 시작해서 끝날 때까지 내내 같은 면모를 지니고 있다면 그 소설이나 희곡은 틀림없이 엉터리이다.'[35]라고 지적한다. 애니메이션의 심청은 죽음과 재생이라는 절대적 고난을 겪었는데도 이후 달라진 면모를 보여주지 못한다. 오히려 극이 전개될수록 심청의 모습은 애초의 당당한 이미지에 비해 실망스럽다. 심청의 목숨을 위협하는 인당수괴물은 의식불명의 심청을 대신하여 터벙이가 대적하고, 아버지 심학구의 행적은 왕자가 나서서 쫓고, 맹인잔치 역시 심청의 개입 없이 왕자의 노력으로 열리며, 이러니 대감의 처벌도 어명으로 이뤄지는 등 중요한 순간에 심청은 아무 역할을 하지 못하는 '주변인물'로

34) 조안 에이킨(Joan Aiken), 『꿈과 상상력을 담은 동화쓰기』, 이영미 옮김, 2003, p.139.

35) 레이조스 에그리, 『희곡작법』, 청하, 2003, p.105.

밀려나 있다.

원작의 심청은 소경 아버지의 한 순간의 실수로 어느 날 갑자기 감당할 수 없는 과제를 부여받는다. 어린 딸로서는 아버지의 뜻을 따를 수밖에 없다. 이는 부모의 뜻이라면 내키지 않아도 따라야 하는 모든 어린이의 상황과 유사하다. 또한, 독자로서는 '어린 심청이 어려운 과제를 어떻게 해결할까?'에 관심을 집중하게 된다. 이때, '관객이 궁금해 하는 요소를 언제 어떻게 조금씩 드러내는가가 스토리를 효과적으로 진행해 가는 요령이다.'[36] 그런데 애니메이션에서는 공양미 약속을 한 직후 심청이 품삯으로 쌀을 모으는 장면을 보여줌으로써 '해결'의 답을 쉽게 드러낸다. 더욱이 이후에도 심청이 화주승에게 삼백 석에 대한 약속을 지킬 것을 거듭 확인해줌으로써 과제해결의 여부에 대한 관객의 궁금증은 더 이상 유지되지 못한다. 사실, 공양미 삼백 석은 저축으로 모을 수 있는 정도의 양이 아니다. 원작의 심청이 그렇게 하지 않은 이유는 삼백 석이 품을 팔아 모아질 수 있는 것이 아니기 때문이다. 심청이 인신공양을 선택할 수밖에 없었던 이유도 이 때문이다. 심청의 효녀로서의 이미지를 극대화하기 위해 설정된, 쌀을 모으는 삽화는 공양미 삼백 석의 양에 대한 심청의 무지(無知)를 보여주고, 해결책도 없이 성급한 결정을 내린 심청의 경솔함을 드러낼 뿐이다. 삼백 석의 양이 어느 정도인지를 모르는 오늘날의 관객으로서는 심청의 이러한 행동을 보고 공양미 삼백 석의 과제가 원작만큼 어렵게 느껴질 수 없는 것이다.

'왕후 심청'이라는 애니메이션의 제목은 심청의 '왕후'로서의 이미지를 강조한다. 감독은 한 인터뷰에서 "후에 왕후가 될 사람이기 때문

---

36) 배주영, 앞의 책, p.46.

에 학식도, 재능도, 성격도 모두 튼튼하게 만들었다."[37]라고 하여 '왕후'로서의 면모에 신경을 썼음을 드러냈다. 그런데 실제로 심청은 왕후가 되는 것이 아니라 왕자와 결혼하여 '세자비'가 된다. 대궐에 들어간 후, 왕자와의 사랑이 싹트면서 심청은 원작의 '왕후'로서의 위엄과 당당함 대신 왕자의 아름다운 배필로서의 모습을 보여준다. 또한, 심학구의 '개안'이 아니라 심청의 '가례식'으로 대단원이 이뤄짐으로써 목숨을 담보로 간절히 바랐던 아버지의 '개안' 대신 왕자와의 '혼인'의 의미가 강조된다. 이러한 결말은 스스로 고난을 극복하여 당당히 주체로서 거듭나는 영웅서사시의 주인공으로서의 의미보다는 미천한 소녀가 백마 탄 왕자를 만나 신분상승으로 행복을 보장받는 신데렐라 스토리를 연상시킨다.

심청은 애초의 의도와 달리 원작보다 소극적인 인물로 형상화 되었다. 작품의 핵심인 인신공양도 원작에서처럼 스스로 나서서 선택한 것이 아니라 뺑덕어멈의 권유로 이뤄진다. 이는 뺑덕어멈의 부정적 의도와 맞물려 심청이 유혹에 넘어가는 듯한 인상을 준다. 심청은 '한국의 문화콘텐츠의 전형적인 여주인공인 순수하고 사랑스럽기만 한 착한 캐릭터'[38] 이상의 모습을 보여주지 못하였다. 본래 애니메이션에의 심청은 영웅성이 짙은 인물로 설정 되었다. 애니메이션의 도입부에서 화염 속에서 살아남아 강보에 싸인 채 연못의 연꽃 위에 눕혀 있는 어린 심청의 모습은 심청의 비범성을 암시한다. 그런데 심청의 비범성은 심청의 적극적인 행위로 드러나야 하는 것이다. 심청의 '왕후'로서의 면모를 나타내고자 했다면 어린 시절부터 동냥으로 눈먼

---

37) '인터뷰 : 「왕후 심청」 넬슨 신 감독', 연합뉴스, 2005. 7. 25.

38) 정창권, 『문화콘텐츠 스토리텔링』, 북코리아, 2008, p.97 참조.

아버지를 봉양해온 고충을 부각시키고, 젊은 왕자의 어린 배필로서가 아니라 한 나라의 국모(國母)로서 맹인잔치를 주최하고, 백성들이 왕비의 위엄과 덕을 찬미하며 태평성대를 노래하는 원작의 성격을 존중해야 했다.

(2) 심학구

애니메이션의 심학구는 원작의 '심봉사'와는 딴판이다. 심학구와 심봉사의 공통점은 시각장애인이라는 신체적 특성과 심청의 아버지라는 지위뿐이다. 신체적으로나 심리적으로나 분별력을 상실하여 자식을 죽음에 이르게 한 심봉사와, 자식에게 글을 가르치고 대바구니를 만들어 팔아 꽃신을 사다주는 부성애를 지닌 심학구는 근본적으로 다르다. 우선, 심학구는 '심봉사' 대신 '이름'으로 불림으로써 시각장애의 문제가 원작만큼 부각되지 않는다. 심학구는 주변 인물에게 "심대감", "심학구 어른", "청이 아버지" 혹은 "청이 아버님"으로, 심청에게는 "아빠", "아버지"로 불린다. 호칭으로써 심봉사의 시각장애 사실이 드러나는 경우는 작품 전체를 통틀어 두 번뿐이다.[39] 실제로 심학구는 항상 삽살개 단추와 동행하며, 시각장애 때문에 특별히 곤란을 겪는 경우는 없다.

원작에서 시각장애가 문제로 대두되는 것은 심봉사의 '실족' 사건 때이다. 심봉사는 "하염없이 더듬어 가다가 구렁에 빠져 거의 죽게 되어"(경판, 23), 혹은 "개천에 빠져서 거의 죽게 되어"(완판, 113), "문득"(경

39) 맹인잔치 소식을 전하는 주모에 의해 '봉사님'("선비님은 정말 봉사님 맞으시죠?")으로, 심학구의 존재를 알게 된 이러니 대감에 의해 '봉사'("보는 즉시 그 봉사를 처치하라!")로 불린다.

판, 23) 혹은 "홧김에"(완판, 113) 공양미 삼백석의 계약을 체결한다. 실명(失明)이 원인이 되어 죽을 뻔한 심봉사가 '개안'을 바라고 공양미 시주를 약속한 것은 상황으로나 심봉사의 성격으로나 개연성이 있다. '실족'은 실명 상태를 드러내고, '공양미 삼백 석의 약속'은 심봉사의 무책임한 성격과 개안에 대한 바람을 드러내는 중요한 장치이다. 이후 심청과 심봉사는 갈등관계에 놓이게 된다. 그런데 애니메이션에서 심학구는 시각장애 때문이 아니라 앞서 가던 거위 가희의 실수로 개울에 빠진다. 공양미 삼백 석의 약속 역시 심청이 대신 한다. 이 때문에 공양미 삼백 석은 심학구와 무관한 문제가 되었으며, 심청과의 갈등관계도 성립되지 않게 되었다.

한편, 애니메이션에서 심청이 화주승에게 이미 감사의 인사를 해 놓고도 굳이 다시 인사를 목적으로 몽은사까지 찾아가서 공양미 삼백 석을 선뜻 약속하는 행동은 뜬금없으며 과장되어 보인다. 이전까지 심학구의 시각장애가 쌀 삼백 석의 양에 견줄 만큼 큰 문제가 되지도 않았고, 심학구가 개안을 바란 적도 없기 때문이다. 따라서 이후 공양미 삼백 석을 감당해야 하는 심청의 상황도 원작만큼 절박하게 다가오지 않는다. 심청의 이러한 행동은 자칫 주인공 스스로가 자신을 감상적 상황으로 몰고 가서 자기연민에 빠지게 함으로써 독자의 관심을 유도하려는 서툰 작가의 창작의 오류로 보일 여지가 있다. 결국 심청의 인신공양은 심학구와는 무관하게 처음부터 심청 스스로 자초한 셈이 되었다. 이러한 문제점은 심청의 '효행'을 지나치게 강조하고 심학구를 긍정적인 아버지상으로 그리고자 한 것에서 기인한다.

원작의 심봉사가 긍정적인 아버지상으로 변형되면서, 심봉사가 차지했던 작중 비중은 줄어들었다. 주인공의 갈등의 대상으로서의 기능을 상실함으로써 중심에서 밀려났으며, 시각장애의 문제가 축소되면서 결말의 '개안'의 당위성도 퇴색되었다. 본래, 원작에서 심봉사의 실명의 원인은 '심리적'인 것이었다. 따라서 결말의 '개안'은 심리적인 문제의 해결로 해석할 수 있으며 그것은 숭고한 존재로 거듭난 심청의 변화와 밀접한 관련이 있다. 반면 독화살의 '독'이 실명의 원인인 애니메이션의 경우는 원작에 비해 '개안'의 개연성이 떨어진다. 더욱이 원작에서는 심봉사의 '개안'이 여러 맹인들이 모인 자리에서 이뤄지는 반면, 애니메이션에서는 맹인들이 모두 돌아간 후 심청과 심학구의 둘 만의 상황에서 조용히 이뤄짐으로써 심학구의 '개안'은 심리적 의미는 물론 원작이 주는 극적 효과도 거두지 못하게 되었다. 애초에 심봉사의 어리석음을 만인 앞에서 '깨우치다'라는 의미를 내포한 '개안'의 장치가, 심학구의 긍정적 성격과, 초라하게 축소된 결말의 상황으로 본래의 의미를 실현하지 못하게 된 것이다.

「심청전」의 이면(裏面)의 의미를 고려할 때, 심봉사는 부조리한 세계의 상징과 같은 존재이다. '맹인잔치'와 '개안'은 심봉사로 표상되는 무지몽매한 세상에 대한 경종이며 깨우침이다. 어린이의 입장에서 그것은 어리석은 강자에 대한 지혜로운 약자의 통쾌한 승리이기도 한 것이다. 만약 심봉사가 딸의 죽음을 대가로 개안을 보장받는 인물이 아니었다면, 「심청전」은 창작되지 못했을 것이다. 이런 점에서 '심봉사'는 「심청전」의 창작의 전제(前提)이다. 애니메이션의 심학구는 결코 심봉사가 아니다. 심봉사가 사라지면서 '심청 대 심봉사'라는 갈등 구도는 무너졌다. 만약 새로운 갈등 구도가 형성되지 않는다면 애니메이션이 원작만큼의 완성도를 갖는 것은 요원하며, 어린이 수용자와의 관계도 소원해질 것이다.

3) 갈등

(1) 심학구와 이러니

원작 소설 「심청전」의 갈등은 잠재되어 있다. 그것은 심청과 심봉사가 부녀지간으로 두 사람의 성격이 선악으로 구분될 수 있는 것이 아니며, 심봉사에 의해 야기된 심청의 고난이 '효'를 표방하고 있기 때문이기도 할 것이다. 앞에서 살펴보았듯 원작의 심봉사가 애니메이션에서는 긍정적 인물상으로 변형되면서 심청과 심봉사를 축으로 한 갈등의 구도는 무너졌다. 애니메이션이 제시한 새로운 갈등관계는 심학구와 이러니 대감의 관계이다.

애니메이션은 '이러니'라는 간신을 투입하여 새로운 갈등을 유발한다. 이러니는 자신의 이득을 위해 충신 심학구의 집안을 몰락시킨 '악'의 화신으로 등장한다. 심학구는 이러니 때문에 집과 부인을 잃고 실명하였으며, 숨어 사는 처지가 되었다. 두 사람의 갈등은 각각 충신과 간신을 표방하는 선과 악의 대립으로, 막강한 악에 의해 나약한 선이 패배하는 것으로 일단락된다. 그런데 두 사람의 갈등은 도입부에서만 다뤄질 뿐 지속되지 않는다. 심학구는 이러니를 피해 은둔생활을 하고, 도입부의 중심에 있던 이러니는 심청이 대궐에 들어간 이후인 극의 후반부에야 비로소 재등장한다. 이전까지 두 사람의 관계는 한 번도 다뤄지지 않는다. 애니메이션의 가장 큰 문제는 여기에 있다.

심학구와 이러니의 격한 대립으로 시작되는 도입부는 관객의 시선을 끌기에 충분하다. 사악한 이러니에 의해 모든 것을 잃고, 거대한 화염을 배경으로 강보에 싸인 심청을 안고 있는 심학구의 모습은 관객의 이목을 집중시킨다. 일방적으로 궁지에 몰린 심학구가 앞으로 어떻게 이러니에게 맞설지 이후의 스토리가 궁금하기 때문이다. 더욱이 화염으로 뒤덮인 도입부의 마지막 장면에서 '왕후 심청'이라는 타이틀이 뜸으로써 이러한 기대감은 증폭된다. 관객들은, 가까스로 살아남은 어린 심청이 앞으로 어떤 식으로든 관련이 있으리라 짐작하게 될 것이다.

심학구와 이러니 대감의 갈등 장면은 애니메이션 「왕후 심청」의 오프닝 신이다. 이후의 장면은 14년이라는 세월이 흐른 후, '처녀'로서의 모습이 완연한 심청이 등장하는 한가로운 마을 풍경으로 시작된다. 오프닝은 '시나리오 작가가 스토리를 시작하기로 결정한 어떤 지점을 가리킨다.'[40] 따라서 심학구와 이러니 대감의 갈등은 스토리의 '발단'의 기능을 담당하는 것이어야 한다. 모든 서사물의 도입부는 인물의 성격과 스토리의 전개 방향을 암시하는 것이 기본 원칙이다. 그러나 작품 전체를 두고 볼 때 도입부와 도입부 이후의 스토리는 별개의 작품을 붙여놓은 듯 연계성을 갖지 못한다. 관객의 관심을 집중시켰던 두 사람의 갈등이 이후 진전되지 않았기 때문이다. 기대를 모았던 심청은 작품이 끝날 때까지 이러니와 대면조차 하지 않는다. 단 한 번, 심봉사가 심청에게 과거의 사연을 들려주지만 심청은 훌쩍거리기나 할 뿐이다. '시나리오에서 모든 신은 스토리를 전진시켜야 한다. 만약 그렇지 못하면 이는 흥미를 반감시키고 작품의 흐름의 속도를 늦춘다.'[41] 극작품에서 '갈등'은 스토리를 진행시키는 원동력이며, 아동문학에서 그것은 어린이의 관심을 유발하는 기본적인 장치이다. 이러니와 심봉사의 갈등은 심봉사의 몰락의 과정과 실명의 이유만 드

40) 데이비드 하워드(David Howard) · 에드워드 마블리(Edward Mabley), 『시나리오 가이드』, 심산 옮김, 한겨레신문사, 1999, p.88.

41) 제프리 스캇(Jeffrey Scott), 『애니메이션은 이렇게 써라』, 올댓스토리 외 옮김, 커뮤니케이션북스, 2010, p.42 참조.

러낼 뿐, 상승하지 못함으로써 작품 전개에 어떤 영향도 미치지 못하였다. 스토리 진행에 아무 도움이 되지 못하는 '고여있는 갈등'이 된 것이다.[42] 이후의 스토리는 이러니와 무관하게 심청의 효행에 집중될 뿐이다. 애니메이션에서 새롭게 첨가된 심학구와 이러니의 갈등은 도입부에 정체되어 더 이상 발전하지 않음으로써 이후의 스토리와 조화를 이루지 못하고 덧붙여진 상태에 머물고 말았다.

(2) 심청과 인당수괴물

모든 서사물의 갈등의 중심에는 '주인공'이 있다. 그러나 애니메이션 「왕후 심청」에서 심청에게 적대적인 사람은 없다. 만약 심청이, 심학구와 이러니의 갈등에 관여하였다면 갈등은 상승하고 스토리는 새로운 방향으로 전진할 수 있었을 것이다. 애니메이션에서 유일하게 심청과 갈등관계를 형성하는 인물로 인당수를 형상화한 '인당수괴물'이 있다. 인당수괴물은 심청을 죽음으로 몰고 간 당사자이기도 하다. 그런데 인당수괴물은 처음부터 거론된 것이 아니라 심청이 투신한 후 갑자기 등장한 인물이다. 이전까지 '인당수'는 바다의 의미로만 언급되며, 인신공양을 위한 해신제에서 무당에 의해 "바다의 해신 인당수님"으로 불리는 정도이다. 감독은 "원작에서 '인당수'는 바다를 말하지만 나는 '수'자를 '짐승 수'자로 바꿔 괴물로 해석했다."[43]라고 하며 '인당수'에 새로운 의미를 부여했음을 밝혔다. 그런데 애니메이션에서

42) '고여있다'는 것은 움직이지 않고, 어떤 종류의 힘도 행사하지 않는다는 것을 뜻한다. 인물이 문제를 타개하기 위해 의식적으로 무언가를 할 수 있는 의지가 부족할 때 '고여있는 갈등' 상태에 있게 된다. - 레이조스 에그리, 앞의 책, pp.207-208 참조.

43) '인터뷰 : 「왕후 심청」 넬슨 신 감독', 연합뉴스, 2005. 7. 25.

인당수는 '바다'와 '괴물'의 경계가 불분명하다.[44] 원작에서나 애니메이션에서나 심청은 자신을 '괴물'이 아닌 '바다'에 인신공양 한 것이다. 심청은 물론 뱃사람들도 '괴물'이 아닌 '바다'에 심청을 바친 것이다. 괴물의 제물이 된다는 것은 바다의 제물이 되는 것과 다르다. '인신공양'으로서의 '제물'에는 다른 사람의 죄를 대신하는 '속죄양'으로서의 의미가 함축되어 있다. 보이지 않는 신으로 숭상됐던 존재가, 형체가 분명한 눈앞의 '괴물'로 형상화됨으로써 심청의 가치는 '속죄양'으로서 보다는 괴물의 '먹잇감' 정도에 머물고 말았다.

원작에서 인당수는 '죽음과 재생', '시작과 끝'이 공존하는 공간이다. 이승과 저승의 '경계'이기도 한 그곳은 '비천함이 숭고함으로', '미숙함이 성숙으로' 거듭나는 부활의 장소이다. '인당수'(印塘水)의 '물'(水) 자체에 이미 그러한 의미가 있다. 이렇게 볼 때, 심청의 '인당수 투신'은 심청이 거듭나기 위한 일종의 '의식'(儀式)이다. 심청의 삶은 이 의식을 분기점으로 달라진다. 원작에서나 애니메이션에서나 '용왕'은 옥황상제의 대리인으로 심청의 부활을 돕는 인물이다. 인당수는 '용왕'이 사는 '용궁'과 불가분의 관계에 있다. 심청은 인당수를 통해 용궁으로 가고 다시 인당수로 보내진다. 원작에서 뱃사람들이 인당수에서 '용왕'(룡신)께 제사를 올리는 이유도 이 때문이다. 애니메이션에서는 '인당수'가 무리하게 괴물로 형상화됨으로써 심청의 '인당수 투신'에 담긴 엄숙하고 숭고한 의식으로서의 의미와 인당수에 담긴 다양한 의미가 상실되었다.

"날카로운 이빨과 들창코며 위로 찢어진 털 눈을 가진 거대한 도깨비 형상"(I-11)의 "거대하고 흉측한 괴물"(I-11)의 등장으로 인당수괴

---

44) 실제로 대본에는 "인당수", "인당수 바다", "인당수괴물"이 혼용되어 있다.

물과 심청은 '신체적 강자 대 신체적 약자' 라는 동화의 전형적인 대립관계에 놓인다. 단, 의식불명 상태인 심청을 대신하여 거북이 터벙이가 괴물을 대적한다. 동화에서 약자는 신체적으로 불리한 조건에도 불구하고 언제나 강자를 물리친다. 대개의 경우 아이들은 자신과 유사한 조건에 있는 약자에 자신을 동일시하므로 약자의 승리는 아이들을 즐겁게 하고 안심시킨다. 승리의 이유가 외적인 요소가 아닌 스스로의 '지혜'나 '꾀'에 있기 때문이다. 종종 초자아적 인물로부터 부여된 '신비한 물건'45)이 위기의 순간에 결정적 도움을 주기도 하는데 그것 역시 저절로 주어진 것이 아니라 어떤 행위(善行)에 대한 '대가'로 받은 것이다. 애니메이션에서 터벙이가 '소라껍데기'로 물고기 군단을 동원하여 괴물에 대적하는 과정 역시 비슷한 상황으로 볼 수 있다. 그런데 소라껍데기는 바닷속에서 '우연히' 발견된 것이고, 터벙이는 단지 소라껍데기를 불어 물고기를 모으기만 할 뿐, 정작 괴물은 "번개와 천둥이 괴물을 때려"(I-18) "몸 전체에 불이 붙어 시꺼멓게 타들어"(I-19)가서 죽게 된다. 인당수괴물은 도입부의 이러니 대감이후 가장 강력한 사악한 인물이다. 그런데, 악한 세력을 물리쳐야 하는 중요한 상황에서 심청은 의식불명 상태이고, 터벙이는 아무 지혜도 발휘하지 않았으며, 결정적으로 괴물이 '외부'의 힘에 의해 처단됨으로써 약자가 스스로의 힘으로 강자를 물리친다는 아동문학의 기본적인 원칙은 지켜지지 못하였다.

한 가지 짚고 갈 것은 괴물의 '이미지'이다. 심청 이야기를 향유할 연령층을 고려할 때 괴물의 이미지는 지나치게 유아적이다. 그것은

45) 프로프(V.D.Propp)는 『민담형태론』(유영대 옮김, 새문사, 1996)에서 이를 '주술적 작용물'(magical agent)이라고 명명한다.

SF만화 속의 악한 로봇을 연상시킨다. 실제로 괴물의 최후는 천둥 번개를 맞고 '폭발'하여 그 '파편'이 사방으로 떨어지는 것으로 묘사된다. 작품의 분위기를 고려할 때 괴물의 이미지는 지나치게 도드라져 보인다. 애니메이션의 시간적 배경은 18세기 조선시대로 구체화되어 있으며 인물들은 전통 한복을 입고 등장한다. 이러한 상황에서 괴물의 이미지가 다른 등장인물과 조화를 이룬다고 보기는 어려울 것이다.

아동문학에서 '갈등은 적대세력에 대한 주인공의 투쟁'[46]이며, 극 작품은 주인공의 갈등을 통해 스토리가 진행된다. 심청은 인당수괴물과 갈등관계에 있으나 둘 사이에는 어떤 갈등도 발생하지 않는다. 갈등관계에 있으나 갈등이 없는 것이다. 작품 전체를 두고 볼 때 궁극적으로 심청에게는 갈등이 결여되어 있다. 인신공양을 결정한 후 내적 갈등을 겪으나 일시적이다. 인신공양의 원인인 공양미 삼백 석의 과제는 스스로 만든 것이기 때문에 갈등의 정도도 심각하게 다가오지 않는다. 지속적인 갈등 없이 관객의 관심을 유지하는 것은 불가능하다. '갈등의 결여는 인물배치가 잘못되었다는 분명한 증거이며, 결과적으로 그것은 관객을 따분하고 지루하게 하기 때문이다.'[47] 더욱이 '어린이는 지루함을 참아내지 못한다.'[48]

4) 개연성

모든 서사물은 '개연성'을 기반으로 한다. 개연성은 아동문학을 포

46) 리 와인담, 앞의 책, p.109.
47) 레이조스 에그리, 앞의 책, p.265 참조.
48) 조안 에이킨, 앞의 책, p.120.

함한 모든 창작의 기본 원칙이며, 작품성과 직결된다. 애니메이션 「왕후 심청」에서 개연성과 관련하여 몇 가지 문제점이 발견되어 짚어보고자 한다. 다음은 심학구가 심청이 공양미 삼백 석에 인신공양 된 사실을 알고 마을을 떠나 평산에 도착했을 때, 심학구에게 환청으로 심청의 목소리가 들리는 장면이다.

심청(V.O) 아빠! 아빠가 꼭 살아계셔서 눈을 뜨면 저를 볼 수 있어요. 저를 만나게 될 거예요. 아빠!

심학구 그래…. 이 아빠는 네가 어딘가에 꼭 살아있다고 믿고 있단다. 청이야….(p.3J-5)

심학구의 이러한 반응은 한 번으로 끝나지 않는데, 대궐에서 맹인 소집을 한다는 방이 붙고 그 사연을 전해들은 심학구는 아무 의심 없이 사연 속의 인물이 심청임을 확신한다. 따라서 심학구는 심청이 죽지 않았다는 것을 실제로 믿고 있었다는 말이 된다. 그런데 심학구가 그런 믿음을 갖게 된 동기가 전혀 제시되어 있지 않다. 또한, 만약 그렇다면 심학구가 마을을 떠나 떠돌아다닐 이유가 없어진다. 심학구는 마을을 떠날 수 없는 것이다. 심청이 언제 돌아올지 모르기 때문이다. 또 다른 경우를 보자.

주모(V.O) 어부들이 건져 올려 임금님께 바친 연꽃 속에서 아주 예쁜 아가씨가 나왔는데…. (중략) 아무튼 그 아가씨 부친이 맹인이라서 대궐에서 큰 잔치를 열고 그 이를 찾는다는데요…. 그 아가씨가 왕세자비가 된다는 소문도 있구….

심학구(독백) 그 아가씨는 청이일 거야. 거북이는 터벙이가 틀림없을 테고. (중략) 만약 그렇다면! 이러니 대감의 세력이 있을 것이고…. 청이한테는 아주 위험한 일이야. 무슨 수를 써서라도 나도 죽이려 들겠지! (중략) 내 행색을 숨기려면 외진 길을 따라가야겠군!(p.2K-7)

심학구는 심청이 대궐에 있다는 것을 확신하고 이러니 대감을 의식하여 몸을 숨겨 한양으로 향한다. 이런 상황은 당연히 심학구가 심청의 위험한 상황을 인식하고 심청을 구하고자(또는 도움이 되고자) 대궐로 향하는 것으로 생각하게 한다. 그런데 막상 대궐에 도착했을 때 심학구의 반응은 대궐행의 목적을 망각한 듯 보인다. 잔치가 다 끝났다는 사실을 알게 된 심학구는 다음과 같이 말한다.

심학구 애들아 어서 가자! 잔치는 다 끝났다고 했으니…. 궁안에 오래 머무르는 것은 좋은 일이 아니니까.(p.M-8)

심학구의 이러한 반응은 "아주 위험한"(2K-7) 상태에 있는 심청을 방치하고 "궁 안에 오래 머무는 것이 좋은 일이 아니"라서 혼자 궁을 떠나겠다는 것처럼 보인다. 이 대사 직후 심학구는 심청과 상봉한다.

이 밖에도 심청이 대궐에 입성한 후, 이러니가 심학구의 생존을 알게 되고 심청이 심학구의 딸이라는 사실을 확인하였는데도, 가까이에 있는 심청은 그냥 둔 채 어디에 있을지 모를 심학구를 찾아 자객을 보내는 상황도 개연성이 떨어진다. 더욱이 심청은 강력한 세자비 후보로서 이러니의 딸과 경쟁관계에 놓인 상태였으며, 앞에서 살펴보았듯 심청의 소식을 들은 심학구 역시 심청이 위험한 상황에 있음을 염려하고 있었기 때문에 심청에게 아무 일이 일어나지 않은 것은 기대를 저버리는 것이다.

또한, 오직 이러니를 피해 은둔생활을 했던 심학구가 후반부에서 왕자에 의해 "아바마마께서 가장 총해하는 분"(K-8)으로 드러나고, 결과적으로 모든 사실을 알게 된 임금이 이러니를 처벌하여 갈등이 종결되는데, 심학구가 최고 지위의 막강한 권력자인 '임금'의 총애를 받는 인물이며, 이러니가 임금의 한 마디에 바로 응징되는 결말의 상황은 그동안 심학구의 오랜 은둔생활의 이유에 의문을 갖게 한다. 심학구의 사연이 임금에게 알려지자마자 모든 문제가 해결되는 결말의 상황은 그간의 심학구의 고생을 무색케 한다.

이밖에 원작에서는 백성들에게 맹인잔치(맹인ㅅ집)의 사실을 알릴 때 그것의 이유를 숨긴 반면, 애니메이션에서는 구체적인 사연이 사람들에게 세세히 알려지고 심학구가 모든 것을 미리 알게 되는데, 이렇게 될 경우 심봉사가 아무 사실도 모르고 맹인잔치에 참가했다가 심청과 극적으로 상봉하는 결말의 감동이 반감될 수밖에 없다. 또한, 원작에서는 일회성에 그치는 화주승의 등장이 애니메이션에서는 지나치게 빈번한데다 공양미 삼백 석의 소유권을 두고 뺑덕어멈과 대립함으로써 화주승에게 부여된 부처님의 대리인으로서의 기능은 상실된다. 화주승이 부정적인 인물이 아닌 한, 이는 '수도자'라는 설정과도 어울리지 않는다. 또한, 용왕이 사람들의 무지를 지적하는 교훈적인 대사49)는 작가 개입의 흔적이 보이고, 용왕의 긍정적인 면모를 통해

49) "바다에서 일어나는 모든 일들은 짐이 관할하거늘, 결코 사람들에게 산 제물을 바치라고 한 적이 없단다. (중략) 그건 사람들의 잘못된 생각이다. 인당수괴물 같은 몹쓸 요물들이 나약한 사람들의 마음을 이용해서 그렇게 하도록 만든 것이지. 이젠 인당수괴물도 물리쳤으니…. 아무 걱정 말고 짐의 말을 따르도록 하여

용왕에게 인신공양 했던 사람들의 무지가 암시적으로 전달되는 원작의 효과도 반감시킨다.

작품 전개에 관객이 공감할 수 있으려면 '그럴듯하다'고 인식할 수 있어야 하며, 그것은 스토리의 개연성에서 나온다. 개연성은 모든 서사물의 기본법칙과 같은 것이며 작품의 수준이 결정되는 기준이기도 하다. 애니메이션 「왕후 심청」이 관객의 호응을 얻기 위해서는 이에 대한 검토가 전면적으로 이뤄져야 할 듯하다.

이 글은 고전소설 「심청전」이 애니메이션 「왕후 심청」으로의 변용을 거치면서 원작의 의미와 가치가 어떻게 변화되었으며, 그것이 작품성에 어떤 영향을 미쳤는지 탐색하기 위해 쓰였다. 기존의 연구가 소설과 애니메이션을 비교하는 정도에 머물고, 주요 향유층인 '어린이'에 대한 고려가 이뤄지지 않은 점에 주목하여, 아동문학의 관점을 유지하면서 시나리오 작법상의 문제들을 짚어나가는 방법으로 연구를 진행하였다.

먼저, 다양한 이본이 있는 「심청전」의 공통된 서사구조를 토대로 소설의 주요 의미를 개괄하였는데,[50] 심봉사는 심청의 효(孝)의 대상으로서 절대적 위치에 있으나 정체성과 부성성을 상실한 인물로서, 널리 알려진 '젖동냥' 삽화는 심봉사의 모성성을 드러냄으로써, 동화에서 주인공을 집 밖으로 내쫓는 '부정적 모성상'과 유사한 점이 있는

라.(하략)"(p.2J-12)

50) 앞에서 밝혔듯, 이는 졸고 '아버지 콤플렉스와 효녀 토템 - 「심청」'(「한국 전래동화의 심층의미 분석 - 정신분석적 접근-」, 박사논문, 2003, pp.89-130)의 내용을 따른 것이다.

것으로 보았다. 심봉사의 '개안'(開眼)은 무지몽매한 세상에 대한 경종이자 이치에 눈을 뜨는 상징적 의미로 해석하여, 개안의 주체자인 심청이 비천하고 무력한 어린 소녀에서 위엄과 덕을 갖춘 숭고한 존재가 되어 만인 앞에서 국모(國母)로서의 위용을 드러내는 일련의 과정을, 주인공이 시련을 통해 애초의 불화의 대상보다 나은 존재가 되는 동화의 전형적인 패턴과 유사한 것으로 보았다. 또한, 공양미 삼백 석의 '공양'에서 '나눔'의 의미를, '삼 백석'에서 '무한대'의 의미를 찾고 그것이 심청의 '몸'값임을 들어, '흑백을 분간치 못하는'(경판) 온 나라의 '가장 불쌍한'(완판) 자들을 위한 '맹인잔치'를 심청의 몸을 나누는 성찬식으로서의 의미로 해석하였다. 여기에, '심청 대(對) 심봉사'의 관계를 동화의 기본적인 대립구도인 '약자 대 강자'로 보고 심청이 주도하는 결말의 상황에 약자가 강자를 능가하는 '승리'의 의미가 함축되어 있는 것으로 파악하였다.

이어, 애니메이션 「왕후 심청」에서는 원작의 '심봉사'가 선비다운 강직한 이미지에 부성애를 겸비한 '심학구'로 변형됨으로써 '심청 대(對) 심봉사'라는 원작의 갈등의 축이 무너지고, 새르 삽입된 도입부의 이러니와의 갈등은 진전되지 못하고 고여있음으로써 이후의 스토리와 연계되지 못하고, 시나리오의 '발단'으로서의 기능도 상실한 것을 확인하였다. 또한, 작품 초반부터 찬사와 부러움을 한 몸에 받는 심청의 완벽한 성격은 주인공에 대한 어린이 수용자의 '동일시'의 효과를 반감시키고, 성격을 발전시키지 못함으로써 '결핍에서 충족'으로 주인공의 '성숙'의 과정을 보여주는 아동문학의 특성에도 위배되는 것으로 파악하였다. 또한, 심청이 애초의 이미지와 달리 극의 후반부로 갈수록 다른 인물에 기대어 소극적인 태도를 보이고, 실제로도 '왕후'가 아닌 '세자비'가 됨으로써 원작의 위엄과 덕을 갖춘 국모로서의 면모는 퇴색되었으며, '개안'이 아닌 '결혼'으로 대단원을 이룸으로써 '개안'의 의미가 희석된 것으로 파악하였다. 또한, 스토리 전개에서 '개연성'이 부족한 상황들이 적지 않은 것을 확인할 수 있었다.

애니메이션 「왕후 심청」의 감독은 인터뷰를 통해 "고전을 새롭게 해석하고 싶었다."라고 하고, "아버지에게 떠밀리는 모습은 앞뒤가 맞지 않는다고 생각했다. 간절하게 기도하면 이뤄진다는 것과 효심을 얘기하고 싶었다."라고 창작 의도를 밝혔다.[51] 그런데 '새로운' 해석은 원작에 대한 충분한 이해를 전제로 가능한 것이다. 소경 아버지가 자신의 개안을 빌미로 어린 딸을 희생시킨다는 '앞뒤가 맞지 않는' 바로 그 상황에 사람들의 마음을 사로잡는 보편적 힘이 숨겨 있을 수도 있는 것이다. 또한, '효심' 자체는 윤리적인 이념으로서 현실원칙의 것으로, 자칫 지나친 강조는 문학성을 떨어뜨리고 주장만 앞세운 슬로건으로 남게 할 가능성이 높다. 그것의 증상은 관객에게 '지루함'으로 나타날 것이다.

한 논문에 따르면, 디즈니의 장편 애니메이션의 대부분은 설화와 기존 창작물을 원작으로 한 것으로, 2003년 당시까지 제작된 총 42편 가운데 37편이 기존의 검증된 스토리에 의존한 것이라고 한다.[52] 애니메이션은 종합예술로서, 시나리오를 기반으로 작품이 완성되기까지 긴 시간 동안 다양한 작업이 이뤄져야 하므로 보편성이 입증된 스토리의 선택은 당연한 것으로 보인다. 그렇다면 오랜 세월 동안 질긴 생명력을 유지해온 한국의 설화와 고전은 제2, 제3의 콘텐츠물로 재탄생할 충분한 조건을 갖추고 있는 셈이다.

---

51) '인터뷰: 「왕후 심청」 넬슨 신 감독', 연합뉴스, 2005. 7. 25.

52) 노시훈, 「디즈니 애니메이션 스토리의 기본원칙과 성공전략: 극장용 장편 애니메이션을 중심으로」, 『만화 애니메이션 연구』 7, 한국만화애니메이션학회, 2003, pp.60-61 참조.

애니메이션 「왕후 심청」은 어린이 관객에 대한 고려가 부족하고, '효'의 표상으로서의 심청의 영웅성을 지나치게 강조하여 관객의 관심을 끄는 중요한 요소들을 놓쳤다. 아이들이 마음을 두는 곳은 도덕적 관념이나 윤리의식에 있지 않을 것이다. 작품의 매력은 '암시적'인 것에 있고, 보편적 호소력 역시 작품의 '이면'(裏面)과 관계가 있을 것이다. 「왕후 심청」이 원작만큼의 호응을 얻기 위해서는 시나리오의 창작기법적인 요소는 물론 원작의 숨은 의미와 가치에 대한 이해가 전제되어야 한다. 이 글에서는 원작의 주요 의미를 염두에 두고, 어린이 향유자를 고려한 아동문학의 시각과 시나리오 작법상의 문제를 기준으로 작품성과 관련된 몇 가지 문제점들을 확인할 수 있었다.

앞으로, 「왕후 심청」이 DVD로 제작되면 조형성과 색채, 영상 등 애니메이션의 특성을 다각도로 검증한 다양한 연구가 이뤄질 수 있으리라 기대한다. 부족하나마 이 글이 애니메이션 제작에 관여하는 사람들이 원작의 의미와 가치에 대한 중요성을 인식하는 데에 보탬이 되고, 보편성이 검증된 우리의 설화와 고전이 작품성 있는 콘텐츠로 개발되는 데에 도움이 되길 바란다.

제3장

창작동화에서 그림책으로

–「강아지똥」과 「강아지똥」

우리나라의 창작동화 가운데 권정생의 「강아지똥」만큼 오랫동안 독자의 관심을 받으며 다양한 장르로 변용된 작품도 드물 것이다. 「강아지똥」은 1969년 월간 『기독교교육』지에 제1회 아동문학상 수상작으로 발표된 이후 1974년에 권정생의 제1동화집인 단행본 『강아지똥』에 표제작으로 수록되었고, 이후 현재까지 총 5회에 걸쳐 단행본(동화집)에 재수록 되었다.[1] 또한, 1996년에는 그림책으로 각색되어 독자층을 유아까지 확대한 후, 제7차 교육과정이 실시된 2000년부터 2008년까지 초등학교 1학년 2학기 『읽기』 교과서에 그림책을 개작한 내용이 읽기 '제재'로 수록되었고, 원작동화 전문이 중학교 1학년 1학기 국어책에 수록되었으며, 2007년 개정교육과정에서는 2003년에 제작된 애니메이션의 내용이 초등학교 2학년1학기 『듣기 · 말하기』 교과

1) 「강아지똥」이 수록된 단행본은 다음과 같다. 『강아지똥』(세종문화사, 1974), 『똘배가 보고 온 달나라』(창작과비평사, 1977), 『할매하고 손잡고』(올바름, 1990), 『무명저고리와 엄마』(다리, 1994), 『먹구렁이 기차』(우리교육, 1999) – 양연주, 「권정생 연구」, 단국대 박사학위논문, 2010, '부록'(pp.170-174) 참조.

서에 소개되기도 하였다. 이러한 일련의 과정을 거치면서 「강아지똥」은 명실상부한 한국 동화의 정전(正典)으로 자리매김하게 되었다.

「강아지똥」의 명성에 부응하듯 이에 대한 연구도 국어국문학, 교육학, 문예창작학 등 다양한 분야에서 지속적으로 이뤄져 왔다. 「강아지똥」을 다룬 그간의 연구에서 분석 대상으로 삼은 「강아지똥」의 텍스트는 크게 네 가지로 나뉜다. 원작동화, 그림책, 교과서용 읽기 제재로서의 동화, 애니메이션이 그것이다.[2)] 이 가운데 원작동화와 그림책에 관련된 연구가 가장 많고, 이어 제7차 교육과정에서 초등학교 1학년의 '읽기'의 제재로 실리면서 초등국어교육전공에서 이에 대한 연구가 이뤄졌으며, 애니메이션에 대한 몇 편의 논문이 있다. 그간의 연구는 대체로 선행연구 검토를 통해 「강아지똥」에 대한 기존의 해석을 소개한 후, 이를 토대로 논의를 전개하는 형식을 취한다.

그런데 이때 연구자들은 「강아지똥」에 대한 평가를 원작동화와 그림책의 구분 없이 「강아지똥」이라는 하나의 제목으로 동일하게 수용하고 있는 양상을 보인다.[3)] 그림책은 '그림책'이라는 장르에 맞춰 원작

2) 이밖에 연구대상 텍스트로 다뤄진 것은 아니나, 2005년에 한 자료집을 통해 작가가 직접 공개한 「강아지똥」 초고가 있다.(『권정생 - 사단법인 어린이도서연구회 25주년 기념자료집』, 역사편찬위원회 엮음, pp.115-129) 이 자료집에서는 이 원고의 제목을 '권정생 강아지똥 원본'이라고 붙였으나, 애초에 발표 당시 작가 본인이 현재의 동화를 원작으로 발표한 것이고, 원작과 내용상 차이가 있으므로 '원본'이라는 표현보다는 '초고'가 적절할 듯하다. 2003년에 발표된 애니메이션은 감독이 작가에게서 받은 이 초고의 내용을 반영하여 제작한 것이다(2012.1.13, 권오성 감독 대담).

3) 드물게나마 원작동화와 그림책을 구분하여 살펴본 것으로, 「동화 「강아지똥」의 개작양상연구」(이건화, 한국교원대 교육대학원 석사학위논문, 초등국어교육전공, 2007), 『책 밖의 어른 책 속의 아이』(최윤정, 문학과지성사, 1997), 「'강아지똥' 다시 읽기」(이기영, 『권정생 - 사단법인 어린이도서연구회 25주년 기념자료집』, 역사편찬위원회 엮음, 2005), 「'마음'을 가르친다는 것 - 동화 「강아지똥」에

을 축약하고 각색한 것으로 두 텍스트가 엄연히 다른데도 불구하고 원작의 가치에 대한 평가가 각색본에 그대로 적용되어 온 것이다. 이런 경우, 작품 접근 태도에 문제가 발생할 여지가 있다. 예컨대, 그림책에 대한 작품론의 경우, 그림책보다 내용이 풍부한 원작에 대한 평가가 전제 된다면 그림책을 보는 시각에 선입견이 작용할 가능성을 배제할 수 없게 된다. 거꾸로 원작에 대한 연구에서도 원작을 축약한 그림책의 드러난 주제가 그림책의 명성에 부응하여 원작 「강아지똥」의 주제로 고정된다면 원작을 보는 시각이 제한을 받을 가능성이 높다.

본 연구는 이에 대한 문제의식에서 비롯되었다. '「강아지똥」에 대한 평판은 원작동화에 대한 것인가? 그림책에 대한 것인가?', '구분 없이 적용하여도 상관이 없는 것인가?', '원작과 각색물은 다른 것인데 그 사실이 간과되고 있는 것은 아닌가?'하는 의문에서 출발한다.

한 편의 동화가 대중적인 관심을 얻는 데에 교과서의 영향력은 결정적이라고 해도 과언이 아니다. 실제로 교과서에 실린 동화를 발간한 해당 출판사들은 교과서 게재 사실을 가장 먼저 홍보에 활용한다.[4] 그림책 『강아지똥』 역시 예외가 아니어서 출판사 홈페이지에는 이미 지난 교육과정의 교과서 게재 사실을 지금까지도 명시해 두고 있다.

대한 알레고리적 독해의 문제점」(조은숙, 『문학교육학』 22, 한국문학교육학회, 2007)이 있다.

4) 교과서 수록 동화가 전문(全文)이 개작(改作)되어 원작의 진가가 상실된 점을 고려한다면, 상대적으로 그 출처인 원저작물의 가치는 상승할 수밖에 없다. 그렇다면 교과서 동화의 출처인 해당 출판사의 입장에서는 교과서에 동화의 원문이 그대로 실리는 것보다 홍보 효과를 톡톡히 보게 되는 것이다. 학부형의 입장에서는 개작물보다는 원저작물을 선호할 수밖에 없기 때문이다. 더욱이 교과서에는 수록 동화의 출처가 빠짐없이 명시되어 있다. 군소 출판사에서 '교과서에 수록된 원작동화'라는 이름으로 앞다퉈 다양한 동화집을 출간하는 이유도 이 때문이다.

그림책 『강아지똥』의 개작물이 제7차 교육과정에서 저학년인 초등학교 1학년 교과서에 수록된 이후, 유아를 대상으로 한 그림책이 더욱 부상을 한 반면, 상대적으로 원작동화의 입지는 더욱 좁아지고 있는 듯하다. 2007년 교육과정이 개정된 이후, 현행 교과서에서 원작동화의 위상은 거의 찾기 어렵게 되었다. 초등학교 2학년 1학기 『듣기·말하기』 교과서에 '애니메이션'이 소개되어 있고, 초등학교 3학년 1학기 『교사용 지도서-국어』 '보충학습자료'(105)에 원작동화가 아닌 '그림책'의 일부가 보충 자료로 실려 있을 뿐이다. 「강아지똥」의 가치를 인정하면서도 교과서에서는 변용물에 비중이 치우쳐 있는 것이다.

이에 이 글은 「강아지똥」의 원작동화와 각색물인 그림책을 비교하여, 그 차이를 탐색해보고자 한다. 각 텍스트를 '서사구조', '인물', '주제'의 측면에서 면밀히 비교해봄으로써 원작동화와 그림책이 무엇이 다르며 변용의 과정을 거치며 원작의 의미가 어떻게 변화되었는가를 확인해보고자 하는 것이다.[5] 이를 통해 그동안 등한시 되었던 원작동화와 그림책의 의미와 가치의 차이를 인식할 수 있게 되고, 동명의 제목 하에 원작과 변용물에 구분 없이 부여된 기존의 평가를 재고할 수 있게 되리라 생각한다.

5) 미리 밝혀둘 것은, 그림책은 글로서 뿐만 아니라 '그림'으로도 내용을 표현하는 것이므로 그림책의 경우 '그림'도 고려하겠지만 그것은 어디까지나 그림으로 표현된 내용을 언급하는 것일 뿐 비주얼적인 측면에서의 접근은 아니라는 점이다. 이 글은 문학적 시각에서 두 작품을 비교하는 것이므로 그림 자체에 대한 분석과 평가는 일러스트를 연구하는 미술 분야나 그림책이라는 도서 형태에 대한 연구 분야의 몫으로 남긴다.

1) 서사구조

원작과 비교하였을 때, 그림책의 가장 큰 차이점은 '그림'의 비중이 높다는 것이다. 그런데 그림책의 경우, 그림으로 표현된 것은 글로써 다시 드러내지 않는 것이 원칙이므로 그림책의 '그림'은 텍스트의 보조적인 기능을 하는 일반 서사문학의 '삽화'와 달리 그것 자체로 텍스트의 범주에 속한다. 따라서 그림책에 대해서는 글과 그림을 모두 고려하여 원작과 그림책의 서사구조를 비교해 보기로 하겠다.[6)]

우선, 「강아지똥」은 주인공인 강아지똥의 일대기로서 강아지똥이 세상에 태어나서 여러 인물들을 차례차례 만난 후 마침내 민들레꽃을 피운다는 서사의 큰 틀은 원작과 그림책이 유사하다. 따라서 원작과

---

6) 이 글에서 말하는 '원작'이란 각색물의 상대적 개념이다. 따라서 '원본'의 의미와 다르다. 「강아지똥」의 경우, 모든 각색물의 원작은 단편동화이다. 앞에서 살펴보았듯 애초에 단편동화로 발표된 「강아지똥」은 지금까지 다섯 차례에 걸쳐 단행본에 수록되었다.

이 글에서 분석 대상으로 삼을 「강아지똥」 원작의 텍스트는 단행본 『먹구렁이 기차』(우리교육, 1999)의 수록본으로 하기로 한다. 그 이유는 두 가지이다. 우선, 『먹구렁이 기차』에 실린 「강아지똥」을 정본으로 삼기를 바란다는 작가의 의견을 존중해서이고(『먹구렁이 기차』의 머리말에 밝혀져 있다), 두 번째는 원본에서 맞춤법만 수정하여 가장 오랜 기간 발간된 창비본(『똘배가 보고 온 달나라』, 창작과비평사, 초판: 1977)과 비교하였을 때 내용상 큰 차이가 없기 때문이다.

아무리 작가의 의견을 존중한다고 하더라도 이미 발표된 지 30년이 지난 시점에서 작가가 수정본을 정본으로 삼고 싶다고 하여 그것을 원작으로 인정할 수는 없을 것이다. 그러나 꼼꼼히 비교해본 결과, 수정의 성격이 맞춤법이나 지시대명사, 표현의 강약(예컨대, "불었던"을 "뿔었던"으로, "저주"를 "못된 소리"로, "앞"을 "바로 앞"으로 바꾼 식)을 조절한 정도에 그치고 있어 본고의 연구대상으로서 손색이 없다고 판단하여 『먹구렁이 기차』(우리교육, 1999)의 수록본을 원작의 텍스트로 삼기로 한다.

그림책의 차이를 파악하기 위해서 좀 더 세부적인 내용까지 살펴볼 필요가 있다.

「강아지똥」의 원작은 다음과 같이 전개된다.

① 추운 겨울, 서리가 하얗게 내린 아침, 골목길 담 밑 구석자리에 돌이네 흰둥이가 누고 간 강아지똥이 금방 식어버린 채 있다. 바로 앞으로 소달구지 바퀴자국이 나있다.
② 참새 한 마리가 날아와 강아지똥을 주둥이로 쪼아보고 침을 뱉고는 더러운 똥이라고 외면하며 날아가 버리자 강아지똥은 속상해하며 눈을 흘긴다.
③ 소달구지 바퀴자국 한가운데 뒹굴고 있던 흙덩이가 강아지똥에게 "똥 중에서도 제일 더러운 개똥"이라고 하자 강아지똥은 울음보를 터뜨리며 흙덩이에게 맞선다. 흙덩이는 자신도 강아지똥처럼 "못생기고 더럽고 버림받은 몸"이라고 하며 아기 고추나무에게 죽어버려라 하고 못된 소리를 하여 죽게 하였기 때문에 그 죗값으로 버려진 것이라고 괴로워한다.
④ 달구지 바퀴에 치여 죽을 운명이라고 생각하던 흙덩이는 다시 소달구지에 실려 밭으로 가게 되고, 강아지똥은 꼭 무엇엔가 귀하게 쓰일 것이라는 흙덩이의 말을 되뇐다.
⑤ 강아지똥은 눈 속에 묻혀 따뜻하게 잠이 든 채로 긴긴 겨울을 지낸다.
⑥ 봄이 되자 강아지똥은 잠에서 깨어나고, 봄노래가 어디에나 흥겹게 들린다.
⑦ 열세 마리의 병아리들을 거느린 엄마 닭이 강아지똥에게 다가오자, 강아지똥은 기꺼이 제 몸을 병아리들의 점심밥으로 내어주고자 하지만, 엄마 닭은 아무 필요가 없는 찌꺼기뿐이라고 말하고 가버린다. 강아지똥은 쓸데없는 찌꺼기를 만든 하느님이 원망스러워진다.
⑧ 밤이 되어 수많은 별들이 아름답게 반짝이자 강아지똥은 "영원히

꺼지지 않는 아름다운 불빛"을 가지길 희망하며 가슴 한 곳에 그리운 별의 씨앗 하나를 심는다.

⑨ 봄의 단비가 골목길을 적시는데, 강아지똥 앞에 민들레 싹 하나가 피어난다.

⑩ 민들레가 하늘의 별 만큼 곱고 반짝반짝 빛이 나는 꽃을 피울 수 있다는 사실을 알게 된 강아지똥은 가슴 속에 심은 별의 씨앗이 싹터 나온 것이 아닌가 생각한다. 민들레가 강아지똥에게 예쁜 꽃을 피우는 것은 강아지똥이 하는 것이라고 말하자 강아지똥은 '아, 과연 나는 별이 될 수 있구나!'하고 민들레 싹을 꼬옥 껴안는다.

⑪ 사흘 동안 계속 비가 내린다.

⑫ 강아지똥은 온몸이 잘게 부서져 민들레의 몸속으로 들어가 마침내 꽃봉오리를 맺는다.

⑬ 봄이 한창인 어느 날, 민들레는 별처럼 반짝이는 아름다운 꽃 한 송이를 피우고, 향긋한 내음이 바람을 타고 퍼져 나간다.

원작의 가장 눈에 띄는 특징은 작품의 배경과 주인공의 처지가 전반부와 후반부에서 '대조적'으로 그려지고 있다는 점이다. '계절의 변화', '날씨의 변화', '색감의 변화', '주인공의 육체적 심리적 변화' 등이 그것이다. 다음은 해당 내용을 인용한 것으로, 인용문의 (가)는 원작의 도입부 혹은 전반부의 상황이고, (나)는 후반부 혹은 결말의 상황이다.

(가) 추운 **겨울**(50)
(나) **봄**이 한창인 어느 날(70)

(가) **서리**가 하얗게 내린 아침(50)
(나) 샛노랗게 **햇빛**을 받고(70)

(가) 강아지똥은 오들오들 **추워집니다.**(50-51)
(나) 따뜻한 햇빛이 깔리고 골목길에 **눈이 녹았습니다.**(62)

(가) 모락모락 오르던 김이 **금방 식어 버렸습니다.**(50)
(나) 꽁꽁 얼었던 강아지똥도 몸뚱이가 축 늘어지고 **노곤해졌습니다.**(62)

(가) 강아지똥은 그만 자기도 한몫 치여 **죽고 싶어졌습니다.**(60)
(나) **벅차오르는 기쁨**에 그만 민들레 싹을 꼬옥 껴안아 버렸습니다.(69)

(가) "똥 중에서도 **제일 더러운 개똥**이야."(52)
(나) "예**쁜 꽃을 피게 하는 것**은 바로 네가 하는 거야."(69)

(가) '나는 역시 아무 데도 쓸 수 없는 **찌꺼기인가봐.**'(66)
(나) '아, 과연 나는 **별이 될 수 있구나!**'(69)

이와 같이 원작은 "추운 겨울"에서 "따뜻한" "봄"으로, "서리"가 내린 골목길은 "햇빛"을 받아 녹은 곳으로, 서리와 눈으로 표현된 "하얀" 색은 햇빛과 민들레꽃의 "샛노란" 색으로, "꽁꽁 얼었던" 강아지똥의 몸은 "노곤"해진 몸으로, 소달구지에 "치여 죽고 싶"던 마음은 "벅차오르는 기쁨"으로, 그리고 가장 보잘 것 없는 "개똥"은 "드높은 하늘"의 "별"로 변화되는 과정으로 전개된다.

두 번째 특징은 강아지똥이 만나는 인물 가운데 흙덩이의 비중이 높고 성격 또한 다른 인물에 비해 구체적으로 그려지고 있다는 점이다. 이에 대한 자세한 내용은 이후('2) 인물')에 살펴보도록 하겠다.

세 번째로는 '강아지똥'을 비롯하여 '소달구지 바퀴자국', '열세 마리 병아리'와 같은 상징적 장치를 들 수 있다.[7] 강아지똥은 '개똥'이라는 가장 하찮은 존재를 상징하고, 도입부에서 강아지똥 앞으로 나있는 "소달구지 바퀴자국"에서 '바퀴'에는 '삶', '운명', '순환' 등의 의미가 함축되어 있다. 특히 소달구지 바퀴자국의 경우는 버려졌던 흙덩이가 그곳에서 다시 구원을 받는다는 점에서 흙덩이와 비슷한 처지에 있는 강아지똥의 미래를 암시하는 '복선'의 기능도 찾을 수 있다. 또한, '열세 마리'의 병아리에서 '13'이라는 숫자는 엄마 닭과 관련된 부정적 이미지를 노출한다.

원작의 이러한 특징을 염두에 두고 이제 그림책[8]의 서사구조를 장면별로 살펴보기로 하겠다.(괄호 안은 그림 설명)

① 골목길 담 밑 구석쪽에 돌이네 흰둥이가 똥을 눴다.(흰 강아지가 똥을 누는 장면)

② 참새 한 마리가 보더니 강아지똥을 콕콕 쪼면서 "똥! 똥! 에그 더러워……."하며 날아가 버리고, 강아지똥은 화가 나고 서러워 눈물이 난다.(참새가 강아지똥을 쪼는 장면과 강아지똥이 눈물을 흘리는 장면)

③ 저만치 소달구지 바퀴 자국에서 웃고 있는 흙덩이에게 강아지똥은 화가 나서 뭣 땜에 웃냐고 대들 듯 묻고, 흙덩이가 똥 중에서도 제일 더러운 개똥이라고 하자 강아지똥은 울음을 터뜨린다. (강아지똥을 흙덩이가 곁눈질 하는 장면과 울음을 터뜨리는 강아지똥을 흙덩이가 당황한 듯 바라보는 장면)

④ 강아지똥에게 사과를 한 흙덩이는 자기가 강아지똥보다 더 흉측하

7) 세 번째 특징에 대해서는 이 책의 제1부 '제2장 강아지똥의 '소망' 읽기 - 권정생의 「강아지똥」'의 '1) 등장인물의 상징성' 참조.

8) 권정생, 『강아지똥』, 정승각 그림, 길벗어린이, 2000

고 더러울지 모른다며 얘기를 시작하고 강아지똥은 귀를 기울인다.(웅크리고 앉아 땅을 응시하고 있는 흙덩이와 그것을 바라보고 있는 강아지똥)

⑤ 흙덩이는, 산비탈에서 곡식, 채소를 키운 얘기를 하고 강아지똥은 왜 여기 와서 뒹굴고 있냐고 묻는다.(꽃이 피고 잎이 무성한 밭의 정경과 그것을 회상하듯 바라보는 흙덩이, 그 옆에 강아지똥이 흙덩이를 바라보고 있다)

⑥ 흙덩이는 자신이 아기고추를 죽게 하여 벌을 받아 달구지에서 떨어진 것이라고 하며 이젠 끝장이라고 하는데 소달구지가 덜컹거리며 오더니 갑자기 멈춰 선다.(뙤약볕에서 가지가 앙상한 나무를 품고 있는 흙덩이의 모습과 그것을 회상하며 두 눈을 가리고 울고 있는 흙덩이)

⑦ 소달구지 아저씨는 흙덩이를 도로 밭에 갖다 놓겠다며 소중하게 주워 담는다.(소달구지를 세워놓고 흙덩이를 두 손으로 주워들고 있는 아저씨, 그 옆에 강아지똥)

⑧ 혼자 남겨진 강아지똥은 아무짝에도 쓸모없는 더러운 똥이 어떻게 착하게 살 수 있을까 중얼거린다.(내리는 눈을 맞으며 슬픈 표정으로 웅크리고 누워있는 강아지똥)

⑨ 봄비가 내리고 있고, 강아지똥 앞에 파란 민들레 싹이 돋아난다. 민들레 싹은 자신을 예쁜 꽃을 피우는 민들레라고 소개하고, 하느님이 비를 내려주고 따뜻한 햇볕을 쬐어 줘 예쁜 꽃을 피운다고 하자 강아지똥은 부러워한다.(내리는 비를 맞으며 턱을 괴고 엎드려 민들레 싹을 바라보고 있는 강아지똥)

⑩ 민들레는 꼭 필요한 게 있는데 강아지똥이 거름이 되어 자신의 몸속으로 들어와야 별처럼 고운 꽃이 핀다고 말한다.(강아지똥과 민들레가 내리는 빗속에서 마주하고 있는 모습을 앞의 장면보다 원거리에서 잡은 그림)

⑪ 강아지똥은 정말 그러냐고 반복하여 묻고 민들레 싹을 힘껏 껴안아

버린다.(민들레 싹을 껴안는 강아지똥)

⑫ 비가 사흘 동안 내리고, 강아지똥은 자디잘게 부숴져 땅 속으로 스며들어가 민들레의 꽃봉오리를 맺는다.(비는 계속 내리고 있고 꽃봉오리를 맺은 민들레의 모습)

⑬ 봄이 한창인 어느 날, 민들레는 아름다운 꽃을 피우고 향긋한 꽃냄새가 바람을 타고 퍼져나간다. (첫 장면의 배경과 동일한 골목길. 강아지가 똥을 누고 있던 자리에 민들레꽃이 피어있다)

겉으로 보기에 원작과 크게 다르지 않을 것 같은 그림책의 서사구조는 세부적인 면을 들여다보면 도입부의 중심 상황, 시간적 배경, 장면의 성격, 작품의 전개 방향 등에서 적지 않은 차이를 보인다. 이 때문에 결과적으로 주인공을 비롯하여 등장인물들의 성격과 주제도 변형되었다. 다음은 강아지똥이 만나는 인물과 주요 장면을 중심으로 원작과 그림책의 서사구조를 비교한 것이다.

〈표 1〉

원작	그림책
돌이네 흰둥이가 누고 간 똥입니다.	돌이네 흰둥이가 똥을 눴어요.
추운 겨울, 서리가 하얗게 내린 아침	없음
참새	참새
흙덩이	흙덩이
'정말 나도 하느님께서 만드셨다면 무엇에 귀하게 쓰일까?'	"난 더러운 똥인데, 어떻게 착하게 살 수 있을까? 아무짝에도 쓸 수 없을 텐데……."
솜이불처럼 따뜻하게 덮어주는 눈 속에 묻혀 낮에도 밤에도 쌕쌕 잠이 든 강아지똥	쓸쓸하게 혼자 남아 웅크리고 누워 눈을 맞고 있는 강아지똥

원작	그림책
긴긴 겨울이 지나 따뜻한 햇빛이 깔리고, 봄노래가 어디에나 흥겹게 들림. 예쁜 새가 날아가고 꽃고무신을 신고 애들이 골목길을 뛰어감.	겨울이 가고 봄이 왔어요. (별도의 장면을 할애하지 않고 색감변화 정도로 표현)
열세 마리 병아리들을 데리고 있는 **엄마 닭**	**열두 마리** 병아리들을 데리고 있는 **어미닭**
하느님을 원망하는 강아지똥 ('나는 역시 아무 데도 쓸 수 없는 찌꺼기인가 봐.')	없음
드높은 밤하늘에서 눈부시게 반짝이는 별들을 보며 자신도 영원한 별빛을 가지기를 소망하는 강아지똥	없음
봄을 치장하는 단비, 민들레 싹	보슬보슬 봄비, 민들레 싹
"너의 몸뚱이를 고스란히 녹여 내 몸 속으로 들어와야 해. 그래서 예쁜 **꽃을 피게 하는 것은 바로 네가 하는 거야**." **'아, 과연 나는 별이 될 수 있구나!'**	"네 몸뚱이를 고스란히 녹여 내 몸 속으로 들어와야 해. **그래야만** 별처럼 고운 **꽃이 핀단다**." **"어머나! 그러니? 정말 그러니?"**
강아지똥과 민들레의 결합, 사흘 동안 내리는 비	강아지똥과 민들레의 결합, 사흘 동안 내리는 비
봄이 한창인 어느 날 샛노랗게 햇빛을 받고 **별처럼 반짝이는** 민들레	봄이 한창인 어느 날 한 송이 **아름다운 꽃을 피운** 민들레 싹

앞의 표의 내용을 토대로 원작과 그림책의 서사구조의 두드러진 차이점을 정리하면 다음과 같다.[9)]

---

9) 원작의 경우 텍스트에 면수가 표시되어 있지만, 그림책은 면수가 표시되어 있지 않다. 따라서 이하 인용문에서 면수는 원작에만 표시하기로 한다. 원작에만 면수를 표시함으로써 인용문의 출처(원작인지 그림책인지)를 구분하기가 더욱 쉬

첫째, 원작은 강아지똥이 태어난 이후의 시점부터 시작하는 반면, 그림책은 강아지똥이 태어나는 상황부터 시작한다. 원작의 "돌이네 흰둥이가 누고 간 똥입니다."(50)로 시작되는 첫 문장은 그림책에서 "돌이네 흰둥이가 똥을 눴어요."로 바뀌었다. 원작은 주어가 생략되고 똥을 대상화함으로써 강아지똥이라는 존재 자체가 무대의 중심에 놓여 있는 반면, 그림책에서는 첫 문장에서 흰둥이가 똥을 누는 행위를 설명함으로써 똥 대신 흰둥이가 중심에 놓이게 되었다. 애초에 무대 밖 인물이었던 흰둥이가 그림책에서는 첫 장면의 첫 문장에서 주체로 자리 잡게 된 것이다. 첫 장면의 그림 역시 흰둥이가 똥을 누고 있는 상황을 표현하여 흰둥이가 중심에 놓인 반면, 주인공인 강아지똥은 아주 작게 표현되어 있다. 이 때문에 강아지똥 대신 흰둥이에게 시선이 모이게 된다. 또한 이 장면은 그림책의 표지로도 쓰였기 때문에 같은 그림이 독자에게 반복하여 보이게 된다. '강아지똥' 대신 '강아지'가 거듭 강조되는 것이다.

이런 경우, 두 가지 문제점이 발생할 수 있다. 우선, 본래 도입부의 주요 기능은 중심인물의 성격을 제시하고 작품의 전개 방향을 암시하는 것인데, 도입부의 그림은 그것에 위배된다. 스포트라이트를 받는 것이 강아지똥이 아니고 흰둥이이기 때문이다. 또한, 제한된 분량으로 내용을 축약해야 할 그림책이 오히려 강아지똥이 태어나는 상황으로 시간을 거슬러 올라감으로써 불필요하게 시간적으로도 길어지고 내용도 늘어지게 되었다. 이후에 원작의 주요 장면들이 생략된 점을 고려한다면 그림책의 도입부는 원작대로 강아지똥으로부터 시작되는 것이 타당하였다.

울 것으로 보인다.

둘째, 원작에서는 계절의 변화가 뚜렷하게 표현되고 있는 반면, 그림책에서는 작품의 중반까지 글로서도 그림으로서도 계절이 표현되어 있지 않다. 우선, 원작에서는 시간적 배경이 '겨울'이라는 사실이 도입부에서부터 명시되어 있지만, 그림책에서는 작품 중반의 소달구지 아저씨의 옷차림과, 눈이 내리는 장면에서야 비로소 겨울이 표현된다. 따라서 작품 중반까지는 어떤 계절인지를 알 수 없게 되어 있다. 이점은 중요한데, 원작의 "추운 겨울, 서리가 하얗게 내린 아침이어서 모락모락 오르던 김이 금방 식어 버렸습니다."(50)라는 표현은 단순히 시간적 배경과 강아지똥의 상태를 표현 한 것에 그치는 것이 아니라 현재와 앞으로 전개될 상황에 대한 의미가 암시된 것이기 때문이다. 여기에, 겨울이 지나고 새봄을 알리는 흥겨운 장면이 그림책에서는 모두 생략되어, 강아지똥의 '새날'을 예고하고, 민들레가 꽃을 피운 '봄'("봄이 한창인 어느 날", 70)의 성격을 파악하기 어렵게 되었다.

셋째, 원작에서 강아지똥이 밤하늘의 별들을 보고 영원한 별빛을 가지고 싶어 하는 장면이 그림책에서는 삭제되었다. 원작에서 '별'은 강아지똥의 '꿈'과 직결되는 매우 중요한 장치이다. 그런데 그림책에서는 별밤의 장면이 전면 삭제됨으로써 '별'과 등가관계에 있는 '꽃'을 피우는 결말의 의미도 달라지게 되었다.

넷째, 원작에서는 강아지똥이 참새를 통해 자신이 얼마나 미천한 존재인지를 확인하고, 흙덩이를 통해 구원에 대한 희망을 품게 되며, 엄마 닭 때문에 다시 절망한 후, 민들레를 통해 꿈을 이루는 등 등장인물의 성향에 따라 절망과 희망의 과정을 겪는다. 그런데 그림책에서는 만나는 인물과 상관없이 강아지똥이 시종일관 우울하고 쓸쓸한 상태로 정체되어 있다가 민들레 싹을 만난 후 갑자기 기쁨을 표현한다. 또한 강아지똥의 상황은 '겨울잠'을 기점으로 반복되는데 그림책에서는 '겨울잠'의 장치가 삭제되었다. 이 때문에 등장인물의 '개성'도 불분명해졌고, '겨울잠'의 기능과 의미도 상실되는 등 원작의 입체적 구도가 무너졌다. 다음은 강아지똥을 만나는 등장인물과 그들의 성향, 그리고 각 인물을 만난 후의 강아지똥의 반응을 정리한 것이다.

〈표 2〉 원작

<table>
<tr><th>강아지똥이 만난 인물</th><th>참새</th><th>흙덩이</th><th rowspan="3">겨울잠</th><th>엄마닭</th><th>민들레</th></tr>
<tr><td>인물의 성향</td><td>부정적</td><td>긍정적</td><td>부정적</td><td>긍정적</td></tr>
<tr><td>강아지똥의 반응</td><td>속상함,
창피함,
화남</td><td><u>희망</u></td><td>절망,
하느님을
원망함</td><td>희망</td></tr>
</table>

〈표 3〉 그림책

강아지똥이 만난 인물	참새	흙덩이	어미 닭	민들레
인물의 성향	부정적	긍정적	부정적	긍정적
강아지똥의 반응	화남, 서러움	<u>**절망, 쓸쓸함**</u>	***반응 없음***	희망

〈표 2〉와 〈표 3〉에서 알 수 있듯이, 원작에서 등장인물을 만난 후의 강아지똥의 반응은 각 인물의 성향을 따르고 있다. 그런데 원작과 달리 그림책에서는 그 원칙이 무너졌다. 예컨대, 원작에서 '흙덩이'는 강아지똥에게 처음으로 용기를 준 긍정적 인물이지만 흙덩이의 "너도 꼭 무엇엔가 귀하게 쓰일 거야."(60)라는 당부의 말이 그림책에서는 생략되었을 뿐만 아니라, 원작에서는 강아지똥이 이 말을 상기하며

귀하게 쓰일 것에 대한 기대를 하는 반면, 그림책에서는 흙덩이를 만난 후 오히려 "아무짝에도 쓸 수 없을" 존재라고 자신을 비하한다. 이는 참새를 만난 후의 반응("화도 나고 서러워서 눈물이 나왔어요.")과 다르지 않다. 흙덩이와의 만남이 강아지똥에게 아무 영향도 주지 않은 셈이 된 것이다. 여기에 정작 부정적인 인물인 어미닭을 만난 후 강아지똥이 스스로를 자책하는 부분이 생략된 탓에, 참새, 흙덩이, 어미닭은 뚜렷한 개성에도 불구하고 애초에 설정된 강아지똥의 비관적인 상황을 거듭 확인해주는 보조적인 역할 정도에 머물고 말았다. 이 때문에 등장인물들로 인한 강아지똥의 심리적 성숙의 모습도 찾을 수 없게 되었다.

다섯째, 원작에서 강아지똥이 눈 속에 묻혀 편안하게 "긴긴"(62) 겨울잠을 자는 장면이 그림책에서는 강아지똥이 눈을 맞으며 스스로를 쓸모없는 존재라고 자책하는 것으로 바뀜으로써 원작의 "솜이불처럼 강아지똥을 따뜻하게 덮어"(62)주는 눈의 성격과 기능이 그림책에서는 반대로 "쓸쓸하게 혼자" 있는 강아지똥의 외로운 처지를 드러내는 것으로 변형되었다.

여섯째, 그림책에서는, 원작에서 강아지똥의 미래를 암시하는 중요한 복선 기능을 하는 도입부의 소달구지 바퀴 자국("바로 앞으로 소달구지 바퀴자국이 나 있습니다.", 50)이 생략되고, '엄마 닭'이 '어미닭'으로, '열세 마리'의 병아리가 '열두 마리'로 바뀌었으며, 일부 내용이 크고 진한 글자로 강조되어 표현됨으로써 원작의 암시적이고 상징적인 의미가 약화되거나 사라졌다.

이상으로 원작과 그림책의 서사구조를 비교해 보았다. 그림책으로 각색되기 위해서는 원작의 내용을 축약해야 한다는 점을 고려한다고 할지라도 원작은 등장인물들의 뚜렷한 개성과 암시적이고 상징적인 장치를 통해 강아지똥의 성숙 과정이 일관성 있게 전개된 반면, 그림책은 '흰둥이'가 불필요하게 드러나고, 등장인물들이 강아지똥의 성격 변화에 별다른 영향을 주지 않으며, '눈'의 기능이 변형되고, '겨울잠'의 의미가 상실되고, '별밤'의 장면이 삭제됨으로써 원작의 입체적이고 극적인 요소들이 퇴색된 것을 확인하였다. 다음은 인물의 성격에 대해 살펴보기로 하겠다.

2) 인물

(1) 강아지똥

원작에서 주인공인 강아지똥은 애초에 가장 소외되고 미천한 존재로 설정되었지만, 작품 속 성격은 활달하고 적극적인 것으로 표현되었다. 세상에서 가장 하찮은 '개똥'이 "드높은 하늘에서 아름답게 반짝"(66)이는 별이 되는 소망을 품고, 민들레와 결합함으로써 마침내 별이 되는 꿈을 실현할 수 있게 된 것은 이러한 성격 덕분이다. 주인공이 여러 인물들을 만나 성숙하여 처음의 결핍을 충족시키는 동화의 기본 구조에서, 주인공의 성격은 사건을 이끄는 힘이다. 하지만 원작과 달리 도입부에서부터 글로도 그림으로도 중심에 놓이지 못한 그림책의 강아지똥은 실제 성격에서도 시종일관 수동적이며, 발전적인 모습을 보여주지 못한다.

원작에서 자신에게 더러운 똥이라고 쫑알거리는 참새를 향해 "눈을 힘껏 흘겨"(51)주던 강아지똥은 그림책에서 "화도 나고 서러워서 눈물이 나는" 것으로 바뀌었고, 원작에서 "똥 중에서도 제일 더러운 개똥"(53)이라고 놀리는 흙덩이를 향해 "그럼, 너는 뭐야? 울퉁불퉁하고, 시커멓고, 마치 도둑놈같이…….”(52)라고 대들던 강아지똥은 그림책에서 ““**으앙!**” 울음을 터뜨려 버리”[10]는 정도에 그쳤으며, 원작에서 아기 고추나무를 죽게 한 것을 자책하는 흙덩이에게 “그건 네 잘못이 아니지 않니? 햇볕이 그토록 따갑게 쪼이고 비는 오지 않고 해서 말라 죽은 것 아냐?”(57)라고 지적하던 강아지똥은 그림책에서 “어머나! 가여워라.”하고 동조하는 것으로 바뀌었다. 뿐만 아니라, 원작에서 “너도 꼭 무엇엔가 귀하게 쓰일 거야.”라는 흙덩이의 말에 ‘정말 나도 하느님께서 만드셨다면 무엇에 귀하게 쓰일까?’(62)라고 희망을 품던 강아지똥은 그림책에서 “난 더러운 똥인데, 어떻게 착하게 살 수 있을까? 아무짝에도 쓸 수 없을 텐데…….”라고 오히려 스스로를 비하하는 것으로 바뀌었다. 또한, 원작에서 강아지똥이 자신에게 “기웃”(63) 거리는 엄마 닭을 향해 “왜 그렇게 보셔요? 걸어다니는 새님.”(63)이라고 당당하게 말을 걸거나, “좋아요, 모두 맛나게 먹어 주어요.”(65)라고 자신의 의견을 말하는 대사는 그림책에서 모두 생략되었다. 더욱이 이 대사는 강아지똥이 “무엇에 귀하게 쓰일”(62) 것에 대한 기대를 한 이후, “마음을 단단히 가다듬고”(65) 행한 첫 번째 반응이었다.

본래, 동화에서 ‘주인공에게 어떤 일이 일어나게 하기 위해서는 그와 관련된 기능과 능력을 그에게 부여해야 하며, 또한 주인공이 문제를 극복하고 스스로 노력을 다해서 최후의 승리를 얻을 수 있게 하기 위해서 거기에 요구되는 적절한 성격이나 능력을 표현해 주어야 한다.’[11] 특히 그림책의 경우 ‘주인공이, 어린이의 마음을 사로잡는 서

---

10) 이하 그림책 인용문의 진한 글자는 그림책 원문을 따른 것임. 이 경우, 그림책에서는 글자크기도 다른 글자보다 크다.

11) 리 와인담, 『동화 쓰는 법(*Writing for Children and Teen-agers*)』, 이상금 옮김, 보성사, 1988, p.49.

두, 흥분을 돋구는 중반, 독자를 만족시키는 결말까지 이야기를 끌고 간다.'[12] 애초에 세상에서 가장 보잘 것 없는 존재로 설정된 「강아지똥」의 주인공은 원작에서 다른 인물들에게 적극적으로 응대하고, 스스로 희망을 품으며, 꿈을 갖고 마침내 그것을 실현하는 개성적인 인물로 그려졌다. 반면, 그림책에서는 소외되고 하찮은 존재라는 설정에서 나아가지 못한 채 작품 내내 '울음'이나 '무반응'으로 일관하고 자기연민에 빠져있다. 이렇다 보니 '불완전한 주인공이 조금씩 배워 나가면서 줄거리의 진행에 따라 발전하는 모습을 보이는'[13] 것이 아니라 지속적으로 소외되고 처량한 상황에 놓임으로써 외적인 환경에 의한 동정의 대상 정도에 머물고 말았다.

강아지똥이 "벅차오르는 기쁨에 그만 민들레 싹을 꼬옥 껴안아 버렸"(69)던 이유는 별이 될 수 있다는 믿음 때문이었다.('아, 과연 나는 별이 될 수 있구나!', 69) 그런데 그림책에서 는 '별밤'의 상황이 전면 삭제되어 '별'과 '꽃'의 관련성이 사라졌고, 시종일관 침체되어있던 강아지똥이 어미닭에게 일방적으로 무시를 당하고도 어떤 반응도 보이지 않다가 민들레의 요구에 순응하기 때문에 '거름'이 되는 행위가 한편으로는 자포자기 상태에서의 선택처럼 보인다. 원작에서 보여준, 가장 보잘 것 없는 존재가 여러 경험을 거쳐 자연스럽게 '별'로 승화되는 '성숙'의 과정이 그림책에서는 주요 장면이 삭제된 서사구조와, 수동적이고 소극적인 주인공의 성격 탓에 제대로 구현되지 못하였다.

한편, 원작에서 강아지똥은 등장인물과의 만남을 통해 점진적으로

12) 엘렌 E.M.로버츠, 『그림책 쓰는 법(*The Children's Picture Book*)』, 김정 옮김, 보성사, 1987, p.67.

13) 조안 에이킨, 『꿈과 상상력을 담은 동화쓰기(*The Way to Write for Children*)』, 이영미 옮김, 백년글사랑, 2003, p.139.

성숙한다. 각 등장인물은 각기 다른 개성으로 강아지똥에게 영향을 미친다. 등장인물들의 이러한 성격이 그림책에서는 어떻게 변형되었는지 이에 대하여 살펴보기로 하겠다.

(2) 흙덩이

원작에서나 그림책에서나 주인공 강아지똥이 만나는 인물 가운데 가장 많은 지면을 할애하여 등장하는 인물이 흙덩이이다. 또한, 원작에서 흙덩이는 강아지똥과 가장 유사한 성격으로 설정되었다. 외형상으로나 심리적으로나 흙덩이는 등장인물 가운데 강아지똥과 가장 동일시된다. 실제로 원작에서 흙덩이는 "나도 너처럼 못생기고, 더럽고, 버림받은 몸이란다."(53)라고 말한다. 또한 흙덩이가 "감자꽃을 곱게 피우며 정말 즐거웠"(53)듯, 강아지똥 역시 "벅차오르는 기쁨"(69)으로 '민들레'를 피운다.

흙덩이는 강아지똥이 만난 인물 가운데 관계가 개선된 유일한 존재이다. 민들레와 달리 흙덩이는 처음부터 긍정적인 인물이 아니었다. 만나는 과정에서 관계가 발전된 것이다. 원작의 도입부에는 "골목길 담 밑 구석자리였습니다. 바로 앞으로 소달구지 바퀴자국이 나 있습니다."(50) 라고 공간적 배경이 묘사되어 있는데 흙덩이는 바로 이 "소달구지 바퀴자국 한 가운데 뒹굴고"(51) 있다가 그곳에서 다시 구원을 받는다. 앞에서도 언급하였듯이 '바퀴'는 삶의 순환이나 운명과 같은 상징적 의미를 함축하고 있다. 강아지똥의 동일시의 대상인 흙덩이가 바퀴자국 위에 버려졌다가 다시 구원을 받는 과정은 역시 버림받은 존재인 강아지똥의 미래를 암시하는 복선의 기능을 한다. 그런데 그림책의 경우, 도입부에 바퀴자국에 대한 어떤 언급도 없고 그림으로도 표현되어 있지 않으며, 흙덩이가 스스로를 강아지똥과 동일시하는 대사("나도 너처럼 못생기고, 더럽고, 버림받은 몸이란다.")도 삭제되어 이러한 복선의 효과는 찾을 수 없게 되었다.

원작에서 흙덩이의 성격의 특성은 아기 고추나무가 미워 "그만 죽어버려라 하고 못된 소리"(57)를 했다고 괴로워하는 태도에서 찾을 수 있다. 그런데 그림책에서는 이것 역시 생략되었고, 대신 "아기고추를 끝까지 살리지 못하고 죽게 해 버렸단다." 정도로 약화되었다. 원작의 경우는 흙덩이가 표현한 "나쁜 짓"(56)의 근거가 구체적으로 드러난 반면, 그림책의 경우는 "아주 나쁜 짓"이라고 하여 원작보다 나쁜 짓의 성격을 더욱 강조하였으면서도 정작 아기 고추나무를 어떻게 죽게 하였는지에 대한 이유는 은폐되어 흙덩이의 본연의 성격이 소홀하게 다뤄졌다. 또한, 흙덩이를 만난 후에도 강아지똥이 여전히 자기비하와 연민에 빠져 있음으로써 흙덩이의 존재감이 무색해졌다.

원작에서 강아지똥이 자신의 존재의 가치에 대해 처음으로 생각하게 된 것은 흙덩이 때문이다. 참새를 통해 자신이 한낱 "더러운"(51) 똥임을 알게 된 강아지똥은 흙덩이를 만난 후 "귀하게 쓰일까?"(62)에 대한 기대를 한다. 이는 이 작품의 지향점이 되어 결국 이야기는 강아지똥이 자신이 기대했던 귀하게 쓰이는 존재가 되는 것으로 결말을 맺는다. 본래 '흙'의 본성은 무언가의 재료로 쓰이는 것에 있다. 구원을 받은 흙덩이가 "이제부터는 열심히 곡식을 가꾸"(57)는 것에 쓰이게 되었듯, 강아지똥 역시 온몸이 "자디잘게 부서져"(70) 민들레 뿌리를 위해 '쓰이게' 되었다. 그런데 그림책에서는 강아지똥이 흙덩이를 만난 후 뜬금없이 스스로에게 "어떻게 착하게 살 수 있을까?"라고 반문함으로써 애초의 흙덩이의 본성과는 상관없이 강아지똥의 화두는 "착하게" 사는 것의 여부가 되어버렸다.[14] 그림책에서는 이 '귀하게 쓰일' 것인가의 여부가 아닌 '착하게 사는' 것이 강조됨으로써 결말의 의미도 바뀌게 된 것이다.

(3) 참새와 엄마 닭

참새와 엄마 닭은 '새'라는 공통점이 있다. 강아지똥이 만나는 등장인물은 모두 넷인데 이 가운데 조류가 둘인 점은 특이하다. 조류는 '하늘'에 속한 것이다. 그런데 참새와 닭은 '새'이지만 땅을 벗어나지 못하는 존재들이다. 참새와 엄마 닭은 모두 '모성'과 관련이 있다.[15] 모성을 상징하는 '땅'에 속해있다는 점도 그렇지만, '엄마 닭'은 호칭에 이미 그것이 드러나 있고, '참새'는 강아지똥에게 본인이 어떤 존재인가를 알려주는 최초의 인물이라는 점에서 모성적인 면모를 찾을 수 있다. 모성과 관련이 있는 인물로는 '흙덩이'도 예외가 아니다. 만물을 품고 싹을 틔운다는 점에서 '흙' 자체에 이미 모성성이 있지만 실제로 흙덩이는 자기가 키운 '아기 감자'와 '아기 고추나무'를 언급하며 모성적인 면을 드러낸다. 이때, 흙덩이와 달리 참새와 엄마 닭은 부정적 인물로 설정되었다. 원작에서 참새는 강아지똥에게 "퉤 퉤 침을 뱉고는"(51) "쫑알거리"(51)기나 하고, 엄마 닭은 "열세" 마리의 병아리들을 거느리고 "소름이 쫙 끼칠 만큼 무서운 말"(65)을 하는 인물이다. 그런데 그림책에서는 침을 뱉거나 쫑알거리는 참새의 행동이 아예 생략되었으며, 엄마 닭이 데리고 다니는 병아리의 숫자도 부정적 의미

14) 원작에서 흙덩이에 의해 착하게 사는 것의 여부가 언급된 것은 흙덩이가 자신의 죄를 낱낱이 고백한 후이므로 흙덩이의 고백이 생략된 그림책에서는 "어떻게 착하게 살 수 있을까?"라는 강아지똥의 대사가 부자연스럽다. 더욱이 원작에서 흙덩이는 결국 "너도 꼭 무엇엔가 귀하게 쓰일거야."(60)라는 말로 마무리한다.

15) 이하 '모성' 관련 부분은 이 책의 제1부 '제2장 강아지똥의 '소망' 읽기 - 권정생의 「강아지똥」'의 '1) 등장인물의 상징성' 참조.

를 함축한 '13'이 아닌 "열두" 마리로 바뀌었다. 또한 엄마 닭(어미닭: 그림책)의 행동에 대해 강아지똥이 어떤 반응도 보이지 않음으로써 원작에 비해 공격적이고 부정적인 성향이 약화되었다. 특히 원작의 "엄마 닭"은 '아이'와의 관계가 포함된 표현으로 '아기'로서의 의미가 함축된 '강아지'똥의 입장이 반영된 것인 반면, 그림책의 "어미닭"이라는 표현에서는 이 점 또한 찾기 어렵게 되었다.

또한, 원작의 병아리 열세 마리의 '13'이라는 숫자를 변형한 그림책의 '12'는 '완전수'로서의 특성 때문에 오히려 엄마 닭에게 완벽함으로서의 이미지를 부여해 준다. 참새가 강아지똥에게 침을 뱉는 행위나 13 대신 12로 병아리의 숫자를 변형한 것은 어린 독자를 염두에 두고 의도적으로 부정적인 요소를 제거하려는 노력에 의한 것으로 보인다. 그러나 이 때문에 극적인 효과는 줄어들었다.

참새나 엄마 닭이 하늘에도 속하고 땅에도 속한 존재인 반면 강아지똥은 철저히 '땅'에만 속한 존재이다. 그러나 민들레를 통해 '하늘'의 별이 되는 꿈을 실현함으로써 애초에 하늘에 속해있는 '새'이자 부정적 인물인 참새와 엄마 닭을 능가하는 존재가 된다. 참새와 엄마 닭의 공격적이고 부정적인 성향은 한낱 하찮은 똥이 별이 되어 꿈을 실현하는 과정을 더욱 극적으로 보여준다. 그림책의 경우는 두 인물의 성격의 약화로 그러한 요소가 감소되었다.

동화의 기본적인 서사구조는 '집－방랑(모험)－귀향(혹은 혼인)'의 패턴을 따른다. 주인공은 집으로 상징되는 어머니를 떠나 세상을 경험한 후 성숙하여 귀향하거나 혼인한다. 동화에서 행복한 결말의 전제 조건은 주인공의 '성숙'이며, 그것의 발단은 어머니를 떠나는 것에 있다. 이렇게 볼 때, 강아지똥의 성숙은 참새, 흙덩이, 엄마 닭으로 이어지는 '모성'과 분리됨으로써 가능하였으며, 그것은 민들레를 통해 완성되었다.

(4) 민들레

원작에서 민들레는 강아지똥이 꿈을 실현하는 데에 매개자의 역할을 담당한다. 강아지똥이 민들레와 결합한 이유는 꽃을 피우기 위해서이지만 강아지똥에게 그것은 별이 되는 것과 같은 것이었기 때문이다. 다음은 강아지똥이 민들레와 첫 대면을 했을 때의 대화 장면이다.

〈표 4〉

원작	그림책
"너는 뭐니?" 강아이똥이 내려다보고 물었습니다. "난 예쁜 꽃이 피는 민들레란다." "예쁜 꽃이라니! 하늘에 별만큼 고우니?" "그럼!" "반짝반짝 빛이 나니?" "응, 샛노랗게 빛나." 강아지똥은 가슴이 울렁거렸습니다. 어쩌면 며칠 전에 제 가슴 속에 심은 별의 씨앗이 싹터 나온 것이 아닌가 싶었기 때문입니다.(68)	"너는 뭐니?" 강아지똥이 물었어요. "난 예쁜 꽃을 피우는 민들레야." "얼마 만큼 예쁘니? 하늘에 별만큼 고우니?" "그래, 방실방실 빛나."

원작에서 민들레는 강아지똥이 만나는 인물 가운데 유일하게 강아지똥이 "내려다"(68) 본 인물이다. 강아지똥을 만날 때 참새는 "날아와"(51) 앉았고, 엄마 닭은 "들여다"(63) 보았으며, 강아지똥의 동일시의 대상인 흙덩이는 강아지똥을 "바라보고"(51) 있었다. 세상에서 가장 미천한 강아지똥이 '내려다' 본 존재라는 점은 의미심장하다. 결국 강아지똥은 그것과 일체가 되어 "드높은 하늘"(66)의 별로 승화되었기 때문이다. 그런데 그림책에서는 '내려다보았다'는 사실이 글에서 생략되었고, 그림으로도 턱을 괴고 엎드려있는 강아지똥이 민들레를 바라보

고 있거나, 보기에 따라서는 쳐다보는 것처럼 보이기도 한다.

민들레가 자신을 "예쁜 꽃이 피는 민들레"(68)라고 소개하였을 때, 강아지똥은 그것이 "하늘에 별만큼 고운"(68)지를 물어본다. 이어 "반짝반짝 빛이 나니?"(68)라고 거듭 확인한다. 민들레는 "샛노랗게 빛나"(68)는 것이라고 강아지똥에게 확신을 준다. '샛노랗게 반짝반짝 빛이 나는' 그것은 바로 '별'이다. 강아지똥의 거듭되는 질문의 지향점은 '별'이었다. 민들레의 대답을 듣고 강아지똥의 가슴이 울렁거리고 "제 가슴 속에 심은 별의 씨앗이 싹터 나온 것이 아닌가 싶었"(68)던 이유는 이전에 강아똥이 하늘에 있는 별들의 "영원히 꺼지지 않는 아름다운 불빛"을 보고 "그리운 별의 씨앗을 하나 심었"(67)기 때문이다. 그러나 그것은 원작에서의 상황이고, '별'에 관한 내용이 전무한 그림책에서는 꽃을 굳이 '별'에 비유한 이유를 찾을 수 없다.

또한 그림책에서는 '별'에 대한 기대로 가슴이 울렁거리는 강아지똥의 반응 역시 생략되었다. 따라서 그림책의 '별'은 단순히 꽃의 비유 대상으로서만 기능할 뿐이다. 그림책에서 꽃을 가리켜 "방실방실 빛나."라고 한 대사에서 '방실방실'은 별보다는 꽃에나 어울리는 표현이다. 실제로 그림책에서는 마지막 장면에서 다시 "방긋방긋 웃는 꽃송이"라고 표현한다. 원작에서, 민들레와의 첫 대화에서 강아지똥이 '별'을 언급한 것은 강아지똥의 관심이 어디에 있었는가를 말해준다. 반면, '별밤'의 상황이 삭제된 그림책에서 강아지똥이 꽃에 대해 '별'을 운운하는 것은 뜬금없어 보인다. 이전까지 한 번도 '별'이라는 단어가 언급된 적이 없기 때문이다.

원작의 민들레가 자신을 "예쁜 꽃이 **피는**"(68) 존재로 소개한 반면, 그림책에서는 "예쁜 꽃을 **피우는**" 존재라고 말한다. 원작의 민들레가 강아지똥에게 "예쁜 꽃을 피게 하는 것은 바로 네가 하는 거야."(69)라고 꽃을 피우는 주체가 강아지똥이라고 말하는 것과 달리 그림책에서는 "난 예쁜 꽃을 피우는 민들레야."라고 하여 스스로 자신이 꽃을 피우는 당사자라고 분명히 밝힌다. 원작에서 민들레의 '꽃'은 '별'과 등가관계에 있으며 '별'은 강아지똥의 꿈의 지향점이다. 그런데 그림책에서는 강아지똥과 꽃을 연결해주는 '별'이라는 연결고리가 빠진 탓에 꽃은 강아지똥과 무관한 것이 되었고, 민들레는 자신의 꽃을 피우기 위해 일방적으로 강아지똥의 희생을 요구한 것이 되었다.

원작에서 민들레는 조력자이자 강아지똥의 '별'이 되는 꿈을 실현하는 데에 중요한 기능을 하는 '아니마'(Anima)이다. 강아지똥은 민들레의 거름이 되고, 민들레 역시 강아지똥이 꿈을 실현하는 데에 결정적인 도움을 주는 인물이다. 두 인물간의 이러한 관계는 애초에 강아지똥의 꿈이 '별'로 표상되었기 때문에 가능한 것이었다. 그러나 그림책에서는 '별'에 특별한 의미가 없는 탓에 강아지똥으로서는 민들레와 결합해야 할 동기도 이유도 사라졌다. 그림책에서는 강아지똥의 꿈의 실현이 아니라 민들레가 '꽃'을 피우는 것이 목적이므로 꽃을 피우기 위한 거름으로 굳이 주인공인 강아지똥이 쓰일 이유도 사라졌다. 민들레가 '꽃'을 피우는 것이 목적인 이상, 거름이 되는 다른 어떤 것도 상관이 없기 때문이다. 원작에서 두 인물간의 관계가 특별한 이유는 서로 간절히 원하는 것을 줄 수 있는 사이이기 때문이다. 그러나 그림책에서는 그러한 관계가 무너졌다. 그림책의 민들레는 원작과 달리 강아지똥의 꿈의 실현을 돕는 매개자도 아니며, 조력자도 아니다. 민들레의 이러한 성격의 변형은 작품의 주제와도 직결된다. 다음은 이에 대해 살펴보기로 하겠다.

3) 주제

'주제'의 정의를 '작품이 지향하는 바, 추구하는 것'이라고 한다면, 일반적으로 동화의 공통된 주제는 주인공의 '성숙'이다. 앞에서 살펴본 바와 같이 「강아지똥」의 원작 역시 이를 따르고 있다. 동화는 '어둠에서 광명'으로, '낮음에서 높음'으로, '억압에서 자유'로, '빈곤에서 부유함'으로 전개된다. 애초의 결핍이 충족되는 방향으로 진행되는 것이다. 그리고 주인공은 그 과정에서 '성숙'한다.

「강아지똥」의 원작에서, 강아지똥은 세상에서 "제일 더러운 개똥"(52)인 '미천'한 인물로 설정되었다. 등장인물들은 강아지똥이 어떤 존재인지를 거듭 확인시켜준다. 그리고 그것은 "아무 데도 쓸 수 없는 찌꺼기"(66)로 더욱 구체화된다. 따라서 이러한 결핍의 상황이 충족되려면 주인공은 '높은' 존재, '쓸모 있는' 존재가 되어야 한다. 실제로 원작에서 강아지똥은 "드높은 하늘"(68)의 '별'을 꿈꾸고, "귀하게"(62) 쓰여 별이 되는 꿈을 실현함으로써 마침내 미천한 상황을 타개하고 승화된 상태에 이르게 된다.

그동안 「강아지똥」의 주제와 관련된 가장 공통된 키워드는 '희생'이다. 그것의 근거는 민들레의 거름이 되었기 때문이다. 그러나 앞에서 살펴본 바와 같이 원작의 주제는 이와 다르다. 주인공 강아지똥은 자기를 희생한 것이 아니라 자신의 꿈을 실현한 것이기 때문이다. 원작과 그림책의 주제의 차이는 강아지똥이 민들레와 결합한 이유에서 확인할 수 있다.

다음은 강아지똥이 민들레와 결합하기 직전 민들레와의 대화 장면이다.(진한 글자는 그림책을 따른 것임)

〈표 5〉

원작	그림책
"네가 거름이 되어 줘야 한단다." 강아지똥은 화들짝 놀랐습니다. "내가 거름이 되다니?" "너의 몸뚱이를 고스란히 녹여 내 몸 속으로 들어와야 해. 그래서 예쁜 꽃을 피게 하는 것은 바로 네가 하는 거야." 강아지똥은 가슴이 울렁거려 끝까지 들을 수가 없었습니다. '아, 과연 나는 별이 될 수 있구나!' 그러고는 벅차오르는 기쁨에 그만 민들레 싹을 꼬옥 껴안아 버렸습니다.(69)	"네가 거름이 돼 줘야 한단다." "내가 거름이 되다니?" "네 몸뚱이를 고스란히 녹여 내 몸 속으로 들어와야 해. 그래야만 별처럼 고운 꽃이 핀단다." **"어머나! 그러니? 정말 그러니?"** 강아지똥은 얼마나 기뻤던지 민들레 싹을 힘껏 껴안아 버렸어요.

민들레가 강아지똥에게 거름이 되어줘야 한다고 했을 때, 원작과 그림책에서 강아지똥의 반응은 차이를 보인다. 원작의 경우, 강아지똥은 "화들짝 놀랐"다. 강아지똥이 놀란 이유는 '거름'이 되어달라는 민들레의 말이 한편으로는 예상치 못한 것이어서이고, 한편으로는 엄청난 요구이기 때문이다. 강아지똥은 "예쁜 꽃을 피우는 것은 바로 네가 하는 거야."라는 민들레의 설명을 들은 후에야 비로소 그 의미를 깨닫고 "가슴이 울렁"거리고 "벅차오르는 기쁨"을 느낀다. 꽃을 피우는 주체가 강아지똥 자신이며, 그것을 통해 바로 '별'이 될 수 있다고 확신하였기 때문이다. 그런데 그림책에서는 강아지똥의 "화들짝" 놀라는 반응도 생략되었을 뿐만 아니라 거름이 되어야만("그래야만") 고운 꽃이 핀다고 하여 거름이 되어야 하는 당위성만 강조되었다. 민들레가 자신이 꽃을 피우는 데에 강아지똥이 일방적으로 거름이 되어줄 것을 요구하고 있는 것이다. 그런데 이에 대한 강아지똥의 반응이 "얼

마나 기뻤던지"가 됨으로써 자신의 꿈과는 무관하게 기꺼이 거름이 되는 행위 자체가 민들레와의 결합의 이유가 되어버렸다. 앞에서 살펴보았듯 그림책의 경우 '별'에 특별한 의미가 없기 때문에 "별처럼 고운 꽃"은 단지 민들레가 피우는 예쁜 꽃 이상의 의미가 없다. 따라서 "**어머나! 그러니? 정말 그러니?**"라는 강아지똥의 반응은 뜬금없으며 과장된 것이다. 애써 글자 크기를 키워 강조한 점 역시 그러하다.

동화, 희곡, 소설 등 모든 서사물에서 기본적으로 이야기는 하나의 목표를 정하여 그것을 지향하며 일관성 있게 전개되어야 한다. 「강아지똥」의 원작에서는 쓸모없고 미천한 존재가 귀하게 쓰여 드높은 하늘의 별로 승화되는 과정이 주인공인 강아지똥의 성격의 발전과 함께 점진적으로 표현되었다. 원작의 목표는 '세상에서 가장 보잘 것 없는 존재가 어떻게 귀한 존재가 될 것인가?'에 있는 것이다. 그것은 밤하늘의 별을 보고 "영원히 꺼지지 않는 아름다운 불빛"(67)을 가지고 싶다는 강아지똥의 꿈으로서 구체화되고, 작품의 지향점은 강아지똥의 꿈의 실현 여부로 향하게 된다. 애초에 세상에서 가장 쓸모없는, '소외'되고 '미천'한 특성을 지닌 '강아지똥'이라는 캐릭터 자체에 이미 해결되어야 할 문제가 포함되어 있는 것이다.

그런데 그림책에서는, 주인공의 결핍을 해결하기 위한 방향으로 이야기가 전개되지 못하였다. "화도 나고 서러워서 눈물이 나"고, "**으앙!**" 울음을 터뜨리기나 하던 강아지똥이 자신에게 던진 첫 질문은 "어떻게 착하게 살 수 있을까?"이다. 뜬금없이 '착하게' 사는 것의 여부가 강조됨으로써 이야기의 지향점이 일관성을 잃게 된 것이다. 그림책에서 이 물음 이후 강아지똥이 처음으로 반응을 보이는 것은 민들레를 만났을 때이다. 이 때문에 강아지똥이 민들레의 거름이 되는 행위는 당연히 '착하게' 사는 것의 실천, 즉 '착한' 행동으로 이해되게 된다. 결국 그림책에서는 '거름'이 되는 '착한' 행동이 강조됨으로써 '희생'이라는 교훈적 메시지만 전면에 드러나게 되었고, 이 때문에 '꽃'과 '별'을 통해 암시적이고 비유적으로 표현된 강아지똥의 꿈과 성숙의 의미는 찾을 수 없게 되었다.

「강아지똥」의 등장인물들의 공통점은 '땅'과 관련이 있다는 점이다. 강아지똥은 물론이고 '참새'와 '엄마 닭'은 조류이면서도 땅을 떠날 수 없는 존재이고, '흙덩이'는 그것 자체가 땅을 형성하며, 민들레는 땅에 뿌리를 내리고 땅에 밀착된 존재이다. 그런데 원작의 경우, 민들레는 하늘의 존재이기도 하다. 강아지똥에게 민들레의 '꽃'은 곧 '별'이기 때문이다. 거름이 된다는 것은 땅과 합일이 된다는 것이다. 강아지똥은 땅 속 민들레의 뿌리까지 들어가 하나가 됨으로써 '꽃'을 피워 '별'이 되는 꿈을 이룬다. 원작에서 강아지똥과 민들레의 결합의 이유는 서로가 서로를 필요로 했기 때문이다. 어느 한 쪽의 일방적인 요구를 들어주기 위한 것이 아니었다. 강아지똥이 "내려다"(68) 본 존재인 민들레 역시 강아지똥과 같은 '낮은' 존재이다. 땅에 밀착된 낮은 존재들끼리의 결합으로 땅에 속한 모든 인물들을 능가하는 승화된 존재가 된 것이다. 그러나 그림책에서는 강아지똥이 민들레와 결합하게 되는 동기와 이유가 모두 생략된 채 거름이 되는 행위만 강조되다 보니, 애초의 미천한 존재로서의 결핍을 '별'이 되는 꿈을 이룸으로써 충족하는 자기실현의 의미는 찾을 수 없게 되었다 원작의 민들레가 "샛노랗게 햇빛을 받고 별처럼 반짝이"(70)는 꽃을 피운 반면, 그림책에서는 "한 송이 아름다운 꽃"을 피운 것에 그친 이유도 이 때문이다.

이 글은, 1969년 발표된 이래 현재까지도 꾸준히 명성을 얻고 있는 「강아지똥」에 대해 그간의 평가가 원작인 동화와 변용물인 그림책에 구분 없이 적용되어온 것에 문제점을 느끼고, 각 텍스트를 면밀히 비교해봄으로써 각각의 차이를 탐색하고, 그 차이로 인해 원작의 의미와 가치가 그림책에서 어떻게 달라졌는가를 확인하기 위해 쓰였다. 이는 그동안 원작과 변용물의 차이를 도외시하고, 동일한 평가를 적용해온 관행의 문제점을 함께 인식하기 위한 것이기도 하다.

각 텍스트를 '서사구조', '인물', '주제'의 측면에서 비교해본 결과, 외현적으로는 비슷한 스토리의 두 텍스트가 실제로는 적지 않은 차이가 있다는 것을 확인할 수 있었다. 먼저 '서사구조'의 경우, 그림책에서는 도입부의 중심 상황이 달라지고, 암시적인 장치인 '겨울'이 작품의 중반까지 표현되지 않았으며, 작품의 주제와 직결된 '별밤'의 장면이 삭제되고, 이야기의 중요한 분기점이 되는 강아지똥의 '겨울잠'도 생략되었고, 등장인물들이 강아지똥의 성격 변화에 별다른 영향을 주지 못하는 등 작품의 입체적이고 극적인 요소들이 그림책에서는 약화되거나 사라진 것을 확인할 수 있었다.

'인물'의 경우는 원작에서 활달하고 적극적이며 성격의 발전을 보여준 강아지똥이 그림책에서는 시종일관 감상적이고 침체된 성격에서 나아가지 못한 것을 확인하였고, 강아지똥과 가장 유사한 성격으로 강아지똥에게 삶의 지표를 남긴 '흙덩이'가 그림책에서는 흙덩이를 만난 후 강아지똥이 이렇다 할 변화를 보이지 않음으로써 특별한 존재로서의 위상을 찾기 어렵게 되었으며, '참새'와 '엄마 닭'의 공격적이고 부정적인 성향이 약화됨으로써 극적인 효과가 반감된 것으로 파악하였다. 또한, 원작의 민들레가 강아지똥이 꿈을 실현하는 데에 결정적인 도움을 주어 강아지똥과 민들레가 서로에게 필요한 존재임을 보여준 반면, 그림책에서는 민들레가 일방적으로 강아지똥에게 거름이 되어줄 것을 요구함으로써 애초에 강아지똥의 꿈의 실현을 돕는 조력자로서의 본래의 성격이 전혀 다르게 변형된 것을 확인하였다.

'주제'의 경우, 원작에서는 세상에서 가장 하찮은 존재인 강아지똥이 성숙의 과정을 거쳐 역시 '낮은' 존재인 민들레와 결합함으로써 '별'이 되는 꿈을 실현한다는 것이 이야기의 핵심이라면, 그림책에서는 '꽃'과 '별'이 무관한 관계가 되고 꽃을 피우는 주체가 강아지똥이 아닌 '민들레'가 됨으로써 거름이 되는 강아지똥의 행위가 '자기희생' 정도의 의미에 머문 것으로 파악하였다.

한 자료(한국경제, 2012.1.25)에 따르면 그림책 「강아지똥」은 2004년부터 2011년까지 유아책 베스트셀러 10위권을 지켰으며, 2011년 3월 국내 창작 그림책으로는 처음으로 100만부를 돌파하였다고 한다. 이러한 인기는 2000년부터 2008년까지 초등학교 1학년 2학기 『읽기』 교과서에 그림책을 개작한 내용이 읽기 '제재'로 수록된 사실과 무관하지 않을 것이다. 또한 그림책이 발간되기 이전에 네 차례나 동화집에 재수록 되는 등 한국 아동문학의 중심 자리를 확고히 한 원작동화의 후광효과도 간과할 수 없을 것이다. 「강아지똥」의 원작동화와 그림책의 출판 형태의 차이점은 그림책은 한 작품이 '강아지똥'이라는 이름의 한 권의 책으로 발간된 반면, 원작은 '동화집'에 여러 동화와 함께 수록 되었으며, 총 다섯 차례에 걸쳐 수록된 책 가운데 첫 동화집만 '강아지똥'이라는 제목으로 발간되고 나머지는 모두 다른 동화를 표제작으로 한 동화집에 수록이 되었다는 사실이다. 따라서 동화집의 표제작도 아닌 작품이 대중성을 확보할 수 있었던 데에는 '강아지똥'이라는 제목으로 한 작품이 한 권의 책으로 발간된 그림책의 영향이 컸을 것이라고 추측할 수 있다.

그림책은 원작에 비해 감상적인 분위기가 주조를 이루고, 주인공의 성격이 자기연민의 성향이 강한데다, 지향하는 꿈이 없이 일방적으로 거름이 되는 행위만 강조되었다. 이렇다 보니 '희생'이라는 단어가 원작과 변용물의 구분 없이 「강아지똥」의 불변의 주제인 것처럼 여겨져 왔다. 그러나 우리는 원작과 그림책의 비교를 통해 원작의 의미가 이와 다르다는 것을 확인하였다. 부족하나마 이 글이 그동안 그림책의 대중적 명성에 가려졌던 원작의 본래의 의미와 가치를 재인식하는 데에 도움이 되기를 바란다.

참고문헌

제1부 동화 속의 숨은그림찾기

1. 기초자료

정채봉, 『오세암』, 창작과비평사, 1990
권정생, 「강아지똥」, 『똘배가 보고 온 달나라』(권정생 외), 창작과비평사, 1990
생텍쥐페리(Antoine de Saint-Exupéry), 『어린왕자』, 전성자 옮김, 문예출판사, 1999
__________, '*The Little Prince*', 『어린왕자』, 안응렬 역, 인문출판사, 1973
황순원, 「산골아이」, 『늪/기러기』(황순원전집 1), 문학과지성사, 1995

2. 국내논저

강봉규, 『발달 심리학』, 정훈출판사, 1992
권정생, 『우리들의 하느님』, 녹색평론사, 1996
김열규, 『한국의 신화』, 일조각, 1997
김정숙 · 박동준 공저, 『어린왕자와 그 작품세계』, 한양대학교출판부, 2000
김 현, 「안과 밖의 변증법」, 『늪/기러기』(황순원전집 1), 문학과지성사, 1995
이태동, 「실존적 현실과 미학적 현현(顯現)」, 『황순원연구』(황순원전집 12), 문학과지성사, 1993
한정섭 편저, 『佛教說話大辭典(下)』, 어화문화출판사, 1992

3. 국외논저

프로이트(Sigmund Freud), 『꿈의 해석 上』, 김인순 옮김, 열린책들, 1997
________, 『늑대 인간』, 김명희 옮김, 열린책들, 1996
________, 『성욕에 관한 세 편의 에세이』, 김정일 옮김, 열린책들, 1996
진 쿠퍼(J. C. Cooper), 『그림으로 보는 세계문화 상징사전』, 이윤기 옮김, 까치, 1996

캘빈 S. 홀(Calvin S. Hall), 『프로이트 심리학 입문』, 지경자 역, 홍신출판사, 1993
아지자 · 올리비에라 · 스크트릭, 『문학의 상징 · 주제 사전』, 청하, 1989
에릭슨(Erikson), 「아이덴티티」, 『현대의 신화/아이덴티티』(합본), 이부영 · 조대경 역, 삼성출판사, 1990
오이겐 드레버만(Eugen Drewermann), 『장미와 이카루스의 비밀』, 고원 옮김, 지식산업사, 1998
한나 시걸(Hanna Segal), 『멜라니 클라인』, 이재훈 옮김, 한국심리치료연구소, 1999
까를로 까레또, 『사막에서의 편지』, 성바오로출판사, 1990
뤽 브느와(Luc Benoist), 『징표, 상징, 신화』, 윤정선 역, 탐구당, 1984
블라디미르 프로프(Vladimir Propp), 『민담형태론』, 유영대 옮김. 새문사, 1996
Jacques Lacan, *Écrits : A Selection*, Trans. Alan Sheridan, New York · London: W. W. Norton & Company, 1977
이지(李贄), 「동심설」, 『분서』, 홍승직 옮김, 홍익출판사, 1998

제2부 옛이야기의 심연(深淵)

1. 기초자료

『韓國口碑文學大系』 全倦, 한국정신문화연구원, 2002
『韓國口傳說話-任晳宰全集』 1~10권, 평민사, 1994~1999
『한국민속종합보고서』 전북편, 문화공보부 문화재관리국, 1971
『한국민속종합보고서』 경북편, 문화공보부 문화재관리국, 1974
『朝鮮民譚集』, 大正15(1926), 朝鮮總督府, 소화5
「숫닭의 래력」, 《개벽》 제32호, 1923, 2
「오세암」, 『향토의 전설』, 강원도 발행, 1979
성기열, 「쥐가 사람이 되다(쥐 ○도 모르냐)」, 『한국 구비전승의 연구』, 일조각, 1982
손진태, 「螺婦說話」, 《朝鮮》 7월호, 昭和13년
______, 「螺中美婦說話」, 『韓國民族說話의 硏究』, 을유문화사, 1947
윤영, 조정현, 최웅범 편, 「오세암」, 『조선민간전설』, 흑룡강 조선민족출판사 목단강, 1990 ; 한국문화사, 1994

임동권, 『한국의 민담』, 서문당, 1972
임석재, 「우렁이 속에서 나온 색씨」, 《青坡文學》 제1집, 숙명여대 국어국문학회, 1958
장덕순, 「쥐(鼠) 설화」, 『韓國說話文學研究』, 박이정, 1995
정인섭, 『Folk tales from Korea: 우리고담』, London, Routledge & Kegan Paul, 1952
진성기, 「천년 묵은 쥐와 삼년 묵은 수탉」, 『南國의 傳說』, 교학사, 1982
천소영, 「매월당과 오세암」, 『한국의 전설기행』, 한국문원, 1997
최래옥, 「梧桐月下父子痛哭」, 「설화와 그 소설화 과정에 대한 구조적 분석」, 서울대 석사학위논문, 1968
______, 『전북민담』, 형설출판사, 1979
최상수, 「오세암」, 『한국민족전설집』, 통문관, 1984
최운식, 「쥐 ×도 모르느냐?」, 『충청남도 민담』, 집문당, 1980
한상수, 「네가 누구냐」, 『韓國民譚選』, 정음사, 1974
한정섭 편저, 「5세 동자의 悟道」, 『佛教說話大事典(下)』, 어뢰문화출판사, 1992

2. 국내논저

권오호, 『우리문화와 음양오행』, 교보문고, 1996
김기창, 「전래동화에 나타난 변신양상과 의미 - 〈우렁각시〉 이야기를 중심으로」, 《문학과 비평》, 탑출판사, 1988, 봄호
김중곤, 『道印』, 삼보출판사, 2005
노제운, 「한국전래동화의 심층의미 분석 - 정신분석적 접근」, 고려대 박사학위는문, 2003
이부영, 「Jung의 모성상과 모성콤플렉스론」, 『심성연구』 2권2호, 1987
______, 『분석심리학 - C.G.Jung의 인간심성론』, 일조각, 1998
______, 『韓國民譚의 深層分析 - 分析心理學的 接近』, 집문당, 1995
이진경, 「도둑맞은 편지, 도둑맞은 무의식」, 『탈현대사상의 궤적』, 새길, 1995
______, 「자크라캉: 무의식의 이중구조와 주체화」, 『철학의 탈주』, 새길, 1995
임영옥, 「변신모티프의 현대적 의미」, 서강대 교육대학원 석사학위논문, 2000
정상진 「〈나중미부〉 설화의 전승양상과 비극성」, 《한국대학논총》3집, 한국문학회, 2003
최운식, 「쥐의 보은」, 『충청남도 민담』, 집문당, 1980
한국불교연구원, 『한국의 사찰 14』, 일지사, 1978

한동석, 『우주변화의 원리』, 대원출판, 2003
한정섭 편저, 『佛教說話大事典(下)』, 어화문화출판사, 1992
『심청전』, 정하영 역주, 고려대 민족문화연구소, 한국고전문학전집 13, 1995

3. 국외논저

알렌 B. 치넨(Allan B. Chinen), 『인생으로의 두 번째 여행』(*ONCE UPON A MIDLIFE*), 이나미 옮김, 황금가지, 1999
키류 미사오(Kiryu Misao), 『알고보면 무시무시한 그림동화 1』, 이정환 역, 서울문화사, 1999
아지자・올리비에라・스크트릭, 『문학의 상징・주제 사전』, 청하, 1989
그림(Grimm)형제, 『그림동화 7』, 김경연 옮김, 한길사, 1995
R. L. 스티븐슨(Robert Louis Stevenson), 『지킬 박사와 하이드씨(*The Strange Case of Dr. Jekelll and Mr. Hyde*)』, 이호규 옮김, 혜원출판사, 1999
『老子』, 王弼 주(注), 新興書局: 台北, 1964
딜런 에반스, 『라깡 정신분석 사전』, 김종주 외 옮김, 인간사랑, 1998
브루스 핑크, 『에크리 읽기 - 문자 그대로의 라캉』, 김서영 옮김, 도서출판b, 2007
블라디미르 프로프, 『민담형태론』, 유영대 옮김, 새문사, 1996
아니카 르메르, 『자크 라캉』, 이미선 옮김, 문예출판사, 1996
자크 라캉, 『욕망 이론』, 민승기・이미선・권택영 옮김, 문예출판사, 1996
장 벨맹-노엘(Jean Bellemin-Noël), 『문학텍스트의 정신분석』, 최애영・심재중 옮김, 동문선, 2001
페터 비트머, 『욕망의 전복』, 홍준기・이승미 옮김, 한울 아카데미, 1998
프로이트, 『꿈의 해석 上・下』, 김인순 역, 열린책들, 1997
_______, 『늑대인간』, 김명희 옮김, 열린책들, 1996
_______, 『꼬마 한스와 도라』, 김재혁・권세훈 역, 열린책들, 1998
_______, 『창조적 작가와 몽상』, 정장진 역, 열린책들, 1996
융(C.G.Jung) 外, 『인간과 상징』, 이윤기 옮김, 열린책들, 1997
진 쿠퍼(J. C. Cooper), 『그림으로 보는 세계문화 상징사전』, 이윤기 옮김, 까치, 1996.
이지(李贄), 「童心說」, 『분서 I』, 김혜경 역, 한길사, 2004
Bruce Fink, *The Lacanian subject: between language and jouissance*, Princeton

University Press, 1997

Dylan Evans, *An Introductory Dictionary of Lacanian Psychoanalysis*, London and New York, Routledge, 1996

Jacques Lacan, *ÉCRITS: A Selection*, Alan Sheridan, New York · London, W. W. Norton & Company, 1977

__________, *The Seminar of Jacques Lacan Book II (1954-1955)*, ed. Jacques-Alain Miller, New York · London, W. W. Norton & Company, 1988

__________, *ÉCRITS*, Bruce Fink, W. W. Norton & Co Inc, 2006

제3부 원작(原作)과 변용(變容)

1. 기초자료

정채봉, 『오세암』, 창작과비평사, 1990

최민용, 이서경, 성백엽, 「엄마를 만나는 곳 오세암」, 《시나리오》 제3호, 연암사, 2003

DVD 『엄마를 만나는 곳 오세암』, 마고21, (주)씨넥서스, 2003

『심청전』, 정하영 역주, 고려대 민족문화연구소, 한국고전문학전집 13, 1995

『황후 심청』 스크립트, 코아필름

『왕후 심청』, 홍진 P&M, 2005

애니메이션 「왕후 심청」 공식 사이트 http://www.empresschung.com.

권정생, 「강아지똥」, 『먹구렁이 기차』, 우리교육, 1999

_____, 『강아지똥』, 정승각 그림, 길벗어린이, 2000

2. 국내논저

권정생, 「강아지똥」, 『권정생 제1동화집 - 강아지똥』, 세종문화사, 1974

_____, 「강아지똥」, 『똘배가 보고 온 달나라』, 창작과비평사, 1990

김나영, 「장르별 심청이야기가 지니는 의미 지향」, 『판소리연구』19, 판소리학회, 2005

노시훈, 「디즈니 애니메이션 스토리의 기본원칙과 성공전략: 극장용 장편 애니메이션을 중심으로」, 『만화 애니메이션 연구』7, 한국만화애니메이션학회, 2003

노제운, 「동화 속의 숨은그림 찾기-정체봉의 〈오세암〉과 권정생의 〈강아지똥〉 분석」, 『어문논집』38, 안암어문학회, 1998
_____, 「한국 전래동화의 심층의미 분석 - 정신분석적 접근-」, 고려대 박사논문, 2003
배주영, 『디지털 애니메이션 스토리텔링』, 살림, 2005
설중환, 「심청전再考」, 『국어국문학』85, 국어국문학회, 1981
양연주, 「권정생 연구」, 단국대대학원 박사학위논문, 2010
유영대, 『심청전 연구』, 문학아카데미, 1989
이건화, 「동화 「강아지똥」의 개작양상연구」, 한국교원대 교육대학원 석사학위논문, 초등국어교육전공, 2007
이기영, 「「강아지똥」 다시 읽기」, 『권정생 - 사단법인 어린이도서연구회 25주년 기념 자료집』, 역사편찬위원회 엮음, 2005.
정상균, 「심청전의 심리적 신화적 해명」, 『국어교육』23, 한국국어교육연구회, 1975
정창권, 『문화콘텐츠 스토리텔링』, 북코리아, 2008
정출헌, 「〈심청전〉의 전승양상과 작품세계에 관한 고찰」, 『한국민족문화』22, 부산대 한국민족문화연구소, 2003
정하영, 「심청전」, 『한국고전소설 작품론』, 김진세 편, 집문당, 1990
조동일, 「〈심청전〉에 나타난 비장과 골계」, 『심청전연구』, 최동현 · 유영대 편, 태학사, 1999
조은숙, 「'마음'을 가르친다는 것 - 동화 「강아지똥」에 대한 알레고리적 독해의 문제점」, 『문학교육학』22, 한국문학교육학회, 2007
최운식, 『심청전연구』, 집문당, 1982
최윤정, 『책 밖의 어른 책 속의 아이』, 문학과지성사, 1997
황패강, 「심청전의 구조」, 『한국학보』 3권4호, 일지사, 1977
초등학교 1-2, 『읽기』, 교육과학기술부, 2007
초등학교 2-1, 『듣기 · 말하기』, 교육과학기술부, 2010
초등학교 3-1, 『국어 - 교사용지도서』, 교육과학기술부, 2010

3. 국외논저

레이조스 에그리(Lasos Egri), 『희곡작법』, 김선 옮김, 청하, 2003
리 와인담(Lee Wyndham), 『동화 쓰는 법』, 이상금 옮김, 보성사, 1994

마리아 니콜라예바, 『용의 아이들』, 김서정 옮김, 문학과지성사, 1998
브루노 베텔하임(Bruno Bettelheim), 『옛이야기의 매력 1』, 시공주니어, 1998
조안 에이킨(Joan Aiken), 『꿈과 상상력을 담은 동화쓰기』, 이영미 옮김, 백년글사랑, 2003
데이비드 하워드(David Howard) · 에드워드 마블리(Edward Mabley), 『시나리오 가이드』, 심산 옮김, 한겨레신문사, 1999
레이조스 에그리(Lasos Egri), 『희곡작법』, 청하, 2003
프로이트, 「토템과 타부」, 『종교의 기원』, 이윤기 옮김, 열린책들, 1997
블라디미르 프로프, 『민담형태론』, 유영대 옮김, 새문사, 1995
제프리 스캇(Jeffrey Scott), 『애니메이션은 이렇게 써라』, 올댓스토리 외 옮김, 커뮤니케이션북스, 2010
엘렌 E.M.로버츠, 김정 옮김, 『그림책 쓰는 법(*The Children's Picture Book*)』, 보성사, 1987

4. 기타

'애니메이션 〈오세암〉, 동화책과 만화책 동시 출간!', 코아필름 2003. 3. 6. http://www.koreafilm.co.kr/news/news2003_3-6.htm
'〈오세암〉 프랑스 안시 애니페스티벌 대상!', 코아필름, 2004. 6. 14. http://www.koreafilm.co.kr/news/news2004_6-14.htm
'〈오세암〉 감독, 꿈같다는 생각이 들었다.' 한겨레신문, 2004. 6. 14.
'〈오세암〉 성백엽 감독-달라진 것은 없다. 그래도 희망은 버리지 않는다.', 맥스무비매거진, 2004. 7. 5.
'애니 '오세암' 국제영화제 관객상 수상', 강원일보, 2005. 5. 11.
'[한국의 힘] '대박' 환상 깨고 2-3년 기다려라.', 경향신문, 2005. 7. 10.
'2004년 한국 애니메이션산업 주요 이슈', 문화콘텐츠진흥원-KOCCA, 『2004 애니메이션산업백서』, 2005. 6.
'애니 100만 관객시대 기다리며', 디지털타임스, 2007. 2. 22.
김민성, '「왕후 심청」, 세계영화제서 잇단 초청', 『마이데일리』, 2005. 7. 26.
노 현, '극장용 애니 첫 남북합작', 『매일경제』, 2003. 4. 9.
박애리, '애니 「왕후 심청」, 고전의 성공적 현대화', 『CBS노컷뉴스』, 2005. 7. 28.

서원극, '여름방학 스크린 속으로 피서 떠나자.', 『소년한국일보』, 2005. 6. 27.
이경호, '섹시한 심청, 충심 심봉사-「왕후 심청」', 『마이데일리』, 2005. 7. 27.
정진영, '애니 「왕후 심청」 예상 밖 롱런', 『전자신문』, 2005. 8. 30.
한승주, '「왕후 심청」…심청, 괴물 인당수를 무찔러라.', 『국민일보』, 2005. 7. 26.
'인터뷰: 「왕후 심청」 넬슨 신 감독', 연합뉴스, 2005. 7. 25.

저자 **노제운** 盧濟雲

고려대학교 문과대학 국어국문학과 졸업
고려대학교 대학원(석, 박사) 졸업
1998년 조선일보 신춘문예 '동화' 당선
2003년 고려대 문인회 '신예작가상' 수상
고려대, 서울교대, 숙명여대, 건국대, 단국대, 서울과학기술대,
문지문화원 '사이' 등 출강. 고려대 BK21 연구교수 역임
현재 진주교육대학교 국어교육과 교수

『함세덕 문학전집 1, 2』, 『한국 전래동화의 새로운 해석』, 『아기공룡 곤곤이』, 『눈사람의 재채기』, 『크리스마스 전날 밤에 생긴 일』 공저),
『구비구비 사투리 옛이야기』 외

표지그림 **이채윤** 李采潤

고려대학교 디자인조형학부 재학중

民族文化硏究叢書 140

아동문학의 숨은 의미와 가치

2015년 11월 30일 1쇄
2016년 3월 28일 2쇄
2017년 2월 1일 3쇄
2021년 3월 19일 4쇄

저 자 노제운
발행인 김형찬
발행처 고려대학교 민족문화연구원

등록 1964년 9월 28일 제6-18호
주소 서울특별시 성북구 안암로 145
전화 02-3290-1610~4
팩스 02-926-8385
http://riks.korea.ac.kr

ISBN 978-89-7155-160-8 94810
978-89-7155-073-2 94810(세트)

정가 16,000원